Psicanálise lacaniana

Márcio Peter de Souza Leite

PSICANÁLISE LACANIANA
Cinco seminários para analistas kleinianos

ILUMI//URAS

Leituras Psicanalíticas
Dirigida por Oscar Cesarotto

Copyright © 2000:
Márcio Peter de Souza Leite

Copyright © desta edição:
Editora Iluminuras Ltda.

Capa:
Eder Cardoso / Iluminuras
sobre *The Good Breast* (2007), guache sobre papel [14,6 x 27,9 cm],
Louise Bourgeois. Cortesia Cheim & Read, Nova York.

Copy desk:
Rose Zuanetti

Revisão:
Maria Regina Ribeiro Machado
Alexandre J. Silva

(Este livro segue as novas regras do Acordo Ortográfico da Língua Portuguesa.)

CIP-BRASIL. CATALOGAÇÃO-NA-FONTE
SINDICATO NACIONAL DOS EDITORES DE LIVROS, RJ

L551p
Leite, Márcio Peter de Souza
    Psicanálise Lacaniana : cinco seminários para analistas kleinianos / Márcio Peter de Souza Leite. - [1. reimp.] - São Paulo : Iluminuras, 2010.

    Apêndice
    Inclui bibliografia
    ISBN: 85-7321-118-0

1. Lacan, Jacques, 1901-1981. 2. Psicanálise. I. Título.

10-0563.   CDD: 150.195
                              CDU: 159.964.2

2018
EDITORA ILUMINURAS LTDA.
Rua Inácio Pereira da Rocha, 389 - 05432-011 - São Paulo - SP - Brasil
Tel./Fax: 55 11 3031-6161
iluminuras@iluminuras.com.br
www.iluminuras.com.br

SUMÁRIO

NOTA 9

APRESENTAÇÃO 11

INTRODUÇÃO: O INCONSCIENTE AVANÇA?
O chiste e o inconsciente que muda 15
A angústia e a modernidade 16
Declínio da psicanálise 17
Saber e pós-modernidade 19

CAPÍTULO I: O IMAGINÁRIO
LACAN APLICADO A LACAN
Biografia e teoria 23
Transmissão da psicanálise: onde Lacan supera Freud 25
O EU EM FREUD E O IMAGINÁRIO DE LACAN
Paranoia e Estádio do Espelho 34
O Eu em Lacan: do narcisismo ao Estádio do Espelho 36
Do Isso à cisão do Eu 41
Estádio do Espelho e castração 43
Falo Imaginário e falo Simbólico 48
O Imaginário ressignificado: Lacan avança Lacan 51

CAPÍTULO II: O SIMBÓLICO
A PSICANÁLISE AVANÇA?
Uma nova clínica 55
Novos sintomas 56
Nova direção do tratamento 59
O SUJEITO E O INCONSCIENTE ESTRUTURADO
COMO LINGUAGEM
No Simbólico o tempo é lógico 60
Inconsciente lacaniano, linguagem e formações do inconsciente 65

A Ética e as diferentes psicanálises 72
Édipos anedótico, estrutural e além-do-Édipo 77
Função paterna, Nome-do-Pai e metáfora paterna 81
Mulheres freudianas e mulheres lacanianas 86
Desejo e modernidade: Sade, Kant e Lacan 91
A subversão do Sujeito 94
De Viena a Paris: a ressignificação do inconsciente 102
Outro Lacan: do significante à letra, da linguagem à escritura 105
A segunda clínica de Lacan 108

CAPÍTULO III: O REAL
A PSICOSE COMO PARADIGMA
A clínica do Real e a interpretação pelo avesso 115
Psicose e Real 119
As respostas do Real 120
Transmissão e Real 122
O REAL E AS ESTRUTURAS CLÍNICAS
Saber e verdade 124
Clínica psiquiátrica e clínica psicanalítica 126
O cérebro, o sonho e o Real 134
Psicanálise e DSM-IV 139
A psicose no ensino de Lacan 145
Alucinação e psicanálise 152
A loucura depois de Lacan 157
Quatro signos da loucura 162
Análise de psicóticos 166
Fetichismo e perversão 167
Depressão e covardia moral 170
Onde o significante marca o corpo 174

CAPÍTULO IV: A CLÍNICA
O DISCURSO DO ANALISTA
Modelos teóricos 179
O ato analítico 186
ORIENTAÇÃO LACANIANA E DIREÇÃO DO TRATAMENTO
Transferência e desejo do analista 190
Orientação lacaniana 194
Os tempos da análise 200
Entrevistas preliminares e entrada em análise 203
Destituição subjetiva e fim da análise 206

CAPÍTULO V: A CULTURA
O LUGAR DA PSICANÁLISE NA CULTURA
Todo Lacan? 217
Uma teoria lacaniana da cultura? 220
QUESTÕES PARA A PSICANÁLISE EM EXTENSÃO
O caso Joyce 222
Lacan com Joyce 224
Santo Joyce 229
Psicanálise em extensão: arte e interpretação 234
Arte e psicose 241
Moda e discurso capitalista 247

BIBLIOGRAFIA 255

NOTA

Em outubro de 1988, a convite do dr. Roberto Azevedo, presidente do Centro de Estudos em Psicanálise e Psicopatologia (CEPSI), apresentei uma série de cinco seminários sobre o ensino de Lacan, no Instituto Sedes Sapientiae, em São Paulo.

A proposta desse trabalho foi apresentar, para colegas influenciados pela escola inglesa de psicanálise, a leitura da obra de Freud feita por Jacques Lacan.

A transcrição dos seminários e debates realizados nesse evento é agora oferecida em forma de livro.

E não poderia deixar de ressaltar que os textos produzidos a partir de uma exposição oral, que inclui sempre uma dialética com o público, resultam numa diferença entre a fala original e o texto final.

Muitas pessoas prestativamente participaram do trabalho implicado desde a transcrição do registro magnético até a digitação final. A elas, meus agradecimentos.

Ao dr. Roberto Azevedo quero manifestar minha admiração por sua coragem intelectual, que não se deixou intimidar por bairrismos oportunistas e criou uma oportunidade rara de reflexão sobre a psicanálise, independentemente das influências colonizadoras.

Por fim, cumpre apontar que o tempo decorrido entre os seminários e sua publicação pode ter produzido um efeito de "envelhecimento" em relação à atualidade teórica, mas certamente ainda não tornou a discussão desatualizada. Este livro tem a pretensão de introduzir e estimular ainda mais o debate e o intercâmbio entre os analistas.

Márcio Peter de Souza Leite
1992/99

APRESENTAÇÃO

Inicialmente intitulado "Introdução ao ensino de Lacan", os cinco seminários que agora são publicados fazem parte de uma experiência do autor junto a analistas de orientação kleiniana. Não se trata portanto de fazer aqui uma introdução, visto que a *introductione* — admissão em um lugar — foi realizada pelos referidos colegas. Tampouco um prefácio se revelaria adequado ao que me foi atribuído — de *praefatio*, o que diz no princípio —, já que aí ele habitou.

Apresentar os seminários de Márcio Peter corresponde a reconhecer que sua produção inscreve-se no campo onde nos autorizamos a frequentar como psicanalistas. Quanto mais sua palavra avança, ressignifica-se, em retorno, a obra de Freud e a marca de Lacan. É apenas no sentido desse reencontro faltoso que algumas palavras podem obter espaço.

Encontramos no texto uma passagem que em geral nos é apresentada como um problema de tradução. O autor nos lembra que mais do que admitir Id, Ego e Superego como latinizações impróprias ao original alemão *das Es*, *das Ich* e *Uberich*, a questão deve ser deslocada para Outro lugar. Pelo rigor da leitura de Lacan, Isso, Eu e Supereu adquirem características que ultrapassam as discussões de fidelidade a termos. Trata-se de admitir que, como conceitos, revelam muito mais um impasse do que uma solução, e dessa forma somos convocados a manejar seus efeitos, e não apenas limitar seu campo a uma adequação terminológica.

Sabe-se que Freud utilizou *das Es* — o Isso — na reformulação que deu origem à segunda tópica. A partir daí o recalque deixa de ter o lugar que possuía na primeira tópica, já que inconsciente e recalcado não mais coincidem. Faz operar dessa maneira uma mudança na própria técnica analítica, uma vez que "o grande reservatório da energia pulsional", Eros e Tanatos, não permite mais a transformação do inconsciente em consciente. Uma vez que o Isso, para Freud, não abrange a totalidade do psiquismo inconsciente, ainda assim o Eu dele retira sua energia. Sendo o Eu essa "parte do Isso que foi modificada sob a influência direta do mundo exterior", Freud vê nele operar, particularmente por meio do fetichismo, duas atitudes psíquicas distintas baseadas via *Spaltung do* Eu, uma divisão via vida psíquica. Trata-se da entrada em cena da *Verleugnung* — recusa — que procura apagar a presença da castração. Mesmo assim, diria Mannoni, a diferença não deixa de se marcar pela própria exigência do fetiche.

A não coincidência da vida psíquica, o fato de o Eu não ser senhor na própria casa, é uma das heranças que Freud nos lega, como acabamos de constatar. Quando Lacan insiste na diferenciação entre o *Je* e o *Moi*, respectivamente o sujeito da subjetividade desejante e o eu como função imaginária, recoloca magistralmente essa questão. O Eu que deve advir da consagrada fórmula freudiana wo Es war soll Ich *werden* é o *je* na condição de sujeito inconsistente, representante da divisão psíquica. Lacan requalifica esse isso que fala em mim mesmo (*Moi même*) como corte, fissura, cisão. Sua contribuição do Estádio do Espelho permite apresentar o Eu como sendo desde sempre remetido a um outro. A alienação do Eu ao outro é mantida no nível da imagem e do desconhecimento, o que fará com que os primeiros objetos de desejo impliquem a rivalidade, laço essencial de tensionamento que aglutina a função imaginária na vertente da agressividade. O avanço dessa elaboração irá conduzir Lacan a atribuir ao Eu o estatuto de objeto. No que para além dessa autoconsciência que a identificação à imagem do outro promove, trata-se de considerar a fascinação que no olhar se inclui para além da captura narcisista da imagem, em direção ao objeto real, não especularizável, causa de desejo. Da mesma forma, a alienação assumirá o lugar que lhe é próprio na cadeia significante, fazendo com que a divisão apareça na separação, para logo depois desaparecer.

A contribuição de Lacan quanto ao Eu e ao Sujeito é fundamental, na restituição do sentido da obra de Freud quanto na colocação em questão do narcisismo e da análise do Eu como guias da prática analítica. Isso porque se a reparação do Eu não é possível de ser operada, a noção de objeto adquire um valor totalmente distinto ao que frequentemente se admite. Vale dizer que é a ética da psicanálise que entra em cena, de maneira a interrogar se o limite da prática analítica não excede aos ideais e ao narcisismo. E se a função do analista na cura não implicaria tanto um questionamento do ideal histérico da reparação quanto um lugar de dessubjetivação em que o sujeito pudesse ser remetido a um Outro, mais do que tu.

No que se refere ao *Unbewusste* de Freud, o inconsciente, Lacan o recuperou segundo uma estruturação por elementos formais, pelas duas leis constitutivas da metáfora e metonímia. Permitiu-se assim, como nos mostra o autor, a vigência de uma determinação simbólica em face da tradição pós-freudiana de substancialização imagética. A tópica do inconsciente se define pelo algoritmo S, em que o significante assume lugar de destaque, e a barra, barrando a significação pelo recalque das representações, o qualifica eticamente como faltoso, real, sempre à deriva de simbolização e, portanto, de desejo e sentido.

Além desses comentários que o curso promoveu, gostaria ainda de ressaltar dois aspectos. O primeiro refere-se ao estilo do autor. Ele se inclui numa direção que poderíamos denominar, rigorosamente, envolvida com Lacan. E aqui não se trata de relevar o conjunto dos enunciados. Mais do que isso, pauta-se pela orientação desses elementos mínimos de escrita denominados *matemas*. Permite dar rigor de forma reduzida ao que irá ser transmitido. Exclui assim todo um pseudoestilo lacaniano, comum em nosso meio, em que se qualifica o máximo de confusão e hermetismo. Afastado desse modismo nefasto, Márcio Peter nos permite entrar em contato com um discurso que pauta suas referências na experiência da prática clínica. Ponto de confluência daqueles que se intitulam psicanalistas, a prática clínica empresta seu vigor até mesmo para questionar algumas afirmações teóricas. É evidente que sem elas nada disso seria possível, mas o autor nos demonstra que a fala de um analista numa situação de curso, em que sua enunciação é convocada, não pode se confundir com os regulamentos do discurso universitário, em que o Saber, ocupando o lugar de agente, anula os efeitos do sujeito que aí subsiste.

Por último, vale lembrar a própria situação em que o curso se desenrolou. Um momento de encontro, troca, e, por que não, de transmissão com colegas kleinianos. Se por um lado é possível afirmar que a transmissão da psicanálise é impossível, uma vez que ela só se concebe como "ruptura na cura", por outro lado o sintoma de que se sofre ensina "porque ele é posto na obra que se quer ler e a desordena". Se a psicanálise pode se tornar o sintoma do psicanalista — na qualidade de pedaço de real que se tenta dizer —, espera-se que a verdade parcial desse desejo possa ter remetido cada um dos ouvintes ao desejo presente em sua questão. Dessa forma, o que era antes um curso de introdução ganha novo valor pelo sentido que esse desejo terá despertado, e que agora nos convoca pela escrita.

Mauro Mendes Dias

INTRODUÇÃO
O INCONSCIENTE AVANÇA?

O chiste e o inconsciente que muda

Este livro é a retomada do *A negação da falta*, publicado em 1992, que por sua vez é o registro do seminário realizado em 1988 no CEPSI a convite do dr. Roberto Azevedo. Retornar a este texto implicou rever a teoria lacaniana, a modernização da psicanálise, e pesquisar se há na atualidade uma modificação dos modos de subjetivação.

Porém, revê-lo desde a perspectiva atual, onze anos depois, produziria uma reformulação total de seu conteúdo. Mantive então o texto anterior, e incluí outras produções visando adequar a proposta anterior ao entendimento atual da psicanálise lacaniana.

Também impôs-se que o eixo dos seminários foi a noção de "falta", explorada nas suas formas Imaginária, Simbólica e Real, bem como suas consequências na organização da psicopatologia, daí o título "a negação da falta".

A estrutura anterior foi mantida, porém, como num chiste antigo, o efeito não era mais o mesmo. O chiste mostra de uma maneira privilegiada a forma que o recalque adquire e, exemplificando as modificações que ocorrem permanentemente na linguagem, mais do que qualquer outra manifestação do inconsciente, aponta mudanças no recalque. E assim como o recalque muda, a psicanálise também tem de estar sempre redescobrindo o inconsciente para se manter eficaz.

A psicanálise, como o chiste, também muda, e, como ele, é uma interpretação da cultura, que procura na linguagem o narcisismo sempre difícil de se perder.

O chiste, estranha e nobre atividade psíquica, ao mesmo tempo que visa fazer surgir prazer no outro, é veículo de um mal-estar hostil e sexual, e ao testemunhar os avanços do inconsciente, serve de parâmetro para a transmissão da psicanálise, pois ao colocar em ato a estrutura do significante, demonstra seu funcionamento.

O inconsciente avança em razão da evolução da linguagem. O analista por ser uma consequência do conceito de inconsciente, não pode ficar atrás. Por isso, para retomar este texto de onze anos atrás, é preciso dar testemunho do outro lugar que a psicanálise ocupa hoje.

A angústia e a modernidade

A tendência da modernidade é a unificação dos discursos. Um exemplo é o livro de Fritjof Capra, *O Tao da física*, que pretende demonstrar que as concepções da cosmologia moderna seriam semelhantes às das antigas tradições religiosas orientais. Para fundamentar tal proposta, o autor sugere uma nova disciplina que eliminaria as diferenças existentes entre os vários campos das ciências: a *holística*.

Pensada desde a psicanálise, essa tendência pretenderia anular as diferenças e produzir um Outro sem falta. Na tentativa de eliminar a angústia, efeito da falta no Outro, o homem não cessa de produzir discursos em que o Outro se representa como completo. Na abordagem psicanalítica, os mitos cristãos sobre a origem do homem, o que inclui um paraíso e sua perda, poderiam ser reduzidos às expressões da estrutura psíquica que os produziram, e o paraíso representaria, no discurso analítico, a completude com o Outro.

Outra característica da modernidade é a modificação da concepção do tempo, que rompeu com a linearidade que o configurou na física antiga. O homem atualmente pensa a origem do Universo como um movimento cíclico, como sugere a teoria do *big bang*, que propõe um universo em permanente movimento de expansão e contração, numa eterna criação e destruição. Coincidentemente, é a mesma imagem sugerida pelo hinduísmo, que relata a origem do Universo criado pela respiração de Brahma, que o criaria na exalação e o destruiria na inspiração.

A psicanálise demonstra que qualquer tentativa de compreensão da realidade exterior levará em si, sempre, a marca do instrumento que a formaliza, que é o próprio psiquismo. Residiria aí toda a problemática da ciência, tema abordado por Lacan no seu escrito "A ciência e a verdade"[1].

Com isso, explica-se o desejo de que exista uma ciência que, ao ser completa, evitaria a angústia. É a promessa da *holística* que, ao comparar o *big bang* à respiração de Brahma, busca uma compreensão do homem de si mesmo que, sem sair da dimensão significante, se confundiria com o que o cria, brincando de Deus.

---

1) Lacan, J. *Escritos*, p. 869.

Se a religião foi a forma de o homem unir a carne ao significante, o fracasso desse esforço é o que daria sentido à afirmação de Lacan: "Sem dúvida o cadáver é bem um significante, mas o túmulo de Moisés é tão vazio para Freud quanto para Hegel. Abraão a nenhum deles confiou o seu mistério"[2].

Esse túmulo vazio, metáfora da angústia, seria o motor da história das mentalidades, que vista pela psicanálise poderia ser a história das maneiras com que o homem procurou preenchê-lo.

Na história das mentalidades o tempo é lógico. Enquanto sujeitos, somos todos contemporâneos da mesma angústia, porém em momentos diferentes do desdobramento lógico das formas de negá-la. O que determinaria os movimentos dessa lógica seriam os diferentes estilos de recalque, que seria o recurso de cada cultura para negar a angústia.

O sujeito é filho da angústia. A história das mentalidades seria então uma disciplina que investiga as maneiras de os homens responderem às perguntas do real, outro nome da angústia.

A evolução da psicanálise responderia também a esse movimento?

Declínio da psicanálise

Em maio de 1993 a revista *Times* publicou uma matéria de capa com o título: "Está Freud morto?". Ao que podemos responder: Freud está morto, mas a psicanálise não.

O próprio Freud, no texto "As perspectivas futuras da terapia psicanalítica"[3], antecipando o destino dela, afirmou que se não houvesse resistências à psicanálise ela não seria verdadeira. Isso porque o inconsciente é consequência do recalque, e se não se resistisse ao inconsciente, o recalque não seria o que a psicanálise diz.

A psicanálise afirma que o recalque é um não querer saber da angústia, daí que a cultura se defenderia dela defendendo-se da psicanálise, que mostra a angústia como inerente à condição humana e parte inevitável do seu destino. Por isso, para o psicanalista, não causa espanto que o sujeito prefira culpar os seus neurônios pelo seu sofrimento, atribuindo somente a eles a responsabilidade pela sua angústia.

O futuro da psicanálise dependerá de se entender as novas formas de recalque que irão sempre surgir; e como o recalque depende do estilo de

---

2) Lacan, J. Subversão do sujeito e dialética do desejo no inconsciente freudiano, in *Escritos*, p. 807.
3) Freud, S. S. E., v. XI, 1910, p. 139.

cada cultura, deveremos entender os novos estilos de recalque que a vida de hoje produz.

Como o estilo do recalque próprio ao nosso tempo, tido como pós-moderno, aponta a um declínio da psicanálise, impõe-se pensar qual o lugar do sujeito neste novo momento. Impõe-se também uma reflexão sobre a instituição psicanalítica e se ela serve às novas maneiras de o sujeito pós-moderno se associar. O mesmo haveria que se fazer em relação à psicanálise utilizada como teoria explicativa da mente. Da mesma maneira, e talvez principalmente, haveria que ousar fazer-se um *aggionarmento* da psicanálise usada como método terapêutico, apesar das dificuldades que essa tarefa impõe.

Este *aggionarmento* da psicanálise depende da noção de *sujeito*, inicialmente sinônimo de essência do homem, visto como capaz de ultrapassar as condições empíricas imediatas que o determinam. A este sujeito, entendido como *centro do conhecimento*, chamou-se de *sujeito noético*.

Outra definição é a de Koyré, que situou o sujeito como decorrente das descobertas de Copérnico, o que teria feito com que o mundo voltasse a ser sem centro por causa da introdução da ideia de infinito.

Pode-se ainda falar em um *sujeito reflexivo*, introduzido por Descartes, fazendo o fundamento do saber passar a coincidir com a descoberta do Cogito, levando ao entendimento de que a objetividade da natureza se daria unicamente para um sujeito fundante do saber.

Para Lacan, é esse sujeito, o sujeito cartesiano, o pressuposto na noção de inconsciente, pois Freud teria partido do fundamento do sujeito da certeza, tal como Descartes, ou seja, Freud parte da ideia de que o sujeito pode ter certeza de si desde que possa destacar dúvidas no seu discurso, as quais aparecem como reveladoras de um sujeito dividido; por isso, para Freud, o lugar do "eu penso" é independente do "eu sou".

Para a psicanálise, o sujeito é o sujeito do inconsciente, que é barrado pelo significante, dividido em sujeito da enunciação, o "eu penso", e que não é o mesmo sujeito do "eu sou".

Recentemente teria havido ainda uma última modificação na ideia de *sujeito*, a *desconstrução* do sujeito, que funda um novo momento na filosofia, ao qual se chamou de "*pós-estruturalismo*" ou "*desconstrutivismo*", e que apresenta a morte do sujeito exemplificado por intermédio da "escritura". Essa posição teria inaugurado a "*subjetividade pós-moderna*".

Uma outra forma de apresentar a evolução da noção de Sujeito é pela "*crise da representação*", que, ao radicalizar a ideia da morte do Sujeito, revelaria o frágil e problemático caráter representacional da linguagem, por meio da desarticulação entre as palavras e as coisas.

A modernidade se relaciona com a psicanálise na medida em que o sujeito se define em relação ao saber, pois, para alguns psicanalistas, o declínio da psicanálise se deve a que o sujeito pós-moderno não seria analisável. O sujeito pós-moderno é o sujeito que não responde a um saber compartido socialmente, é o sujeito sem paradigmas de consenso, é o sujeito que decorre das mudanças dos costumes sexuais, é o sujeito que decorre das mudanças ideológicas, é o sujeito que sofre da ausência de ideais preestabelecidos, enfim o sujeito pós-moderno é o sujeito que modificou sua relação com o saber. Mesmo assim, o sujeito se construirá sempre em relação a ele, esta é a lição da transferência. Porém, o que o analista de hoje não pode negar é que o saber mudou de endereço e o analista tem de saber localizá-lo.

Se os semblantes do imaginário social que antes definiam os papéis sexuais mudaram, se há uma declinação do viril, e da função paterna, se os *gadgets* são suficientes para completar a falta, mesmo assim o sujeito continua fazendo sintomas, não os mesmos da época de Freud, mas sintomas próprios à nossa época.

O analista por ser sujeito de uma suposição de saber, está por isso mesmo historicamente determinado, da mesma forma que o saber também o está. Mas ainda assim o analista continua analista, embora fazendo semblante de saberes muito diferentes dos que Freud fazia.

O declínio da psicanálise seria então efeito da dificuldade de pensar-se como é ser analista para um sujeito pós-moderno, seria não admitir que o inconsciente avança, seria não concluir que o analista, se quiser continuar analista, tem de avançar da mesma maneira que o inconsciente.

Saber e pós-modernidade

Uma das consequências da modernidade é a aceitação sem críticas do uso de psicofármacos na terapêutica psiquiátrica como único meio de transformação dos sintomas. Isto deve-se a que, na psiquiatria atual, pensa-se a conduta humana como efeito da ação de um cérebro, cuja única verdade está no funcionamento dos neurônios.

Caracterizando a posição da psicanálise, Lacan apontava o nada querer saber da ciência diante da verdade como causa do sujeito. Seria como efeito da "foraclusão da verdade como causa do sujeito"[4], como diz Lacan, que a nova psiquiatria aboliu o sujeito desejante? A posição de Lacan sempre foi

---
4) Lacan, J. A ciência e a verdade, in *Escritos*, p. 869.

clara: "somos sempre responsáveis da nossa posição de sujeito. Que isto se chame, onde quiserem terrorismo"[5].

Articulando-se a psicanálise com a modernidade, poderia falar-se em uma relação do sujeito com a História? Lacan em "A ciência e a verdade" utilizou a expressão "um certo momento do sujeito", no mesmo texto fala, também se referindo ao sujeito, de "um momento historicamente definido", e mais adiante, ainda em relação ao sujeito, se refere a "um momento historicamente inaugural", apontando com isso à emergência do sujeito em função da relação deste com o saber. A conseqüência disso seria o que Lacan chamou de um *sujeito novo*, que é o sujeito da ciência como fundamento da modernidade.

Dentro dessa hipótese, o aparecimento de um sujeito que se poderia chamar de moderno, seria historicamente localizado a partir da publicação das *Meditações metafísicas* em que Descartes, com a operação do Cogito, teria produzido este sujeito novo.

Segundo Foucault, foi Kant quem inaugurou uma nova forma de pensar ao se perguntar sobre a atualidade, fazendo do presente um acontecimento e introduzindo na filosofia a problematização da atualidade, tempo no qual Kant buscava os signos do progresso.

Passando por Hegel, a questão se cristalizou com Max Weber e Habermas, que foram os primeiros a usar a palavra *modernização* como *terminus* associando-a à formação de capital, ao estabelecimento de poderes políticos centralizados, mas também propondo a modernidade como algo que se autoconsome, por ser ela uma intercessão entre tempo e eternidade.

As referências de Lacan à ciência moderna, ao pensamento moderno, à era moderna, mostram sua preocupação com a relação do sujeito e o momento histórico no qual está inserido.

Daí a opinião de Lacan de que um dos temas que caracterizam o pensamento moderno é a ideia de um personagem vivendo só em uma ilha deserta, e menciona Robinson Crusoé. Lacan sugere que essa ideia representa o começo da era moderna, pois seria fundamental para o homem moderno afirmar sua independência, sua autonomia em relação a todo amo e a todo Deus.

Da mesma maneira, para Lacan, a ciência moderna é um acontecimento que decorreu dos efeitos do monoteísmo, que teria instaurado um mundo ordenado ao redor de um centro, abrindo com isso uma concepção unitária do Universo. A ciência teria sido também possibilitada pelo mito bíblico da criação *ex-nihilo*, o que teria posto em funcionamento a potência creacionista do significante. Ainda para Lacan, a resposta dada a Moisés pelo anjo de

---
5) Ibid., p. 869.

Iavé, *"Sou o que sou"*, fez com que Deus aparecesse como subjetividade absoluta, equivalente a um "tu não saberás da minha verdade", fazendo com isso a fronteira entre saber e verdade.

Porém, se o pós-moderno se caracteriza por um questionamento do modelo de ciência, caberia a pergunta: Há um sujeito atual que seja diferente do anterior, produzido pelo saber novo dos dias de hoje? E se houver um sujeito atual, como situar a responsabilidade dele no mundo moderno? Daí a pergunta de Lacan: "Qual teria sido a modificação de saber que fez a passagem do mestre antigo, para o moderno?" — mestre que, para Lacan, é o capitalista.

A questão que se impõe é como fazer um mundo novo em que todo laço social seja semblante. J.A. Miller no curso "O Outro que não existe e seus comitês de ética"[6] diz que, em razão do império dos semblantes, haveria que se manter a psicanálise orientada para o real, pois ele seria o correlativo da inexistência do Outro.

Poderíamos pensar que a contribuição da psicanálise à modernidade seria a invenção de um novo Cogito, que se poderia chamar de lacaniano? Cogito este definido como a consequência do inconsciente diante do "penso logo sou" que produz "ou eu não penso ou eu não sou", introduzindo aí um ser de gozo?

---

6) Miller, J.A. Sem. inédito, 1996.

CAPÍTULO I
O IMAGINÁRIO

LACAN APLICADO A LACAN

Biografia e teoria

Lacan sugeriu que o lêssemos após ter-se lido Freud, pois ele fez um retorno a Freud, e não a descoberta da psicanálise. Tentarei mostrar de que forma as reflexões de Lacan trouxeram uma nova interpretação à obra de Freud.

Ao ser colocado como porta-voz do saber de Lacan produz-se uma situação estimulante, a qual propicia escutar de psicanalistas com formação e reflexão próprias como lhes chegam as ideias de Lacan.

O exercício de pensar criticamente uma teoria mostra a maturidade do meio analítico de São Paulo, pois, até então, existiam rivalidades entre grupos que entendiam qualquer questionamento dos dogmas instituídos como uma agressão pessoal.

Considerando as diferentes formações, não existe entre os psicanalistas paulistas um compromisso exclusivo com o empirismo inglês ou com o racionalismo francês, apesar de alguns terem tais inclinações. Ao refletir sobre as várias correntes psicanalíticas podemos formular críticas e formar uma opinião não apenas repetitiva, mas criativa e original.

É difícil a tarefa de apresentar Lacan. Não fui seu discípulo, sou seu leitor. Lacan chamava seus leitores da América Latina de "lacano-americanos", dando-lhes muita importância, pois supunha que a distância da sua pessoa poderia deixar emergir a significação pura de seu ensino.

Aumentando a dificuldade de compreendermos Lacan, não existe uma biografia definitiva sobre ele, o que dificulta o estudo de sua obra. Com

Freud foi diferente, paralelamente à leitura da obra freudiana, pudemos conhecer sua biografia, e com isso interpretar sua produção teórica como um sintoma, pois o principal caso clínico da obra freudiana foi o próprio Freud. Dele conhecemos a vida, os sonhos, a autoanálise e alguns sintomas que ele mesmo interpretou. A construção do caso clínico que é o próprio Freud nos faz interpretar sua obra como sintoma, o que relativiza a teoria e permite ressignificá-la e rearticulá-la.

O mesmo já não se pode fazer com Lacan. Não há referências biográficas que nos possibilitem articular sua vida com sua teoria, pois os dados referentes à sua pessoa na maioria das vezes estão relacionados unicamente à sua vida profissional.

A partir da morte de Lacan, em 1981, tenta-se entender, no avanço da sua teoria, quais os momentos da sua produção ulterior que ressignificam a anterior, mas não é ainda possível interpretar sua obra articulando-a com sua história pessoal. Talvez um dia surja o equivalente a um *Ernest Jones* para Lacan, e uma biografia válida nos permita refletir sobre as motivações da sua produção teórica. Talvez isso seja possível com o volumoso livro de Elizabeth Roudinesco: *Jacques Lacan, esboço de uma vida, história de um sistema de pensamento*[1].

Lacan formou-se em medicina e especializou-se em psiquiatria. Nesse período teve ligações com o movimento surrealista, e sua tese de doutoramento em medicina foi comemorada como um acontecimento literário. Intitulada *Da psicose paranoica e suas relações com a personalidade*[2] e datada de 1931, sua tese marcou o início da aproximação com a psicanálise e deste momento até 1953 a produção de Lacan foi reunida sob a designação de "registro do Imaginário". Somente a partir de 1953 Lacan reconheceu o início de seu ensino, apesar de nessa época já estar na Sociedade Psicanalítica de Paris, há dezessete anos. Sua análise didática ele a fez com Lowenstein, que mais tarde iria para Nova York e faria parte da chamada "tríade de Nova York", junto a Hartman e à Kris.

Teria importância para a teoria de Lacan a identidade de seu analista? Veremos que um dos alvos constantes dentro de sua produção teórica foi a "psicanálise do Ego", corrente da psicanálise elaborada, entre outros, por Lowenstein.

Em 1953, Lacan rompeu com a Sociedade Psicanalítica de Paris, por motivos ligados à formação do psicanalista; um ponto ao qual se opunha era a exigência de que os candidatos a analistas fossem médicos.

---

1) Roudinesco, E. São Paulo, Companhia das Letras, 1994.
2) Lacan, J. Paris, Edicion du Seuil, 1975.

Em decorrência dessa ruptura, Lacan, junto a Lagache, formou a Sociedade Francesa de Psicanálise, Sociedade esta que não obteve o reconhecimento da IPA, uma vez que isso só poderia ocorrer se Lacan se afastasse. Em 1964, Lacan saiu da Sociedade Francesa de Psicanálise e fundou a Escola Freudiana de Paris, que dissolveria em 1980 para "perseverar" fundando a Escola da Causa Freudiana. Lacan morreu um ano depois.

Sua produção teórica pode ser dividida em três períodos. No primeiro, que vai de 1936 a 1953, foi desenvolvido o registro do Imaginário, centrado na teoria do Estádio do Espelho. No segundo, de 1953 a 1964, Lacan desenvolveu o registro do Simbólico, quando formulou a tese do "inconsciente estruturado como linguagem". No terceiro período, de 1964 a 1980, a ênfase se deu no registro do Real, e sua principal contribuição foi o objeto pequeno *a*.

No primeiro momento, que equivale ao desenvolvimento do Imaginário, se poderia pensar que Lacan concebia o inconsciente estruturado como fantasia. Portanto, haveria um privilégio do registro do Imaginário sobre o Real (I>R). A partir das articulações do registro do Simbólico, houve uma ruptura e superação do pensamento anterior. Da mesma forma, quando Lacan introduziu o Real, houve outra ressignificação, tanto do Simbólico quanto do Imaginário, produzindo novos sentidos que não existiriam sem esse percurso.

Transmissão da psicanálise: onde Lacan supera Freud

A transmissão do ensino de Lacan apresenta dificuldades que atingem tanto aqueles que desejam um primeiro contato com ele quanto os que visam aprofundar a leitura. Esse ensino, realizado principalmente sob a forma de seminários, foi gravado, transcrito e publicado parcialmente, com o título *Le Séminaire*, por seu genro Jacques-Alain Miller.

A obra de Lacan é muito extensa. Além dos seminários, existem textos recolhidos de revistas, que somente em 1966 foram organizados e publicados sob forma de livro, com o título *Escritos*, cujos textos são hoje considerados clássicos da psicanálise.

A elaboração de "O Estádio do Espelho..."[3], por exemplo, foi feita e apresentada pela primeira vez em 1936, por ocasião do Congresso de Marienbad. O original perdeu-se, e por treze anos Lacan utilizou-se dos conceitos lá formulados, mas apenas em 1949 foi possível reescrevê-lo e publicá-lo.

---
3) Lacan, J. O Estádio do Espelho como formador da função do Eu, in *Escritos*, p. 96.

No período de 1953 a 1980, Lacan realizou 28 seminários, um por ano. Ainda hoje circulam cópias desautorizadas, realizadas pelos frequentadores que registraram as sessões por taquigrafia ou transcrição. De todos os seminários, dez estão publicados oficialmente com texto estabelecido por Jacques-Alain Miller, mediante aval do próprio Lacan.

Recentemente, o escritor Jorge Luiz Borges, reunindo num só livro os prólogos que fez para obras alheias, produziu um prólogo para essa obra que passou a ser o "prólogo dos prólogos". Uma lista dos trabalhos de Lacan, ainda com mais razão, merece uma "introdução às introduções", pois, se a vastidão de sua obra torna necessária uma orientação para sua compreensão, também a promessa de "chaves" para sua leitura requer certos cuidados.

Esses reparos, no entanto, não inviabilizam as tentativas de se ordenar e agrupar conceitos e épocas do ensino de Lacan, visando facilitar o acesso do neófito ao mesmo. Só que a convenção das divisões, cuja finalidade didática poderia ser de utilidade para o leitor, fala quase sempre mais do percurso do introdutor do que do próprio Lacan.

Queremos afirmar com isso que ninguém escapa de ter de fazer sua próxima leitura. Entretanto, é necessário precaver-se contra autores que, imbuídos de uma certeza, pretendem ser a sua, a única e verdadeira leitura.

Assim prevenidos, podemos abordar as várias formas em que o pensamento produzido por Lacan foi dividido.

Uma primeira, seria a aplicação de um parâmetro estritamente histórico-cronológico. Nesta perspectiva, poderíamos situar os artigos escritos entre 1926 e 1934, fruto de sua especialização em neurologia e psiquiatria. Depois, de 1934 a 1953, seus trabalhos decorrem da adesão à psicanálise, dando base ao questionamento dos modelos nos quais sua formação se efetuou. Um terceiro período, de 1953 a 1964, marca sua ruptura com a IPA, e o início da emergência de um pensamento teórico que foi designado como "retorno a Freud". Finalmente, um quarto período, de 1964 a 1981, em que a terminologia e articulações, tanto teóricas quanto práticas, são específicas de um esquema conceitual próprio, que seria o que se conhece, hoje, como "psicanálise lacaniana".

Traçando um paralelo com Freud — que dentro das consequências de sua teoria teria se tornado *freudiano* só em 1925, com o artigo "A denegação" — poder-se-ia dizer, grosso modo, que Lacan se torna *lacaniano* em 1964, momento em que apresenta uma visão da psicanálise exclusivamente fundamentada nas suas conclusões. Cumpre acrescentar que a virada lacaniana se refere à formalização do conceito de "objeto *a*", elaborado a partir da ideia freudiana de "Coisa" (*das Ding*), abordado em 1961 no seminário sobre a ética e articulado formalmente no seminário sobre os quatro conceitos fundamentais da psicanálise.

Da mesma forma, outro ponto de viragem se situa em 1973, no seminário "Mais, ainda", em que o tema do gozo, já elaborado desde a ética, passa a ser o centro em torno do qual gira a questão do real na prática analítica.

Outra maneira de se convencionar a sequência do ensino de Lacan não tem a ver com a referência temporal, senão com a lógica interna dos desenvolvimentos teóricos. Este modelo aponta três etapas:

I. A primeira, de 1936, ano da apresentação, no Congresso Internacional de Psicanálise de Mariembad, do texto sobre "O Estádio do Espelho", até 1953, ano da leitura, no Congresso de Roma, de "Função e campo da palavra e da linguagem na psicanálise", período caracterizado pela delimitação do registro do Imaginário.

II. A segunda, iria de 1953, com o já citado "Informe de Roma", até 1976, poria em evidência o registro do Simbólico.

III. Finalmente, uma terceira se estenderia de 1976, ano do seminário "Le Sinthome", até as últimas produções de Lacan em 1980, período que se destaca pela ênfase dada ao registro do Real.

Uma outra tentativa de vetorizar a obra lacaniana, sugerida por C. Faig, mais detalhada que as anteriores, permite uma panorâmica minuciosa de suas interseções conceituais, sem desconhecer as articulações precedentes. Essa proposta cristaliza os temas dos seminários e dos escritos, em função de sete subdivisões:

I) *Seminários I a IV*: desenvolvem o conceito de intersubjetividade, a partir dos esquemas L e R. O seminário IV situa-se no limite do nascimento do objeto *a*.

Os escritos correlatos são: "A agressividade", "O Estádio do Espelho...", "Introdução e resposta a Jean Hyppolite", "Função e campo da palavra", "A carta roubada", "A coisa freudiana..." e "Questão preliminar a todo tratamento possível da psicose".

II) *Seminários V a VIII*: descrevem os gráficos do desejo e a relação entre o significante e o objeto parcial. Correspondem-se com "A instância da letra...", "Significação do falo", "Direção do tratamento...", "Metáfora do sujeito", os textos sobre os trabalhos de Lagache e Jones e "Kant com Sade".

III) *Seminários IX a XII*: exemplificam a chamada "álgebra lacaniana", em estreita relação com a fundamentação da aritmética no logicismo matemático depois de Frege. Associam-se à "Subversão do sujeito...", "Posição do inconsciente" e "A ciência e verdade".

IV) *Seminários X a XVI*: referem-se ao ato analítico, dando uma forma acabada à questão da transferência. Uma resultante disso é a "Proposição de 9 de outubro de 67...".

V) *Seminários XVI* a *XVII*: tematizam os quatro discursos, suas articulações e disjunções.

VI) *Seminários XV, XVIII* e *XX*: definem as fórmulas quânticas da sexuação. O escrito emergente é "L'Etourdit".

VII) *Seminários XXI* a *XXVII*: conceitualizam os nós Borromeamos.

Uma outra divisão do ensino de Lacan, mais recente, foi feita por J.A. Miller no curso "Léxperience du réel dans la cure analytique" de 1999, em que divide a obra de Lacan em seis paradigmas passíveis de serem localizados nos seguintes seminários:

I) *Seminários I* a *IV*, que corresponderiam à imaginarização do gozo.

II) *Seminários V* e *VI*, que corresponderiam à significação do gozo.

III) *Seminário VII*, em que a noção de gozo se transforma em conceito.

IV) *Seminário XI*, em que com as operações de alienação e separação o gozo é retomado a partir destes mecanismos, increve-se na operação de separação e está pensado como objeto perdido.

V) *Seminário XVII*, em que haveria uma substituição do Sujeito pela noção de gozo. Ou seja, onde Lacan transforma o gozo no aparelho significante.

VI) *Seminário XX*, em que o significante passa a ser signo do Sujeito.

Qualquer opinião sobre o ensino de Lacan depende do que o expositor leu e o que considera importante. É necessário levar em conta também que, em termos de volume, a produção de Lacan representa o dobro da de Freud — e, supondo-se a necessidade de se ler Freud antes de Lacan, a quantidade de tempo e esforço que esse trabalho requer revela-se considerável.

Sobre o percurso didático de Lacan deve-se considerar, além da dificuldade de acesso ao material de estudo, que seu estilo parece à primeira vista prolixo e difícil, apesar de sua qualidade. O que de início parece obscuro, pode se tornar extrema e perigosamente fascinante.

Por vezes, deixando-se levar pela paixão que o texto desperta, corre-se o risco de aceitar ideias que sucumbiram diante de uma crítica mais profunda. Ultrapassado o fascínio, a paixão repleta de transferência, a leitura talvez surta melhor efeito.

Da mesma forma que Freud havia se utilizado da termodinâmica — o máximo que a física de sua época permitia — para estabelecer, de maneira dessubjetivada, a sua psicologia, Lacan se apresenta como racionalista e reivindica, como metodologia científica, o modelo de ciências como a física e a matemática. Dentro da física e da matemática, Lacan privilegiou a lógica; seu esforço foi matematizar a psicanálise, e operá-la dessa forma.

Em 1980, Lacan veio à América Latina, em Caracas, Venezuela, e declarou que ouvira falar da existência de uma escola latino-americana que produzira um tipo de lógica que ele acreditava poder dar conta da lógica do inconsciente.

Para Freud, o inconsciente se caracteriza por romper com as leis da lógica clássica, da lógica aristotélica. Para Aristóteles, "a" não pode ser "a" e "b" ao mesmo tempo, não pode estar num lugar e noutro ao mesmo tempo.

Na "Interpretação dos sonhos"[4], Freud demonstrou empiricamente que para o inconsciente não valem as relações da lógica formal. No inconsciente, "a" pode ser "a" e "b" ao mesmo tempo. E é por aí que ele, ao caracterizar a função do Ego, vai mostrar que no inconsciente, ao contrário, há uma ruptura com o princípio de realidade.

Nessa nova lógica apontada por Lacan não vale o princípio da não contradição. É a chamada lógica paraconsistente. Seu formalizador, Newton da Costa, é professor da Universidade de São Paulo e da Universidade de Campinas. A lógica idealizada por ele torna a lógica aristotélica apenas um tipo específico dessa outra lógica (a paraconsistente), que é mais ampla e mais abrangente, suportando até mesmo a contradição. Isso faria emergir a possibilidade de se formular logicamente a estrutura do inconsciente.

Entre os vários outros recursos que Lacan utilizou para elaborar sua teoria, se alguns nos ajudam a esclarecê-la, outros às vezes dificultam sua compreensão. Por ocasiões os leitores de Lacan se sentem despreparados, e quando conversam entre si concluem que, na verdade, poucos conhecem todas as referências usadas em sua obra.

A título de exemplo, na época do Imaginário, Lacan trabalhou com conceitos da etologia (ciência que estuda o comportamento dos animais), da psicologia comparada e da gestalt. Quando desenvolveu o Simbólico, a principal referência foi a linguística estruturalista de Saussure e a antropologia de Lévi-Strauss.

A filosofia também foi muito citada por Lacan por intermédio de Hegel, Kant, Descartes, Heidegger. Em sua obra, o papel deste último é tão fundamental, que o fim da análise, num determinado momento, foi pensado em termos heideggerianos do "ser para a morte".

Já os recursos da matemática que Lacan usou no último período de sua obra são, na maioria das vezes, árduos e difíceis para os que preferem as ciências humanas. O Teorema de Göedel, por exemplo, é um teorema aritmético bastante complexo que prova que nenhum conjunto pode ser completo, o que terá incidência na demonstração da não saturação da cadeia significante. Lacan também se utilizou da Lógica de Boole dos Grupos de Klein e da Topologia, um ramo da matemática que pretende dar conta das

---
4) Freud, S. 1900, S.E., v. IV, p. 1.

superfícies elásticas. Esses modelos como devem ser usados heuristicamente.

Um exemplo é este modelo gráfico, usado por Lacan:

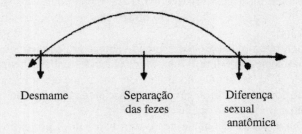

Ele significa que, dentro de uma série, só depois de se chegar ao último elemento é que o primeiro adquire significado, assim por exemplo, a obra de Lacan, como a de Freud, na medida em que foram sendo introduzidos novos conceitos, eles ressignificaram os anteriores.

Nos modelos gráficos tambem está o esquema L, que foi chamado por Lacan de "estática do sujeito", e que é uma forma de "imaginarizar" a estrutura do sujeito e torná-la visualizável:

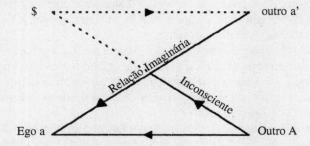

Neste esquema Lacan relaciona o imaginário, caracterizado pelo eixo a-a', que corresponde à relação do Eu (ego) ao semelhante (a'), representando a constituição do Eu no Estádio de Espelho, o qual cruza com eixo do Simbólico, caracterizado pela relação do Sujeito ($) ao Outro (A). Note-se que o gráfico está vetorizado, caracterizando a constituição do Sujeito pelo Outro, e o Eu pelo semelhante (imagem do outro).

Entre estes modelos destaca-se o *esquema óptico*, que é uma modificação de uma experiência de física óptica proposta por Bouasse, à qual Lacan acrescenta um espelho plano. Lacan ao utilizar os modelos ópticos seguiu uma sugestão de Freud, que indicou o interesse deles para a psicanálise, em que são usados para descartar a noção de localização anatômica e ficar no terreno do psicológico.

O olho, no modelo usado por Lacan, é símbolo do Sujeito, e quer dizer que na relação do imaginário com o real tudo depende da situação do Sujeito, posto que esta situação está essencialmente caracterizada por seu lugar no mundo simbólico, que é o da palavra, o que faz do espelho plano o Outro (A).

O corpo (C) em tanto real, é como o vaso de flores refletido no espelho, quer dizer, ele é inacessível ao olhar, e o Sujeito (determinado pela ordem simbólica) *nunca terá mais que uma apreensão imaginária do corpo.*

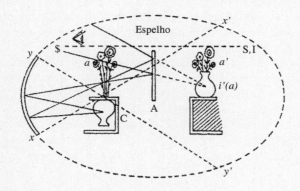

O lugar do corpo foi retomado por Lacan ainda a partir da noção de gozo, noção que articula o significante com o corpo. Daí as últimas elaborações de Lacan se referirem aos tipos diferentes de gozo decorrentes da inter-relação dos registros entre si, ou seja, às maneiras diferentes do significante marcar o corpo.

Depois dos modelos gráficos, Lacan introduziu uma formalização teórica a que chamou *matemas*. *Matema* é uma expressão que não existe na matemática e não há uma versão definitiva sobre a procedência do termo, que alguns autores afirmam ser de Heidegger, como também do grego "o que ensina".

Uma outra explicação que, mesmo não sendo a melhor, é útil: Lévi-Strauss introduziu o conceito de *mitema*, que é a unidade mínima de um mito. Talvez Lacan tenha retirado a noção de *matema* de *mitema*.

Um exemplo de *matema*, é o sujeito barrado, que se escreve: $. A barra no S equivale ao conceito de *Spaltung*, e aponta à cisão do sujeito. Em vez de se falar "o sujeito do inconsciente, produto da *Spaltung*", ou "o sujeito que decorre da cadeia significante", escreve-se $.

Também $S_1 \to S_2$ é um *matema* equivalente a uma forma gráfica que torna possível reduzir a cadeia significante ao seu mínimo. Outro *matema* é o *a*, que é a escrita do objeto causa do desejo.

A partir da álgebra lacaniana, há a possibilidade de se fazer fórmulas, o que foi feito por Lacan ao juntar o $ à *a*, produzindo a fórmula da fantasia: $ ◊ *a*. O símbolo ◊ pode ser entendido como a junção dos símbolos lógicos de *e* (∧) e *ou* (∨), com *maior* (>) e *menor* (<). Lacan condensou-os produzindo um símbolo a que chamou *poiçon*, que quer dizer que o sujeito está em relação ao objeto de acordo com essas possibilidades.

Ainda um outro *matema* é S(A̸), traduzível como castração materna ou significante da falta no Outro.

Esse recurso teórico usado por Lacan provém da lógica simbólica. Porém, embora possa-se usar os matemas de forma heurística, não se pode fazer uma equação com eles.

No desenvolvimento da obra lacaniana temos então três momentos: um em que ele privilegiou os modelos gráficos; outro, em que introduziu uma álgebra: os *matemas*; depois, o momento em que recorreu à topologia, apontando-os como a melhor possibilidade de se pensar o Real.

O "nó Borromeano", por exemplo, foi um recurso retirado da topologia e usado por Lacan para mostrar como se articulam os registros do Imaginário, Simbólico e Real, o que se daria pela lógica intrínseca à amarração deste nó.

O nó chamado de "olímpico", que possui quatro elos, caso se solte um deles, ficarão três unidos; caso se soltem dois, ficarão dois unidos. Já no "nó Borromeano", caso se solte qualquer um dos elos, os outros dois se desamarrarão.

Uma outra figura topológica utilizada por Lacan foi a Fita de Moebius. Na geometria euclidiana teremos sempre a divisão do espaço em planos, porém um matemático, Moebius, mostrou que, se fizermos uma torção de 50° em uma superfície e juntarmos as pontas, haverá uma superfície de um lado só, o que rompe com os preceitos da geometria euclidiana.

Lacan sugeriu que o pensamento ocidental estaria condicionado por uma visão euclidiana da realidade, que é a de pensar o espaço dividido em planos. Decorre daí que, na psicanálise, haver-se formalizado o consciente e o inconsciente em termos de "dentro" e "fora". Porém, por intermédio da Fita de Moebius, pode-se localizar o inconsciente e o consciente na mesma superfície, porém em lados opostos.

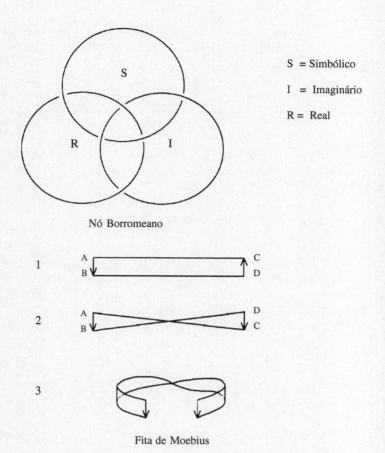

Nó Borromeano

Fita de Moebius

    Com a Fita de Moebius, Lacan também modificou as noções de introjeção e projeção, mostrando que as categorias de "dentro" e "fora" podem ser questionadas.

    Aplicando-se a lógica do ensino de Lacan à sua transmissão, em um primeiro momento se mostrará que na relação entre o Imaginário, o Simbólico e o Real, em decorrência da tese lacaniana do Estádio do Espelho, há um predomínio do Imaginário sobre o Real. Esse fato orientará a interlocução com Melanie Klein, já que para ela acontece exatamente o oposto, isto é, há um predomínio do Real sobre o Imaginário.

    Em um segundo momento, quando se introduzir o Simbólico, se apontará que há um predomínio do Simbólico sobre o Imaginário.

E, em um terceiro momento se mostrará que há um predomínio do Real sobre o Simbólico, fato que levou Lacan a propor a possibilidade de um fim para a análise.

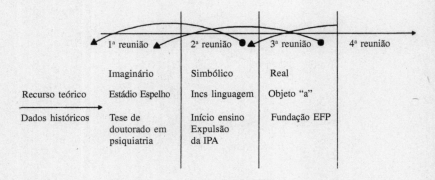

A possibilidade de um fim de análise é um avanço em relação a Freud, que a situava na "rocha de castração", o que clinicamente se manifestaria como "rebeldia à submissão passiva" no homem, e *penisneid* na mulher. Para Lacan, a "rocha da castração" não é o limite da análise, e é possível ultrapassá-la.

O EU EM FREUD E O IMAGINÁRIO DE LACAN

Paranoia e Estádio do Espelho

Lacan graduou-se em medicina, especializou-se em psiquiatria e logo depois trabalhou na enfermaria especial de alienados da Chefatura de Polícia, sob a direção de Clérambault, um dos mestres da psiquiatria francesa da época, criador do conceito de "automatismo mental", de muita importância para o pensamento de Lacan.

Na enfermaria onde Lacan trabalhou eram levadas pessoas que haviam cometido algum crime, mas que não poderiam ser responsabilizadas caso apresentassem um distúrbio mental. Foi nesse lugar que Lacan elaborou sua tese de psiquiatria "Da psicose paranoica e suas relações com a personalidade"[5]. Nela Lacan relata o fato de alguns pacientes se curarem

---
5) Lacan, J. México, Siglo XXI, 1976.

após cometerem um crime. A partir dessa observação, Lacan propôs um novo diagnóstico, denominado "paranoia de autopunição".

A característica principal da paranoia de autopunição é o efeito de cura que um ato criminoso produz num sujeito que o comete em decorrência de um delírio. Apesar de ter recolhido muitos casos dessa manifestação, Lacan escreveu sua tese fundamentando-se no Caso Aimée, que se tornou o paradigma da paranoia de autopunição.

Aimée era uma mulher que pertencia à burguesia, uma funcionária pública fascinada por uma atriz famosa. Ela foi à saída do teatro onde a atriz trabalhava e atacou-a com uma navalha. A atriz teve os tendões da mão cortados, e Aimée foi então presa e levada para a clínica de Clérambault.

A conclusão a que Lacan chegou foi que o que estava em jogo naquele caso era uma idealização patológica, a princípio pela irmã, depois pela atriz. Porém, as únicas noções que poderiam explicar a razão da conduta da paciente não estavam na psiquiatria: eram conceitos que só existiam na psicanálise. No caso, o conceito de Superego.

Logo em seguida, em 1933, Lacan publicou dois textos: "O problema do estilo e a concepção psiquiátrica das formas paranoicas da experiência"[6] e "Motivações do crime paranoico: o crime das irmãs Papin"[7], sendo este o relato do caso de duas irmãs, empregadas domésticas em Paris, que em certo dia, por um motivo fútil — a falta de luz em casa — mataram e esquartejaram suas patroas.

Ao publicar esse texto, propondo as razões do crime paranoico, Lacan avançou em relação à sua tese anterior: a concepção de que o outro é o que o criminoso quer ser, então, ele tem de anular o outro para que possa existir — caso contrário, se perde nesse outro. Segundo Lacan, o que provocou o crime foi a realização de fantasias arcaicas estruturantes do psiquismo do criminoso, que são fantasias de estripação, fantasias que Lacan chamou de "corpo despedaçado". Assim como Freud descobriu as fantasias neuróticas, Lacan evidenciou as "fantasias paranoicas", porém dirá que todos temos essas fantasias, e o paranoico seria o sujeito que as coloca em prática.

Em 1936, com 35 anos de idade, já como psicanalista, Lacan apresentou no Congresso de Marienbad, o texto "O Estádio do Espelho". Na época, o subtítulo desse texto era "Teoria do momento estruturante genético da constituição da realidade conhecida em relação à experiência analítica". Nele, Lacan produziu uma teoria sobre a conformação da estrutura psíquica do sujeito, e o que se elabora nele não é mais o motivo do crime paranoico, e sim a constituição da realidade.

---

6) Lacan, J. Id. ibid, p. 333.
7) Lacan, J. Id. ibid, p. 338.

Em 1949, ao ser apresentado como nós o conhecemos, "O Estádio do Espelho" recebeu o título de "O Estádio do Espelho como formador da função do Eu tal como nos é revelado pela experiência analítica"[8], escrito desde o ponto de vista da observação e da metodologia da psicanálise — e o que se deduz: a constituição do Eu (*Je*).

O Eu em Lacan: do narcisismo ao Estádio do Espelho

Num primeiro momento, o Eu para Freud era o da psicologia corrente. Depois, na época do narcisismo, Freud propôs a constituição do Eu a partir de ele ser o objeto da pulsão. O narcisismo seria o organizador das pulsões parciais, permitindo a passagem do autoerotismo para o investimento libidinal em um objeto no mundo exterior.

Em relação à prática analítica fundamentada na obra de Lacan, já houve críticas referindo que esta desconheceria a importância do Eu (*Moi*) no processo da cura. Também muitos desses críticos pensam que o ensino lacaniano se esgota na conceitualização do Estádio do Espelho. Há porém nesse ensino, além de uma relação do Eu com o Imaginário, uma relação do Eu com o Simbólico, e uma menos evidente, que é a do Eu com o Real.

O avanço da conceitualização do Eu em Lacan foi consequência das modificações que sofreram no decurso de sua obra, as noções de objeto e de fantasia. No texto "De nossos antecedentes"[9], Lacan afirma que sua teoria do Eu se fundamenta nos elementos da teorização freudiana do Eu, que seriam a imagem do corpo e a teoria das identificações.

Os impasses que haviam na articulação feita por Freud entre a relação da consciência com o Eu e as próprias contradições internas a esta noção, existentes na obra freudiana, fizeram com que Lacan procurasse superá-los, o que ele realizou com a introdução da noção de Sujeito, separando-a da noção de Eu.

O Eu, definido como sede da função percepção-consciência, ao ser retomado por Lacan, aparece como um objeto próprio ao homem, que tem como particularidade uma relação com o significante. O subjetivo, portanto, desde esta visão se relaciona com a articulação significante e não com a sensibilidade, efeito do sistema percepção-consciência.

A autoconsciência, articulada desde o ensino de Lacan, seria então a interseção que existe entre a consciência e a percepção que esta tem do objeto único, próprio a cada um, que se chama Eu. E isto, desde o ensino de

---

8) Lacan, J. *Escritos*, p. 96.
9) Lacan, J. *Escritos*, p. 69.

Lacan, só é possível mediante a existência de um sujeito, que por sua vez é consequência de um sistema significante.

O uso do termo Eu, definido de uma maneira diferente daquela de função gramatical, apareceu principalmente na psicofisiologia do século XIX.

Entre as muitas abordagens da psicologia no século XIX, estava a psicologia associacionista, uma abordagem que explicava o funcionamento mental em termos de associação de ideias. Esta foi a base comum para a especulação psicofisiológica do século XIX, e baseava-se na noção de que as associações seriam produzidas pela facilitação das vias que estabelecem a conexão entre elementos do sistema nervoso.

Influenciado por estas ideias, Freud, no final de 1895, dedicou consideráveis esforços para explicar fisiologicamente os fenômenos psicológicos, o que resultou no texto "Projeto para uma psicologia científica"[10]. Foi neste texto, dentro de um contexto psicofisiológico, que Freud propôs pela primeira vez uma formalização de um Eu, definido de uma maneira própria relacionada à experiência clínica.

Existe até hoje um considerável debate a respeito do uso do termo Eu, muitas vezes apresentado como Ego, que é uma latinização introduzida a partir da tradução da obra de Freud para o inglês, sendo que a isto deve ainda ser acrescentado o termo *Self*, que para alguns autores também é sinônimo de Eu, ou uma especificação deste, como o *Je* é para Lacan, porém não no mesmo sentido que o anterior.

Freud, no início de suas investigações, não desejava limitar sua teoria das neuroses somente a considerações etiológicas, mas esperava desenvolver uma teoria unificada dos processos patológicos, como testemunha o seu texto "Projeto para uma psicologia científica", ou melhor, o rascunho sobrevivente desta teorização fisiológica de Freud.

Este texto foi escrito em setembro e outubro de 1895 e consiste de três seções: A primeira ocupa-se em estabelecer os alicerces fisiológicos para a inibição psíquica. A segunda pretende dar uma explicação neurodinâmica do recalque e da patogênese da histeria. Na terceira, Freud amplia o modelo neurofisiológico para abranger processos psíquicos, tais como o pensamento e a cognição.

Naquele contexto, aproveitando-se da recente introdução do termo "neurônio" (1891), Freud sugeriu que no recém-nascido o acúmulo de excitação endógena em "psi" geraria unicamente respostas emocionais, como o choro. A eliminação da excitação, para Freud, constituiria o que ele chamou de "experiência de satisfação", que seria acompanhada pela

---
10) Freud, S. S.E. v. I, p. 23.

percepção dos objetos que serviriam a essa satisfação. Então, as associações seriam estabelecidas entre "psi", a imagem mnêmica dos objetos, e a memória da necessidade biológica.

Freud sugeriu que em consequência das associações estabelecidas por estas experiências primitivas de satisfação e o consequente acúmulo de excitação endógena, resultaria a passagem de um fluxo "Q", pelas vias facilitadas, para a imagem do objeto desejado. O bebê então alucinaria o objeto desejado e realizaria movimentos em resposta à alucinação, o que porém não produziria satisfação. Freud propôs que a recepção de "Q" endógena, em "psi", levaria à existência permanente de um corpo de neurônios catexizados em "psi". Alguns desses neurônios estariam permanentemente catexizados, ao passo que outros possuiriam apenas uma carga temporária.

Nesse primeiro esquema especulativo de Freud, esse "corpo" de neurônios catexizados é o que constituiria a base fisiológica do Eu. O Eu funcionaria para impedir a alucinação dos objetos desejados e para obter verdadeiras experiências de satisfação. Ele executaria sua tarefa por meio de um mecanismo que na neurologia se denomina "inibição". Nas situações em que não há inibição pelo Eu, o que permite a "Q" acumulada gerar alucinações, Freud chamou de "Processo primário", e às atividades psíquicas que são mediadas pela atividade inibitória do Eu, de "Processo secundário".

No mesmo ano do "Projeto...", mesmo tendo formalizado o Eu em termos próprios, Freud ainda falava do Eu de uma maneira pouco especificada. Por exemplo, no seu texto em parceria com Breuer, intitulado "Estudos sobre a histeria"[11], ele ainda se referia a "das Individiduum" ou "die Person", ou seja, Freud ainda fazia uso do termo Eu como representando a personalidade no seu conjunto, embora sempre enfatizasse sua função inibitória.

Mas a prática clínica havia imposto a Freud a necessidade de desmanchar a noção de Eu como uno ou permanente. Também a pretensão de uma explicação fisiológica do psiquismo havia sido abandonada, e o "corpo de neurônios catexizados" dera lugar ao "corpo erógeno" ou "corpo libidinal". A clínica, particularmente a clínica do desdobramento da personalidade, fez com que Freud sugerisse a ideia da existência de um conflito psíquico como o causador desse fenômeno, e seria do Eu de onde partiriam as defesas que resultariam via produção do conflito.

Esta clínica levou Freud progressivamente a diferenciar o Eu da consciência. Freud sugeriu nos "Estudos sobre a histeria" que o Eu estaria

---

11) Freud, S. S.E., v. II.

"infiltrado" pelo núcleo patógeno inconsciente. O conflito passou então a ser definido pela incompatibilidade de uma representação com o Eu, e Freud sugeriu diferentes mecanismos de defesa, que corresponderiam às diferentes psiconeuroses.

Nessa forma de conceber o funcionamento psíquico, o Eu seria o lugar a ser preservado do conflito pela atividade defensiva. A função do Eu, para Freud, neste momento do seu pensamento, continuava, portanto, fundamentalmente inibidora. Porém, em 1910, no texto a propósito de um caso de cegueira histérica, apareceu pela primeira vez o Eu fundado na pulsão. Tratava-se, neste momento, das pulsões do Eu, identificadas com as pulsões de autoconservação e que teriam um lugar determinante no recalque. Nesse texto, intitulado "A concepção psicanalítica da perturbação psicogênica da visão"[12], Freud anunciou também as servidões do Eu, isto porque os órgãos estariam tanto a serviço das pulsões sexuais quanto das pulsões de autoconservação. Freud comenta que não é fácil servir a dois amos ao mesmo tempo, assim, além das funções atribuídas ao Eu por Freud naquela época — que eram, entre outras, o pensamento, a motricidade, a percepção — revelarem ser funções libidinais, a conclusão que a clínica lhe impôs foi a de que a sexualidade também estende seu domínio sobre o Eu.

Não foi sem importância perceber que as perturbações da visão são a via pela qual o Eu se revela como objeto libidinal. Existe um privilégio do olhar na constituição do Eu como sendo, antes de tudo, um Eu corporal, mas não só como uma entidade de superfície, mas, principalmente, como a projeção desta superfície. O corpo, então, para Freud, antes de tudo e principalmente é um corpo olhado. Isso já se prenunciava desde a análise que Freud fez do cômico, em que ele demonstrou a consistência libidinal do Eu como decorrente da projeção da imagem do corpo. O cômico põe em evidência a imagem em que o Eu se aliena.

Pela análise do cômico, Freud aproximou-se do outro lado deste, a fascinação pela beleza. Utilizou o mito de Narciso, que aparece na teoria pela primeira vez a propósito da explicação da escolha de um objeto homossexual, feito no seu estudo sobre Leonardo da Vinci. Essa referência aparece também na abordagem que Freud fez da psicose, na análise do texto de Schreber. Dessa maneira, por intermédio do campo escópico, Freud descobriu o Eros unificador do narcisismo. Pois está na própria essência do mito de Narciso amarrar o olhar com a unidade amorosa. Quer dizer, a teoria do narcisismo implica que um corpo só se torna sexualizado porque se oferece ao olhar do outro. O Eu passou assim, desde essa nova concepção, a ser definido como objeto de amor, o Eu passa a ser o objeto das pulsões e

---

12) Freud, S. S.E, 1911, v. XI, p. 209.

o narcísico é tomar-se a si mesmo como objeto de amor. Portanto o Eu não poderia ser preexistente, nem poderia ser o resultado de uma diferenciação progressiva, como querem entender algumas correntes psicanalíticas, principalmente a kleiniana. Para que o Eu exista, diz literalmente Freud no texto principal sobre sua concepção do Eu, "Para introduzir o narcisismo"[13]: "foi necessária uma nova ação psíquica", observação aliás retomada por Lacan na sua teoria do Estádio do Espelho.

Nessa nova maneira de conceber o Eu por Freud, ele passa a ter uma unidade ilusória em relação à fragmentação do autoerotismo e das pulsões parciais. (Ou do *corps morcelé* de Lacan, mas não do *spliting* de M. Klein.) O Eu passou a ser considerado por Freud um grande reservatório de libido, de onde ela é enviada para os objetos, e que também recebe parte da libido que reflui dos objetos, como por exemplo no trabalho do luto. Também a noção de identificação se modificou e se enriqueceu, pois a identificação, com esta nova noção de narcisismo, passou de uma ação intraobjetiva a um acontecimento intrasubjetivo, pois ela passou a ser mediada pelo Eu.

Seria mais tarde, com a abordagem da melancolia, que Freud precisaria de que maneira o Eu se modifica pela identificação, produzindo a possibilidade de se pensar um Eu que não apenas seria remodelado pelas identificações secundárias, mas que se constituiria, já desde sua origem, por uma identificação que toma como protótipo a incorporação oral. Neste ponto particular, Lacan sendo fiel ao sentido e não à letra de Freud, na teoria do Estádio do Espelho articulará a identificação primária, fundadora do Eu, como identificação à Imagem do semelhante, e não como incorporação oral, mantendo a identificação no campo do escópico, o que para Freud seria a identificação histérica. Haveria também que se apontar que essas considerações de Freud sobre o Eu e sua origem narcisista também prenunciam o que depois se formalizará como a relação falo-castração, o que Freud fez nos anos subsequentes. De fato, em Freud, o falo estará sempre equacionado ao narcisismo, pois a posição narcisista correspondendo ao desejo da mãe implica que castração e narcisismo estejam sempre em estreita relação. Quando a criança aparece como falo da mãe, esta aparece em posição de objeto, e a impossibilidade de que a imagem do próprio corpo preencha a falta da mãe introduz a ferida narcisista, que a criança fará substituir a mãe por outros objetos que a façam sentir que completando o outro ela se completa.

O caráter libidinal do Eu, com sua teorização pela teoria do narcisismo é o que fundamenta em Freud a trama edipiana. A constituição do Eu é o acontecimento necessário à castração. É fazendo com que o sujeito responda

---

13) Freud, S. S.E., 1914, v. XVI, p. 67.

ao enigma do desejo do outro, oferecendo uma imagem amável, na ilusão de que tal imagem complementaria a falta do outro, que ele depara sempre com a impossibilidade da completude, um dos nomes da cifra do seu destino.

No entanto, sugere-se que a noção de Eu no sentido estritamente psicanalítico, isto é, o Eu entendido de uma maneira "técnica", só apareceu após o que se convencionou chamar de "virada teórica", que ocorreu com Freud nos anos 20, com a introdução da pulsão de morte, da noção de masoquismo primário e da "segunda tópica", que reordenaria as relações entre as instâncias psíquicas desde as novas formulações. Essa mudança, diz-se, teria correspondido a uma reordenação da prática, que, a partir dessas novas conceitualizações teóricas, teria passado a privilegiar a análise do Eu e de seus mecanismos de defesa em detrimento da elucidação dos mecanismos inconscientes, como era feito antes.

Do Isso à cisão do Eu

Em 1920, Freud com a "segunda tópica", teria feito do Eu um "sistema" ou uma "instância", ajustando-o às modalidades dos conflitos psíquicos. Se antes a referência principal de seu modelo do aparelho psíquico era os diferentes tipos do funcionamento mental, isto é, o processo primário e o processo secundário, a partir da "segunda tópica" as partes envolvidas no conflito passariam a ser privilegiadas. Nessa nova articulação, o Eu intervém como agente da defesa, o Supereu como agente das interdições, e o Isso como polo pulsional. O Eu a partir dessa descrição seria em grande parte inconsciente, produzindo-se um alargamento da sua noção. O Eu, assim revisado, passou a ser principalmente um "mediador" que tentaria dar conta das exigências contraditórias produzidas pelas demais instâncias.

Mas, muito além das implicações meramente técnicas que os pós-freudianos quiseram ver na "segunda tópica", principalmente os adeptos da "psicologia do Ego", a virada dos anos 20 acentua a descoberta freudiana de que o ser falante é um animal desnaturalizado. Esta nova postura de Freud frisou um funcionamento psíquico que contradizia a relação mecanicista prazer-desprazer e indicava uma inércia repetitiva, que se opunha a qualquer progresso adaptativo por meio do aprendizado.

Com a virada dos anos 20, o sofrimento do sintoma como gozo passou a ser entendido como o "benefício primário", pois a noção de "benefício secundário" não foi suficiente para explicar a permanência do sintoma: o gozo, estando além do princípio do prazer, não teria nenhuma utilidade para o Eu. Freud, com a introdução da "segunda tópica", retirou o postulado do prazer do campo que o Eu enfrenta. Essa retirada dos postulados do prazer aos quais o Eu se opunha e a repetição como expressão da pulsão de morte, alheia à oposição princípio do prazer com o princípio da realidade, foram a nova maneira como Freud passou a conceber a regulação do Eu. Foi nesse sentido que a introdução da pulsão de morte foi necessária para dar conta da cisão entre a organização narcísica regulada pelo princípio do prazer e a repetição, regulada por um "além do princípio do prazer".

As consequências dessa reformulação, mais do que técnicas foram éticas. As funções classicamente atribuídas ao sujeito do conhecimento, como o pensamento, a percepção, o juízo, a memória, são função do desejo. Para Freud, a psicanálise introduz uma subversão em relação à teoria clássica do conhecimento: o conhecimento é uma função do desejo e não do Eu.

Em 1927, Freud referindo-se ao fetichismo teorizou mais uma vez sobre a divisão psíquica, porém de uma maneira diferente daquela feita por ele inicialmente em referência à histeria. Freud retomaria ainda a questão da cisão do Eu em 1938 num artigo intitulado "Clivagem do Ego no processo de defesa"[14]. Esta clivagem, tradução da palavra alemã *spaltung*, seria efeito, no caso do fetichismo, de um mecanismo de defesa que Freud denominou *Verleugung*, traduzido por "recusa", ou "desmentido". Essas propostas, embora introduzidas a partir de uma reflexão sobre a situação clínica caracterizada pelo fetichismo, possibilitaram uma nova verificação do funcionamento do Eu e introduziram formalmente na teoria freudiana um modelo de funcionamento do Eu que não se restringe a uma situação psicopatológica particular, mas introduz como novidade a possibilidade de um Eu radicalmente cindido. Ou seja, se antes Freud descrevia a divisão do Eu em duas correntes não conciliáveis, e aí está a novidade, com esta nova observação Freud admite que elas coexistem em forma paralela, sem produzir uma formação de compromisso como ocorria na histeria.

Com a descrição do mecanismo da recusa, Freud demonstrou uma situação em que o Eu consegue ser triunfante ante uma realidade adversa ao narcisismo. O fetichista consegue transformar o horror ao genital feminino em gozo do fetiche.

Outro fato examinado por Freud na mesma época foi o humor, que é a maneira pela qual o Eu transforma o horror da morte em afirmação de invulnerabilidade diante do desespero e do sofrimento, porém de uma maneira diferente da do fetichista. No humor, o Supereu afirma rebeldemente a integridade do Eu, mesmo além da morte.

O texto freudiano sobre a cisão do Eu é de 1938. Fim da vida de Freud e começo da teoria de Lacan. Para Lacan, o Sujeito é primeiro objeto

---

14) Freud, S. S.E., 1926, v. XX, p. 271.

(voltamos à relação indicada no início deste texto entre o Eu e o Real). Quando o Sujeito se pergunta o que é para o Outro como objeto, a resposta é dupla: por um lado o Sujeito está barrado, é faltante, mas por outro ele é objeto *a*. Lacan caracteriza a divisão do Eu entre Sujeito barrado e o objeto *a* da fantasia, pelo mecanismo freudiano da *Verleugnung*, *o* mesmo mecanismo que Freud usou para explicar a produção do fetiche. No texto "Ciência e verdade", Lacan introduziu a *Ichspaltung* (correlativa em Freud da *Verleugung*) como característica da divisão constituinte do Sujeito. Assim, para Lacan, a cisão do Eu freudiana não é articulada com uma divisão do Eu entendida como *Moi* senão como uma divisão que afeta ao Eu como *Je*. A divisão que corresponderia ao *Moi* seria a equivalente ao efeito da *Verneinung* (denegação).

Estádio do Espelho e castração

A proposta de Lacan é que, a partir do observado na clínica analítica, se possa formular a constituição do Eu, e, referindo-se às fantasias que aparecem no decurso de uma análise, diz que:

> (...) *mostram-se regularmente nos sonhos quando a moção da análise toca num certo nível de desintegração agressiva do indivíduo. Aparece então sob a forma de membros disjuntos, bem como desses órgãos figurados em exoscopia, que se alam e se armam para as perseguições intestinas, que para sempre fixou pela pintura o visionário Jerônimo Bosch, na sua ascensão no século XV ao zênite imaginário do homem moderno. Mas essa forma revela-se tangível no próprio plano orgânico, nas linhas de fragilização que definem a anatomia fantasmática, manifesta nos sintomas de esquize ou de espasmo da histeria*[15].

Essas fantasias com as quais Lacan formalizou a constituição do Eu são manifestações de *corps morcelé*, ou seja, fantasias em que o corpo aparece despedaçado.

Para interpretá-las, Lacan utilizou vários recursos. O primeiro deles é o da fisiologia:

> *A noção objetiva do inacabamento anatômico do sistema piramidal, como de certas remanescências humorais do organismo materno, confirma a visão que formulamos com o dado de uma*

---
15) Lacan, J. *O Estádio do Espelho como formador da função do Eu*, p. 96.

verdadeira prematuração específica do nascimento no homem. Notemos, de passagem, que este dado é reconhecido como tal pelos embriologistas sob o termo de fetalização (...)[16].

Se compararmos o homem a um animal irracional, veremos que o animal nasce com o sistema nervoso completamente desenvolvido. O cavalo, por exemplo, logo que nasce já fica em pé, sabe onde tem de mamar, abre os olhos etc. Isso não acontece com os seres humanos. Na espécie humana, primeiro a criança adquire o movimento da cabeça, depois o do tronco etc., seguido de um desenvolvimento céfalo-caudal. Os neurologistas atribuem este fenômeno à falta de mielinização do sistema nervoso, o que produz efeitos que Lacan explicou analiticamente.

Aliás, esta concepção não difere da de Freud, que nomeava esse estado do lactente de *Hilflösigkeit*. O termo foi traduzido no *Vocabulário de Psicanálise* de Laplanche e Pontalis por "desamparo", definido como a dependência total da criança em relação a outra pessoa para a satisfação de suas necessidades.

Além desse dado da fisiologia, Lacan introduziu outro retirado da psicologia comparada e que se refere às observações de Henri Wallon:

> *Talvez entre vós haja quem se recorde do aspecto de comportamento de que partimos, esclarecido por um fato de psicologia comparada: o pequeno homem, numa idade em que é, por um tempo curto, mas por um tempo ainda, ultrapassado em inteligência instrumental pelo chimpanzé, reconhece, contudo, já como tal, a sua imagem no espelho*[17].

Isso quer dizer que, embora o bebê humano não tenha condições neurológicas para dominar a organização de seu esquema corporal — porque ainda não pode coordenar seus movimentos —, pode reconhecer-se no espelho.

A criança se reconhece no espelho não porque a propriocepção ou o sistema neurológico permitam que ela possa saber sobre seu corpo; Lacan enfatiza que este reconhecimento do corpo próprio só é possível porque há uma antecipação do psicológico sobre o fisiológico, o que constituirá o Eu como unidade corporal.

O que também está sendo evocado com essa formalização é a teoria da castração de Freud. Lacan mostrou que essa teoria é uma série que se ressignifica a partir da diferença sexual anatômica. Tal série é composta

---

16) Id. Ibid.
17) Id. ibid.

por três momentos: o desmame, a separação das fezes e a observação da diferença sexual anatômica. O último momento ressignifica o registro das separações anteriores, ou seja, a teoria da castração em Freud só adquire seu sentido por uma ressignificação.

No gráfico abaixo, vemos que só a partir das vivências do desmame e da separação das fezes é que a ausência de pênis na mulher vai adquirir, para os dois sexos, o aspecto constituinte em relação à castração.

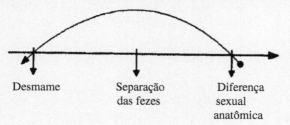

Desmame   Separação   Diferença
               das fezes   sexual
                                anatômica

Nessa série de perdas Lacan acrescentou uma fundamental: a impossibilidade de o corpo se organizar, tendo como consequência a antecipação do psicológico sobre o fisiológico. Foi essa a tese desenvolvida no "O Estádio do Espelho". Mais tarde Lacan ressignificará essa ideia e localizará a falta na estrutura da cadeia significante.

O que Lacan chamou de "Estádio" foi essa antecipação do psicológico sobre o fisiológico. Estádio seria um momento de viragem. Mais tarde, o termo *stade* (fase) terá preferência, pois a palavra estádio dá uma ideia de maturação psicobiológica.

O Estádio do Espelho

> ...*pode ocorrer (...) a partir da idade de seis meses, e a sua repetição frequentemente fixou a nossa meditação perante o espetáculo surpreendente de uma criança em frente do espelho, que não tem ainda o domínio da marcha, nem sequer da posição ereta (...)*[18].

O Estádio do Espelho é uma metáfora, pois o cego também terá acesso ao Imaginário e ao Simbólico, embora o Estádio do Espelho tenha sua demonstração fundada no escópico. Ele se dá da seguinte forma: num determinado momento uma criança é colocada em frente ao espelho e não demonstra nenhuma reação diante daquela imagem. Noutro momento, a criança passa a se relacionar com a imagem, dirigindo-se a uma outra pessoa, mostrando uma expressão de júbilo, do que se deduz que ocorre o

---
18) Id. Ibid.

reconhecimento da imagem como o do próprio corpo. E isso muito antes de a criança adquirir a coordenação motora completa.

Lacan conclui então que:

> Essa atividade conserva para nós, até a idade de dezoito meses, o sentido que lhe damos — e que não é menos revelador de um dinamismo libidinal, problemático até então, que de uma estrutura ontológica do mundo humano que se insere nas nossas reflexões sobre o conhecimento paranoico[19].

Para Lacan, o Estádio do Espelho estrutura o ser e condiciona a estrutura ontológica do mundo:

> A *assunção jubilatória da sua imagem especular pelo ser ainda mergulhado na impotência motora e na dependência de alimentação que o pequeno homem, nesse estádio infans, é, parecer-nos-á desde logo manifestar numa situação exemplar a matriz simbólica onde o Eu se precipita em forma primordial, antes que se objetive na dialética da identificação ao outro e que a linguagem lhe restitua no universal a sua função de sujeito*[20].

Ao mesmo tempo em que há a assunção do Eu, que é o momento constituinte da estrutura ontológica do ser humano, há também o aparecimento da matriz simbólica. O Estádio do Espelho é o que vai estruturar, ao mesmo tempo, o Imaginário, o Simbólico e o Real, que se organizam nesse momento do desenvolvimento humano.

Dentro da teoria analítica, essas posições de Lacan têm incidência fundamental na proposta da releitura de Freud. Presentificando uma ponderação de Oscar Masotta, que propõe uma ordem das razões e uma razão das ordens, portanto, quando se fala de conceitos como narcisismo, identificação, pulsão de morte, eles têm de ser situados em uma ordem de ressignificações mútuas.

Daí que com o Estádio do Espelho, o primeiro conceito que aparece reformulado é o de *narcisismo*. Sucintamente, poderíamos dizer que Freud postulou a existência de dois tipos de narcisismo: o narcisismo do sonhar e o narcisismo do dormir. O primeiro implica o narcisismo do sujeito que sonha, o segundo, o do sujeito que dorme. Para Lacan, a partir do Estádio do Espelho:

---

19) Id. Ibid.
20) Id. Ibid.

> *O termo narcisismo primário com que a doutrina designa o investimento libidinal próprio a esse momento revela nos seus inventores, à luz da nossa concepção, o mais profundo sentimento das latências da semântica. Mas esclarece também a oposição dinâmica que procuraram definir, desta libido à libido sexual, quando invocaram instintos de destruição e mesmo de morte para explicar a relação evidente da libido narcísica com a função alienante do Eu, a agressividade que daí se desprende em toda a relação ao outro, ainda que esta fosse a mais samaritana das ajudas*[21].

Neste primeiro momento, Lacan articulou o narcisismo com a agressividade, um como condição do outro e os dois como condições da pulsão de morte.

O segundo conceito que aparece reformulado é de *Eu-Ideal*. Em alguns dos textos de Freud ele é identificado ao Supereu, em outros à identificação, como por exemplo no texto "A psicologia dos grupos e análise do Ego", e para Lacan esse é outro conceito que só toma sentido a partir da teoria do Estádio do Espelho: "Essa forma do corpo que se estrutura na identificação especular seria antes, de resto, para designar como Eu-Ideal, se quiséssemos fazê-la entrar num registro conhecido, nesse sentido de que será também a raiz das identificações secundárias"[22]. Portanto, o *Eu Ideal* está no plano do Imaginário, enquanto o Ideal do Eu estaria no plano Simbólico.

Um terceiro conceito de fundamental importância é o de *identificação*, que levanta as questões das identificações primárias e das identificações histéricas. Sobre elas há várias leituras. Ao entender-se a identificação primária como incorporação oral, organiza-se a teoria numa determinada vertente, pois a noção de incorporação dará significação tanto à perda de objeto quanto ao dentro e ao fora. Lacan defendendo sua posição propõe:

> *Basta aí compreender o Estádio do Espelho como uma identificação, no sentido pleno que a análise dá a este termo: a saber, a transformação produzida no sujeito quando este assume uma imagem cuja predestinação a esse efeito de fase está suficientemente indicada pelo uso, na teoria, do termo antigo imago*[23].

---

21) Id. ibid.
22) Id. ibid.
23) Id. ibid.

Há portanto um entendimento de Lacan quanto à identificação primária, que não a faz coincidir com a introjeção.

> Uma última consequência do Estádio do Espelho seria relativa ao ciúme primordial e ao masoquismo primário: "Esse momento de término do Estádio do Espelho inaugura, pela identificação à imago do semelhante e o drama do ciúme primordial a dialética que desde aí liga o Eu a situações socialmente elaboradas"[24].

Lacan aplica nesse tema a dialética hegeliana, considerando que só pode haver ciúme quando houver um outro, e só depois de haver outro, e é o Estádio do Espelho que o instaura, é quando surgirá o terceiro na relação especular narcísica primordial.

Falo Imaginário e falo Simbólico

O espelho, esse bizarro objeto mágico, sempre foi fonte de inspiração para escritores, poetas e, modernamente, para cineastas, pois a fascinação dessa superfície lisa não está no que ela é, mas sim nas imagens que reproduz. Magicamente, o espelho mostra o que não se pode ver a não ser deste outro lugar: o mistério do próprio corpo na sua totalidade. Só com o espelho é que nos podemos olhar nos próprios olhos. Com Lacan, o espelho abandona uma aura mística para se tornar uma concepção psicanalítica. Mais que isso, torna-se um instrumento essencial ao destino de cada homem.

É necessário ressaltar que, independentemente do que a moderna fisiologia aponta sobre a primazia cortical do sentido visual no homem e as articulações que esse aspecto possa ter com as já antigas experiências de psicologia comparada que Lacan evoca dos trabalhos de Baldwin, bem como suas referências à nascente ciência da etologia, o espelho, no uso que Lacan faz dele, é uma metáfora.

Sua concepção não aponta unicamente a uma questão de psicologia evolutiva, decorrente da prematuração específica do ser humano, senão à questão mesma da estrutura ontológica do mundo.

O ser humano, à diferença dos animais, não completa sua maturação, no que concerne ao sistema nervoso, durante o período intrauterino. Daí a impossibilidade de a criança coordenar os movimentos e o tempo demorado que requer para o ser humano poder andar, o que ocorre em

---
24) Id. ibid.

decorrência da falta de mielinização da bainha neuronal que vai se desenvolvendo progressivamente no tempo que se segue ao parto.

Assim prevenidos, ler esse escrito de Lacan concebido há quase cinquenta anos, e que ainda hoje mantém toda sua importância e espanto, requer dois reparos:

Primeiro, o de situá-lo como a conclusão de um percurso que, pelo questionamento do Imaginário, aproximou Lacan da psicanálise. Antecedentes estes que marcam a procura do que ele chamava de *conhecimento paranoico*. O outro reparo será o de ressignificá-lo com sua produção ulterior, rearticulando-o com os conceitos introduzidos depois.

Aplicando ao próprio Lacan o que ele nos ensinou a respeito de Freud — ser fiel não à letra, mas ao sentido da obra —, obteremos uma elaboração mais ampla dos seus desenvolvimentos.

Depois da morte de Lacan, foi feito um esforço de ressignificação de sua obra possibilitando ordenar e questionar sua produção a partir do efeito retroativo dos novos conceitos produzidos. É bom lembrar que qualquer ordenação do ensino de Lacan sempre será mera convenção, servindo apenas aos fins didáticos de introduzir o valor do tempo na sequência das teorizações. Ler cronologicamente sua obra pode ser uma ingenuidade, se desconhecer-se suas conclusões. Por isso, a única utilidade dos comentadores de Lacan seria a de encontrar um sentido para cada momento desta obra, em função da sua totalidade.

Retomando ainda o Estádio do Espelho, o investimento da imagem especular é um tempo fundamental da relação imaginária, pelo fato de ter um limite: nem todo investimento libidinal passa pela imagem especular; há um resto que é pivô da dialética entre o todo e o falo, e a localização imaginária do falo chegará sob a forma de uma falta: $-\varphi$.

O falo é uma reserva operatória; ela não está somente representada ao nível do Imaginário, senão que está cortada da imagem especular: $-\varphi$, posteriormente chamado de falo imaginário, em contraposição ao falo simbólico, que é uma articulação posterior ao texto do espelho e colhe os frutos das sementes aí plantadas, principalmente no que se refere à distinção e articulação do Simbólico, do Real e do Imaginário.

Estamos então de volta à questão inicial: Como introduzir o Estádio do Espelho e o Imaginário, considerando-se os quase cinquenta anos de produção ulterior de Lacan?

Tentaremos seguir o próprio Lacan que, ao introduzir o nó Borromeano, possibilitou a articulação destes três registros entre si com o objeto *a*. A título de síntese, eis o resumo das inter-relações possíveis dos registros:

a) I>R: o Imaginário predomina sobre o Real como consequência de i (a), ou seja, o Imaginário, segundo a concepção do Estádio do Espelho, tem supremacia sobre o Real, pelo menos nas duas formações que são i (a), imagem do corpo, em, o Eu, que se constitui a partir do semelhante. O que pode escrever-se: $I>R\{{}^{i(a)}_{(m)}$

b) S>I: o Simbólico predomina sobre o Imaginário como consequência de S barrado e I(A), ou seja, o Simbólico prima sobre o Imaginário no sentido em que a dimensão do sujeito e o I(A), ideal do Ego sustentado a partir do Outro, ressoam além do espelho. O que pode escrever-se: $S>I\{{}^{\$}_{I(A)}$

c) R>S: como consequência de e, ou seja, o Real supera o Simbólico em dois pontos: primeiro, a verdade não pode ser toda dita, decorrendo disso que o Real não é simbolizável por completo. O que pode escrever-se: $R>S\{{}^{S(A)}_{\exists x \overline{\Phi x}}$

O Estádio do Espelho é uma concepção sustentada pela ideia da antecipação do psicológico ao biológico, antecipação necessária por causa da insuficiência ocasionada pela falta de mielinização do sistema nervoso (fetalização). Como consequência dessa prematuração específica do ser humano, há uma antecipação do Imaginário, provocando a constituição do Eu. No princípio da teoria lacaniana a falta aparecia como constitutiva do Sujeito, via teoria de Bolk (prematuração específica). Neste sentido, o Estádio do Espelho não estava de todo dentro do campo freudiano, pois buscava uma referência do real, entendido como exterior ao campo analítico, para fundar o sujeito numa falta.

Porém, a partir do momento em que Lacan introduziu o Real, o Simbólico e o Imaginário, a falta aparece fundada primeiro como castração e logo deduzida da própria estrutura significante. S(A) é o matema que Lacan utiliza para formalizar essa falta e inscrevê-la no nível do significante mesmo.

O corpo representado se relaciona com a cadeia significante, e por isso está sustentada por um Outro e um Ideal, que é o limite que o Simbólico colocará no Imaginário e ressitua a falta num nível estrutural.

No texto "L'Etourdit"[25], de 1972, Lacan escreve a falta como Φx (fhi de x), equiparando-a à função fálica e convertendo-a numa função lógica. Uma função na qual o sujeito fica inscrito como uma variável, ou seja: x é fálico.

$\forall$ = para todo
$\exists$ = existe ao menos um
Φ = função fálica
— = negação

---

25) Lacan, J. *Scilicet*, n. 4, 1973.

Utilizando-se dos símbolos da lógica quântica, o ∀ é um quantificador universal que significa "para todo", e ∃ é outro quantificador universal, e significa "existe ao menos um", Lacan propôs o que chamou de "fórmulas quânticas da sexuação":

S_1	S_2
$\exists x \; \overline{\Phi x}$ $\forall x \; \Phi x$	$\exists x \; \overline{\Phi x}$ $\overline{\forall} x \; \Phi x$
\$ →a	S(A) $\cancel{L}a$
Φ	

O que quer dizer que quem quer que seja ser falante se inscreve de um lado ou de outro. Neste esquema, à esquerda, na linha inferior, a fórmula ∀xΦx, que quer dizer: para todo x existe a função Falo de x, ou seja, todos são castrados.

No mesmo esquema, acima da fórmula anterior, $\exists x \overline{\Phi x}$, quer dizer: existe ao menos um para o qual a função falo d não existe, ou seja, quer dizer existe ao menos um que não é castrado, e por isso Lacan propõe esta fórmula como a do pai na horda primitiva, que por ser agente da castração, escapa a ela.

∀xΦx é a escrita lógica de que é pela função fálica que o homem, como um todo, toma inscrição, exceto que essa função encontre seu limite na existência de um ∃x, pelo qual a função fálica é negada. Aí está a função do pai.

Do lado direito está a inscrição da parte mulher dos seres falantes. A todo ser falante, como se formula expressamente na teoria freudiana, é permitido increver-se nesta parte.

O Imaginário ressignificado: Lacan avança Lacan

Escrever-se I>R resume a concepção de que o Imaginário tem prevalência sobre o Real. No entanto poderia dizer-se que haveria, no avanço da obra de Lacan, a concepção de uma outra categorização do Real que viria a produzir uma subversão do registro do Imaginário?

No início, a noção de Imaginário foi usada como metáfora da completude, em função da teoria do Estádio do Espelho. Nesta teoria, o infante, ao receber do semelhante o que lhe falta, vive a ilusão de unidade, que é a medida humana da completude. Dito de outro modo, Lacan formalizou no momento do Estádio do Espelho um imaginário que tem como fundamento o investimento narcísico de objeto. Porém esse Imaginário não é completo, pois há um limite para esse investimento na constituição do Eu narcísico, a libido não passa toda para a imagem especular, o que cria uma falta, que foi escrita por Lacan como $-\varphi$.

Por isso poderia dizer-se que, antes da introdução do Simbólico, Lacan haveria formalizado um Imaginário em "estado puro". Por isso ele afirmaria naquele momento a primazia do olhar, e por isso suas referências à gestalt, à etologia e à fenomeologia.

É válido também indagar, desde o Imaginário assim definido, o que seria o Real. Esta questão se apresentou a Lacan a princípio apenas como uma crítica à "função do Real" como determinada pela "função do verdadeiro", sendo este Real condicionado pela mística da "sensação pura". Quer dizer, o Real com o qual Lacan se deparou nos seus primeiros anos, combatendo o uso que se fazia dele na psiquiatria, seria o equivalente do estudo "objetivo dos fenômenos".

Porém, a imagem, tomada como gestalt que é constituinte da função do Eu, não é o Real, mas é da ordem do Real, e é causa da permanência da identificação. O Real pensado assim, poderia ser o próprio Imaginário, pois nesta acepção o Real seria o que está fora, seria o substrato dos fenômenos.

Para Lacan, ao tomar um Imaginário "puro", decorrente do investimento narcísico dos objetos, haveria um Real que estaria atrás das aparências e independeria da consciência. O Real, pensado neste momento por Lacan, apesar de poder se confundir com o Imaginário, é Racional, é uma invariante, é independente do Eu e da consciência, e é logicizável; mas ainda é apenas suporte do imaginário.

Escrever-se S>I resume a concepção de que o Simbólico tem uma prevalência sobre o Imaginário. A partir de 1953, ao introduzir o Simbólico, Lacan estabeleceu uma articulação entre os dois registros segundo a qual o Simbólico determinaria o Imaginário. Isto decorreria do fato, lido por Lacan em Freud, de que o Ideal do Eu determinaria o Eu-Ideal, havendo neste movimento uma retomada da ideia do processo da identificação como ato fundador do Eu, o que é demonstrado pela teoria do Estádio do Espelho.

Se antes a questão era apresentada pela dialética mortal constituída pela relação Eu-outro, a partir da introdução do registro simbólico esta dialética passou a ser mediada por um terceiro termo, o Outro, o que quer dizer, pelo significante.

A questão clínica nesta explicação teórica, que antes articulava o Imaginário à evidência da agressividade, ou seja, "ou Eu, ou o outro" (como na explicação que Lacan deu à causação do ato criminoso de Aimée), passou a ser entendida, com o recurso do Simbólico, como o Ideal do Eu que determinaria e sustentaria a projeção imaginária sobre o Eu-Ideal. Isso obrigou Lacan a romper com a concepção anterior que vinculava o Real ao Imaginário, visto que era apenas dessa articulação que retirava a estrutura subjacente à atividade psíquica. Com isso deu-se uma ruptura com o modelo anterior, pois a partir daí não se tratava mais só de Imaginário e Real, mas de Imaginário, Real e Simbólico.

Em 1955, ainda em relação à psicose, ao explicar o fenômeno da alucinação, o Real passou a ser definido como o que não é identificável pelo Simbólico. Lacan argumentava que se o inconsciente deve sua não eficácia ao fato de não ser consciente, mas ao fato de ser linguagem, a questão não é saber por que o inconsciente, que na alucinação está consciente (ao céu aberto como diz Lacan), permanece excluído para o Sujeito, mas por que o inconsciente aparece no Real.

Dessa maneira seria o psicótico quem revelaria o Real, pois o Real definido desde a concepção da psicose em Lacan, a partir da teoria da foraclusão do Nome-do-Pai, leva à conclusão de que o Real é o impossível de simbolizar.

Real da fala, Real do psicótico e Real do Outro compõem diversas combinações entre o Real e a realidade, deste com o Simbólico, do Simbólico com o Imaginário e do Real com o Imaginário. Combinatória aliás esgotada dois anos antes, em razão da apresentação do texto "O Simbólico, o Imaginário e o Real", em 8 de julho de 1953. Foi quando expôs a clínica das relações possíveis entre os registros que se esgotam na combinatória que, segundo Lacan, seria a lógica da ordem do processo analítico: RS, RI, II, IR, SI, SR, RR.

Escrever-se R>S resume a concepção de que o Real tem prevalência sobre o Simbólico. Em 1966, ao rever no texto "De nossos antecedentes"[26], a teoria do Estádio do Espelho, Lacan rompeu com suas posições anteriores. Foi tirada a ênfase da captação visual da Imagem do outro, e deslocada para a situação do sujeito saber-se objeto do olhar do Outro. Já não se tratava mais de uma completude ortopédica que vinha do semelhante, o que daria ao Imaginário um status de Real, mas do objeto escópico como objeto *a*. A falta, não sendo biológica como no Imaginário puro nem falta fálica como no Simbólico determinante do Imaginário, passa a ser objetal pela imagem especular. Daí os registros só se relacionarem a três, pois o

---

26) Lacan, J. *Escritos*, p. 69.

olhar do Outro está no fundamento da constituição do Eu, e a imagem do outro também é faltante, e é esta falta que é motivada pelo objeto a.

A partir disso, como se ligam o Simbólico e o Real? Qual a relação entre a falta Imaginária, a Real e a Simbólica? E o Imaginário e o Real?

O recurso ao nó Borromeano foi o que serviu a Lacan para tentar articular essas relações. Da combinatória dual entre os registros, como foi feita nos anos 50/60, Lacan passou por uma combinatória ternária dos registros, com o recurso do nó Borromeano. Assim, diante das oito possibilidades anteriores, existem seis com a nova combinatória: RSI, SIR, IRS, ISR, RIS, SRI — em que I prima sobre R (I>R), S>I e R>S.

Explorando esse recurso desde 1971, Lacan demonstrou a relação do Imaginário, do Simbólico e do Real articulada em torno de um triplo buraco, que se fechariam amarrando-se em um nó a três:

1- O buraco do Simbólico seria o seu limite, que é o impossível de se dizer, ou o recalque originário, ou na escrita de Lacan S($\cancel{A}$).

2- O buraco do Real seria o que foi exaustivamente demonstrado por Lacan pela via da lógica e foi formalizado como "não há relação sexual", ou seja, o Real pensado como falta, formalizado dessa maneira como resto matemático, como o impossível de se atingir, produziu a noção de um Real como impossível. Por isso o Real não pela representação seria atingido, seria desprovido de sentido e, por isso, ele seria o que está fora do Simbólico.

3- O Imaginário teria sido então ressignificado por este Real assim definido. Não se trataria portanto mais do Imaginário corporal, decorrente da imagem especular. O Imaginário teria aqui a função de consistência, que é função de fazer um, manter junto. Seria esta a função do Imaginário redefinido pelo Real como Ex-sistência, o de um Imaginário que garante as três dimensões que organizam o espaço do ser falante, um Imaginário que é o que dá corpo e que não é o corpo.

CAPÍTULO II
O SIMBÓLICO

A PSICANÁLISE AVANÇA?

Uma nova clínica

Por que a psicanálise está constantemente se modificando? O que justificam as mudanças de posição em relação à clínica feitas tanto por Freud quanto por Lacan?

O termo "clínica" refere-se ao aprendido ao lado do leito, impondo um predomínio da "experiência" sobre a teoria. Essa ideia foi formadora do espírito da psicanálise, e por isso a frase "Ça n'empêche pas d'exister", dita por Charcot a Freud. Charcot orientou Freud fazendo-o sobrepor os fatos que descobriu ao saber dos discursos dominantes.

Porém, foi em um desses discursos, o da psiquiatria, que Freud se apoiou para nomear sua "clínica", na qual a psicopatologia era diferente da médica e foi chamada de "a outra psicopatologia". Mas, mesmo assim, Freud sempre manteve o saber psiquiátrico como um interlocutor privilegiado.

Ao reorganizar as categorias psicopatológicas a partir da psicanálise, Freud inventou as neuroses de transferência e a neurose narcísica, modificou quadros como a neurose de angústia e neurastenia, reinterpretou e reorganizou as fobias e as obsessões e praticamente reinventou a histeria. No campo das psicoses, polemizou com a esquizofrenia, oscilou entre os diagnósticos de paranoia e o de *dementia paranoides*, correlacionou luto com melancolia, mas sempre se manteve próximo à sistematização psiquiátrica.

E como a orientação lacaniana se coloca diante de uma possível especificidade da clínica psicanalítica? Será que o sintoma não é diferente na psiquiatria e na psicanálise?

A psiquiatria observa e descreve o sintoma, para depois classificá-lo, nomeando-o a partir de modelos (que, caso se aceite a hipótese dos historiadores da psiquiatria, seria o da paralisia geral); para a psicanálise, o sintoma só existe quando falado pelo paciente e portanto tem como paradigma o ato falho. E mais, a clínica psicanalítica, ao ser construída a partir de um discurso originado de uma demanda, faz com que o analista também seja parte do sintoma.

Mas mesmo assim a relação da clínica psicanalítica com a psiquiátrica não é de exterioridade, pois segundo Lacan ela "não possui outra clínica senão a psiquiátrica"[1]. Isso não quer dizer que na psicanálise o diagnóstico seja feito pretendendo-se a descrição do sintoma. No campo psicanalítico faz-se um diagnóstico da posição do sujeito, e este é o momento proposto por Lacan como o das "entrevistas preliminares", primeiro momento do tratamento analítico.

É em referência ao discurso do paciente que o analista, por ser o destinatário dele, se reporta às categorias de neurose, psicose ou perversão. O analista refere-se a fatos de discurso, que vão desde a alucinação (vista como um acontecimento da linguagem característico da psicose) até a metáfora, a qual, com toda a sua força poética, potencializa pela língua os gozos interditos da neurose, passando pelas transgressões da lei — o modo de gozar do perverso.

Novos sintomas

Como a clínica psicanalítica se constrói sobre um discurso dirigido por um sujeito a um outro que ele supõe deter um saber sobre o seu sofrimento, Lacan demonstrou a descoberta de Freud, formalizando-a com o axioma: *"O inconsciente está estruturado como uma linguagem"*.

Porém, as linguagens se modificam como mostra a constante atualização dos dicionários. Como o inconsciente está estruturado como uma linguagem, pode-se inferir que o inconsciente também se modifica, assim como os sintomas mudam. Basta comparar a descrição das histerias feitas por Freud, Charcot e Breuer, e as do cotidiano da clínica atual, para impor-se a existência de uma modificação na patoplastia das histerias.

A clínica psicanalítica, entendida como a clínica da transferência, está centrada nos ditos do paciente e não nas convulsões e paralisias. E, mesmo mantendo a referência às categorias da psiquiatria, a psicanálise construiu uma ordenação de sintomas que transcende a observação.

---

1) Lacan, J. Introdução à edição alemã dos escritos, in *Scilicet*, 1975, n. 5, pp. 11-7.

Universalizando o sintoma, Freud propôs todas as produções do espírito como sintomas. Neste sentido, podemos até mesmo falar de um mal-estar contemporâneo, o que Lacan chamou de modos de gozo do mundo moderno. Seria com este sujeito moderno que os psicanalistas teriam de lidar. Justamente com o sujeito que não consegue se afirmar conforme o modelo moderno, que não é o de um ideal, mas o de um mercado comum.

Para que o sujeito pareça moderno, o sintoma — visto como o responsável pela tentativa de cada um conseguir o que está prescrito pelo discurso atual, o que se dá pelas vozes do mercado — impõe ao sujeito que seja jovem, rico, satisfeito. Isso faz com que existam sintomas novos, tantos quantos forem as novas estratégias da linguagem para criar ilusões narcísicas de completude, conforme a ditadura do mercado. Para o sujeito dividido, habitado pela falta, isso tem como consequência a produção de novas maneiras de se confrontar com os objetos suscetíveis de preencher essa falta.

Foi neste ponto que Lacan propôs uma relação da psicanálise com Marx. Segundo Marx, quando o capitalista percebe que o preço pago pela mercadoria, como valor de troca, produz como valor de uso uma mais-valia, no final ele "...*sorri como quando está frente ao encanto de algo que surge do nada*". Por isso, Lacan estabeleceu uma homologia entre a mais-valia e o objeto na psicanálise, que ele chamou de objeto *a* ou de *mais-gozar*.

Na visão de Lacan, a renúncia ao gozo, que seria específica do trabalho, se articularia com a produção da mais-valia em um discurso, afirmando: "*a mais-valia é a causa do desejo na qual uma economia faz seu princípio*"[2]. Isso implica que o sujeito, a partir do particular do seu gozo, encontre na mais-valia a razão de sua entrada no mercado.

Por isso, Lacan reformulou a noção de Freud de mal-estar, definindo-o como "*gozar da renúncia ao gozo*". Ainda, segundo Lacan, isso faz com que seja próprio da civilização, caracterizada pela ciência e pelo capitalismo, que um dos aspectos da renúncia ao gozo encontre-se no consumo de bens. Bens que, embora facilitem a vida, são impostos ao consumo, logo, ao desejo. Produz-se com isso um círculo vicioso, pois tem-se de trabalhar mais para adquiri-los.

Neste ponto, a clínica aponta para a emergência de novas formas de o sujeito fugir ao mal-estar. Dentro da linguagem, na regulação do sujeito pelo outro, intensificado pelo poder da mídia, haveria sempre novos dispositivos identificatórios que ofereceriam ao sujeito outros modelos de evitar a angústia, pelos ideais *ready-made*, oferecidos em massa, para sujeitos cada vez menos diferentes.

---

2) Lacan, J. De um Outro a um outro, *Seminário XVI*, inédito. 1968-69.

Ao confrontar constantemente o sujeito com seus ideais, os meios de comunicação não fazem com que este jamais se sinta à altura deles? Nesse avanço da linguagem, *top-model* pode ser a senha para um ataque ao próprio corpo, "gênio" e "loucura" se confundem, "viagem" confunde-se com drogas.

Assim, para se pensar numa clínica psicanalítica, é necessário uma atualização que permita aproximar a posição do inconsciente e a pulsão aos discursos de nosso tempo, produzindo um *aggiornamento* do sintoma sobre o qual incide.

Será que a globalização da cultura, os sonhos de um fim da história e o apelo a uma nova ordem mundial reformulariam o lugar do sujeito e suas relações com a ciência nos novos espaços regidos pelo mercado? A psiquiatria dita biológica e seu sistema classificatório das doenças — o DSM, por enquanto, o IV —, com sua proposta de um sujeito puro cérebro, não seriam uma das consequências deste momento?

Fugindo à definição que a sociedade moderna produziu de corpo como apenas um aparelho definido técnica e juridicamente, a psicanálise lacaniana reivindica que é legítimo retirar deste corpo, por intermédio da noção de gozo, aquilo que o condiciona, que é sua relação com o Simbólico, evidenciado nos costumes, nas relações de parentesco etc.

Para a psicanálise, o Sujeito transcende o homem pensado como condicionado unicamente pela genética, como quer a tendência atual das neurociências. Lacan propõe o corpo aparelhado pela linguagem, a qual se atualiza em novos sintomas e novos modos de gozo.

Com isso, aponta-se para a possibilidade de uma clínica que se sustente não só pelo entendimento dos sintomas, mas onde o que conta é o lugar do sujeito em relação à significação de seus atos. Por exemplo, o lugar do pai na sociedade atual não está subvertido pela existência da inseminação artificial? Sendo assim, os analistas não deveriam procurar o pai doador do DNA, mas sim trazer seu nome à consideração científica. O pai psicanalítico é o responsável pela consumação do desejo, o que faz dele uma função que articula o desejo com a lei, e não uma presença biológica.

Dessa maneira, o sintoma na psicanálise deixa de ser pensado apenas como o que vai mal e desautoriza que seja ele medido por escalas, assim como desencoraja qualquer reflexão filosófica ou pedagógica a seu respeito.

Ao colocar Marx como o inventor do sintoma, Lacan pode defini-lo como a expressão do Real no Simbólico, reformulando a definição de sintoma — concebido por Freud, a princípio, como expressão de um trauma e, depois, como realização de desejo, com sua estrutura de metáfora.

Revisto por Lacan na sua vertente Real, o sintoma deslocou a questão do amor ao pai, que está na origem de qualquer sintoma pensado como efeito do Nome-do-Pai, para o Pai-do-Nome como causa. Isso quer dizer que este desenvolvimento final do ensino de Lacan põe em evidência que o sintoma não pertence ao Simbólico. O sintoma, não mais entendido como metáfora, mas como função da letra, leva a se reconsiderar o fim de uma análise, que a partir daí foi pensada em termos de identificação ao sintoma, ou seja, pode reduzir-se o sintoma à letra após havê-lo conectado com o significante.

Apresenta-se então um problema ao analista lacaniano, pois, na medida em que a análise opera com o sentido, essa proposta subverte a ideia de se dar um sentido aos sintomas como o principal agente do efeito de uma análise. Pois, mesmo para reduzir o sintoma ao seu núcleo de Real, ao seu núcleo de gozo, passa-se pelo sentido. E, mesmo o gozo da decifração sendo um gozo fora-do-sentido, produto de um efeito do Real — que Lacan chamou de *escrita* antes de Derrida —, é pelo semblante do sentido que se pode asceder a ele.

Nova direção do tratamento

Se não há cura para o mal-estar, para que serve, então, uma análise? Qual é a sua finalidade? O critério médico de cura, sustentado pela suposta objetividade da modificação de sintomas rigidamente descritos e classificados, subverte-se com a psicanálise e sua universalização do sintoma. O psicanalista não pode, portanto, prometer uma cura, mas, sim, um tratamento. Ele não pode prometer a satisfação, mas uma ética outra que identifica o bem com o bem-estar.

De fato, o que se demanda ao psicanalista? Será que se pode negar que existe uma demanda social, identificada a uma demanda terapêutica, que é a de reduzir o sintoma? Será que o psicanalista trabalha para a adaptação do analisante ao mundo capitalista ou para a verdade particular do sujeito?

O analista, sendo ele mesmo um objeto do mercado, deve lembrar-se de que Lacan insistiu em que a ética analítica situa-se além do terapêutico. Como não se pode deixar de levar em consideração o desejo de alívio terapêutico dos sintomas, o que traz à tona o conceito de "desejo do analista", isso faz com que o analista tenha de se comprometer com a causa do inconsciente, o que, quase sempre, se contrapõe à causa do mercado, já que cada um conta somente com sua verdade particular para responder ao mal-estar.

E não será este o desafio que se coloca para o analista de orientação lacaniana? Este desafio apresenta uma ordem de razões que implica uma razão das ordens. Por exemplo: pensar a finalidade de uma análise na psicose e em um neurótico atualiza não somente a questão da relação da psicanálise com essas categorias psiquiátricas, mas também ressalta uma possível doutrina do tratamento, que separa a ação analítica das convenções sociais tradicionais do que se espera como "cura".

Em termos da orientação lacaniana, essas considerações pensadas com os termos "estabilização" dentro do delírio e "estabilização" fora do delírio para a psicose questionam a extensão à psicose do critério de "destituição subjetiva", termo com o qual Lacan nomeia a posição do sujeito no fim da análise.

Se o inconsciente avança, a psicanálise o faz, também, e sempre por intermédio do analista e sua clínica, sem o que a teoria da psicanálise seria apenas uma metafísica.

No momento atual, o analista de orientação lacaniana, perplexo, defronta-se com os desafios dos modos de gozo impostos pela nova ordem mundial. Ele se vale, para poder refletir sobre esses desafios, de uma ampliação da noção de inconsciente que, pensado como diferente da função de recalcado, pode questionar os estilos diferentes de o sujeito negar a falta e fugir da angústia. O analista de orientação lacaniana vale-se, também, da doutrina do fim de análise proposta por Lacan para questionar a formação do analista e, desse modo, poder produzir uma formalização da clínica que ultrapasse os compromissos pessoais de cada um de seus praticantes, pretendendo a produção de um dispositivo desvinculado dos discursos dominantes.

O SUJEITO E O INCONSCIENTE ESTRUTURADO COMO LINGUAGEM

No Simbólico o tempo é lógico

Um estilo de transmissão decorre da influência de Lacan, que no escrito "A situação da psicanálise e formação do psicanalista em 1956"[3] pergunta: "O que a psicanálise nos ensina, como ensinar?".

Anteriormente a ele, Freud havia assinalado que em razão da existência do inconsciente, quando se expõe um assunto, este pode se articular a algo

---

3) Lacan, J. *Escritos*, p. 461.

resistido do sujeito e é possível não se entender tudo o que se ensina, pois ninguém escapa do próprio desejo.

O inconsciente é questão de demonstração, não de fé, e uma evidência disso é que entre um seminário e outro continua a elaboração do que foi entendido no anterior. Decorre desse fato a estrutura do *setting* analítico. Faz-se uma sessão após outra, e estabelece-se um intervalo para que o falado se elabore dentro das características das leis do Simbólico. O *know-how* do analista é saber intervir no Simbólico, que por não obedecer às leis naturais, subverte uma temporalidade definida cronologicamente. Por isso, Lacan abordou a noção de tempo por outro ângulo e produziu a possibilidade de pensar-se o processo mental de uma maneira nova, com a noção de tempo lógico.

Numa temporalidade linear, produzem-se os efeitos próprios à lógica sequencial, como acontece com a da linguagem. O nó Borromeano foi um recurso utilizado por Lacan para superar esse fato e articular o Imaginário, o Simbólico e o Real, de forma que impedisse a suposição de que houvesse uma ordenação, uma hierarquia na passagem de um registro a outro.

Os três registros, segundo as propriedades do nó Borromeano, se amarram de tal forma, que, soltando-se um deles, os outros dois se soltarão. Não há nenhuma prioridade de um registro sobre o outro, ou tem-se os três ou não se tem nenhum. Eles se articulam dentro de uma lógica em que 3 = 1. Somente depois de ser completado o estudo dos três Registros que constituem o nó é que essa lógica fará sentido.

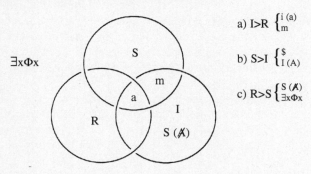

O tempo cronológico é uma convenção da divisão do tempo da rotação da Terra em torno de si mesma e em torno do Sol. Esse, entretanto, não é o tempo do sujeito, pois existem horas que duram minutos e minutos que duram horas.

Lacan sugeriu um tempo que não fosse cronológico para pensar os processos mentais e escreveu um artigo propondo o *tempo lógico* como o tempo do sujeito — temporalidade esta que não é uma ideia dos lógicos, mas uma criação de Lacan. O tempo lógico tem também uma relação intrínseca com a formalização da formação do analista na ótica lacaniana, pois rompe com a padronização da formação em períodos a serem cumpridos.

No texto "O tempo lógico e a afirmação de uma certeza antecipada"[4] uma lógica é deduzida de um jogo ao se solucionar o seguinte problema: o diretor de uma prisão chamou três prisioneiros dizendo que o primeiro que resolvesse o problema proposto por ele, justificando-o logicamente, seria liberado. O diretor pegou cinco cartões, sendo três pretos e dois brancos; dispôs os três prisioneiros em fila e colocou um cartão nas costas de cada um. Cada um dos prisioneiros podia ver os cartões das costas dos outros dois, mas teria de deduzir a cor do seu.

Uma das soluções é um prisioneiro pensar que se ele vê que o cartão de um prisioneiro é preto e o de outro é branco, então pode deduzir que só há mais um branco. Mas, se ele tivesse também um cartão branco, quando o terceiro prisioneiro olhou sua cor, ele teria ido falar ao diretor. Como ele não foi, então pode-se deduzir que a cor do cartão nas suas costas é preto.

Há várias soluções logicamente corretas. A que Lacan prefere é aquela em que os três são liberados, pois cada um consegue, por intermédio do outro, saber a cor de seu cartão. Com isso, Lacan mostra que o processo psíquico é tripartido, diferindo da estrutura cronológica do tempo, que é contínua.

Ao primeiro momento dessa tripartição do tempo, Lacan chamou de *Instante de Ver*: primeiro é preciso olhar a cor do cartão dos outros para poder deduzir a do seu (Se os outros dois cartões são brancos, então o prisioneiro pode deduzir que é preto.). Sem olhar, não é possível concluir.

O segundo *é o Tempo de Compreender* (Os dois são brancos, só há dois brancos.); seguido pelo terceiro tempo que é o *Momento de Concluir* (Logo, eu sou preto.).

Nesta perspectiva o processo mental é tripartido em instante, tempo e momento. O instante de ver seria o *insight*, e talvez para quem se inteira por primeira vez desta questão, este seja o tempo de compreender em relação ao instante de ver, e só num terceiro momento poderia precipitar-se o momento de concluir.

O tempo lógico não é o que sustenta a prática das sessões curtas; Lacan sugeriu que ele *"pode ter utilidade na diplomacia, na teoria dos jogos e até mesmo na psicanálise"*[5]. O tempo lógico é uma demonstração da heterotemporalidade, ou seja, de que o tempo subjetivo pode ser alterado por uma função externa.

---

4) Lacan, J. *Escritos*, p. 461.
5) Ibid., p. 197.

No caso citado, quem está no lugar de alterar a temporalidade do outro é o diretor da prisão, quando diz: "O primeiro prisioneiro que resolver o problema será libertado". O diretor da prisão funcionou como produtor de uma precipitação, pois os prisioneiros não poderiam pensar durante muito tempo qual a cor do seu cartão, já que outro poderia ser libertado antes. Esta é a função do analista, segundo Lacan: a de precipitar o momento de concluir do sujeito. O analista atuaria na temporalidade dos processos psíquicos do paciente, atuando na temporalidade lógica, precipitando o momento de concluir.

O tempo lógico põe em ato a importância da ação de outro sujeito na subjetivadade humana, o que antes já havia sido mostrado por intermédio do Eu ser uma função imaginária que se forma a partir do outro, o que Lacan relacionou ao conceito de narcisismo.

As referências teóricas de Lacan, neste primeiro momento, iniciando um retorno a Freud, foram: o eixo do Imaginário refererindo-se ao *Eu-Ideal*, e a noção de falta imaginária decorrente da prematuração neurológica, que é uma das significações possíveis do conceito de castração, o que está indicado pelo matema $-\varphi$ (menos fi).

Há ainda as consequências de se propor uma primazia do Imaginário sobre o Real, na medida em que o Eu se forma a partir do outro, que é uma posição contrária à kleiniana, que afirma que o Eu preexiste ao Sujeito e, portanto, o estrutura. Neste caso, haveria um predomínio do Real sobre o Imaginário.

1953

IMAGINÁRIO	SIMBÓLICO
ego	$
narcisismo	castração
ego ideal	ideal do ego
falta = $-\varphi$	F
a	A
I>R	S>I

O conceito de narcisismo situa no eixo do Imaginário o que Freud chamou de "célula narcísica", e Lacan, "tríade imaginária", que é a mãe, o bebê e o falo. Também o eixo do Imaginário é uma referência à "mãe fálica", sobre a qual incidirá a castração. Esse tempo constitui a primeira fase do Édipo.

Dependendo de como se entenda a noção de Eu, todo o sentido da obra de Freud se modificará, não importando se o Eu é colocado como preexistente ou decorrente do Outro. Para Melanie Klein, o Eu preexiste ao

Eu e, sendo assim, ela situa num primeiro momento a inveja e só num segundo momento o ciúme. Em Lacan, o ciúme é primordial, e o Eu se constitui nesse momento.

No eixo do Simbólico se encontrará o que Lacan chamou de *Sujeito*. Eu e Sujeito são diferentes, e nessa diferenciação situa-se uma das particularidades do analista lacaniano. Às vezes usa-se erroneamente o termo Sujeito como sinônimo de indivíduo, de Ego, ou de pessoa. Para Lacan, o Sujeito não é o indivíduo, pois o Sujeito já é, de início, sempre dividido.

No Imaginário, a falta se escreve -φ, e no Simbólico q, que é a mesma falta, porém não mais sustentada na noção de *prematuração* e sim a partir da estrutura da cadeia significante. O *a*, que no imaginário indica o semelhante (sendo o *a* referência à primeira letra de *autre*, "outro" em francês), equivale no Simbólico ao A que é um dos matemas fundamentais em Lacan e refere-se ao Outro maiúsculo (A é a primeira letra de Autre, "Outro" em francês), conceito fundamental da teoria lacaniana e que se refere à linguagem.

As críticas ao Imaginário como um ordenador do campo analítico e a introdução do Simbólico para articular a descoberta do inconsciente freudiano começaram com um ataque de Lacan à psicanálise praticada nos Estados Unidos na época, e que era chamada de "Psicologia do Ego".

Esta corrente da psicanálise foi criada por analistas que viviam em Viena e que com os contratempos do nazismo emigraram para os Estado Unidos, que na época tinha o poder econômico e cultural. A partir dos anos 50, a psicanálise dominante passou a ser a americana, tendo Nova York como centro. A "Psicologia do Ego" foi desenvolvida ali por Lowenstein, que foi analista de Lacan, além de Kris e Hartmann, e propunha como condição da cura que o analisando se identificasse com as partes sãs do "Ego" do analista.

Nesse período, apareceu ainda o "Culturalismo", introduzido por Karen Horney e Erich Fromm, movimento que Lacan denunciou como um desvirtuamento ideológico da psicanálise, pois, para Lacan, a psicanálise de Freud tinha um conteúdo revolucionário que teria sido deturpado pelos americanos, ao colocarem o resultado do tratamento como uma adaptação ao *establishment*.

A respeito da psicanálise americana, Lacan disse:

> *Sob as formas mais diversas, e desde o pietismo aos ideais da mais vulgar eficiência, passando pela pena das propedêuticas naturalistas, nós os vemos refugiarem-se sob as asas de um psicologismo que, coisificando o ser humano, partiria para os danos, perto dos quais os males do cientificismo puro, físico, não passam de bagatela*[6].

---

6) Lacan, J. Função e campo da fala e da linguagem em psicanálise, in *Escritos*, p. 238.

Movido por esta crítica, Lacan iniciou sua cruzada de retorno a Freud. Retorno não à letra, mas ao sentido de Freud. Nessa perspectiva não se imporia a ordenação cronológica do que Freud disse, mas sim o sentido de toda a sua obra.

Lacan fez isso privilegiando a noção de falo. Nos "Três ensaios sobre a teoria da sexualidade"[7], as noções das fases oral, anal e fálica não são mencionadas na primeira edição, de 1905, pois a fase oral só foi acrescentada posteriormente, em nota de rodapé, o mesmo acontecendo com a fase anal. Foi somente em 1923, quando Freud escreveu o apêndice aos "Três ensaios...", intitulado "Organização genital infantil", que introduziu a noção de falo. Lacan enfatizou que o falo ressignificou *toda* a obra freudiana, da mesma maneira que a pulsão de morte, proposta em 1920, também ressignificou toda a teoria anterior.

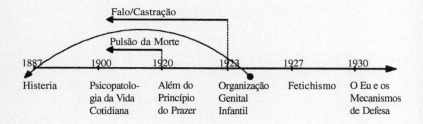

Inconsciente lacaniano, linguagem e formações do inconsciente

A partir de Freud, Lacan produziu um novo conceito de inconsciente e chegou até mesmo a falar num "inconsciente lacaniano". Como o próprio termo mostra, o "in-consciente" é definido por sua negatividade, "não-consciente". Esse é o inconsciente filosófico. Apenas o fato de uma representação não estar na consciência não caracteriza o inconsciente freudiano.

Para Freud, o que caracteriza o "sistema inconsciente" são as representações que não estão na consciência e *não* podem se tornar conscientes, porque existe uma força atuando constantemente sobre a representação, impedindo que ela se torne consciente. Essa força é o recalque.

Para investigar o inconsciente, Freud propôs o método da "associação livre". A marcação de Lacan foi que, como a investigação do inconsciente se dá pela associação livre, o *único* meio de ação da psicanálise serão as palavras.

---

7) Freud, S. *S.E.*, v. VII, p. 135.

Nunca é demais sublinhar este ponto, embora ele seja evidente, pois a solicitação do analista será sempre no sentido de que o paciente fale; não se pede a ele que dramatize nem desenhe ou produza outro tipo de expressão. Sem dúvida há outras maneiras de trabalhar, mas a psicanálise privilegia a palavra. Por isso o analista pede ao paciente que associe.

A meta é o acesso ao inconsciente, mas a única forma de abordar o inconsciente será por meio da consciência. E o que fornecerá indícios do inconsciente é o que Freud chamou de "formações do inconsciente", que são os atos falhos, os sonhos, os chistes, as recordações encobridoras e os sintomas.

Para precisar a estrutura das formações do inconsciente, abordar-se-á uma delas, o chiste. Chiste é uma palavra espanhola, e em português não há nenhuma expressão que a traduza com o significado exato. Em inglês é *joke*, em alemão *Witz*, em francês *mot d'esprit* (palavra de espírito). Palavras estas que tentam veicular a sutileza própria à alma humana.

Todo chiste veicula um desejo sexual ou agressivo. O chiste é o que mais se aproxima do objeto de estudo da psicanálise, que é o espirituoso, o criativo, a escuta daquilo que se manifesta sutilmente pela palavra.

No texto "Chiste e suas relações com o inconsciente"[8], Freud relata o seguinte exemplo: um arrecadador de impostos se apresentava para a sociedade como muito amigo dos ricos. Certa vez, quando quis dizer que era amigo íntimo do Barão de Rothschild e que o Barão o tratava com muita familiaridade, confundiu-se, e em vez de dizer: "Ele me tratou de maneira familiar", disse: "Ele me tratou de maneira familionária".

O chistoso neste exemplo é a transgressão linguística operada pelo narrador que, ao produzir o equívoco com familiar/milionário, expressa de uma maneira engraçada o seu desejo.

```
   f a m i l i a r
         m i l i o n á r i o
   ─────────────────────────
   f a m i l i o n á r i o
```

Outro chiste: um indivíduo, ao apresentar um colega numa conferência, deseja ao outro um sucesso "monumentâneo", em vez de sucesso monumental. Houve a mistura de "monumental" com "momentâneo", expressando assim a verdade do desejo do sujeito.

A conclusão que Freud tirou da análise dos chistes foi a de que eles são sempre a expressão de um desejo inconsciente. No chiste se diz além do

---

8) Freud, S. *S.E.*, v. VIII, p. 21.

que se queria dizer, produzindo um novo sentido. Há uma bela frase de Freud sobre isso: "Aquele que assim deixa escapar a verdade está feliz em tirar a máscara"[9].

Com o chiste é possível perceber facilmente a primazia do significante sobre o significado, o que quer dizer que a materialidade do significante é anterior às precipitações de sentido feitas pelo sujeito que se apodera do significante. É o sujeito, no entanto, que atribui determinado sentido a um significante. A tese de Lacan é a de que há uma primazia do significante, e o significado é o sentido atribuído por um sujeito, o que ocorre dentro da possibilidade do significante significar alguma coisa.

Foi nesse viés que Lacan retomou a descoberta freudiana introduzindo os conceitos de significante e de significado, que foram retirados da linguística de Ferdinand de Saussure.

Para Saussure, o signo constitui a combinação de um conceito e de uma imagem acústica, sendo que a imagem acústica não é som material, mas seu traço psíquico. Saussure chamou o conceito de significado e a imagem de significante.

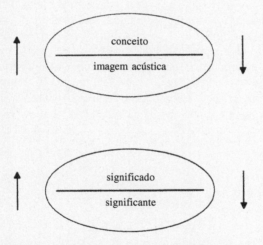

Lacan, porém, ao ler Saussure a partir de Freud, produziu uma notação diferente e modificou a proposta de Saussure para "S" significante e "s" significado.

Houve uma inversão dos termos e a desaparição do paralelismo. Aparecem "S" e "s" como diferentes, assinalando a primazia do significante. Também desapareceu a elipse, que garantia a unidade do signo.

---

9) Ibid., p. 21.

Nesse novo sentido, a barra não indica mais relação, mas separação de ordens diferentes. Lacan denominou de significante o representante da representação — em alemão, *Vorstellungsrepräsentanz* —, e o que Freud chamou *Verdrängung* (recalque) Lacan assimilou à barra entre o significante e o significado. Ou seja, o recalque é o que, dentro de todas as possibilidades de sentido das combinações da materialidade do significante, só permite produzir "um" sentido.

Pensar o inconsciente como "linguagem" faz supor um código, que é o lugar onde ela adquire sentido. Esse lugar será chamado por Lacan de Outro (com maiúscula), ou A. No ensino de Lacan, o Outro é o lugar do tesouro dos significantes, o lugar de todas as significações possíveis. O A é o lugar da linguagem, é o que já estava presente antes de o sujeito nascer. É o lugar da garantia da verdade. No caso do chiste, ele sempre inclui uma terceira pessoa, que sancionará aquele dito como verdade, e esse é o lugar do Outro.

O chiste demonstra a estrutura da linguagem, pois sempre que existir linguagem estará implícito o lugar do terceiro, do Outro, e esse é o lugar da palavra. Quando falo estou sempre falando para um Outro, que representa a coerência, a consistência do sentido. Existe, portanto, um interlocutor que está por trás de quem escuta e ao qual falo também. Esse conceito é fundamental no ensino de Lacan, na medida em que ele propõe que o Sujeito se constitui a partir do Outro.

O Eu se forma a partir do semelhante, conforme mostra o gráfico. Lacan posicionou o eixo do Imaginário colocando o Sujeito num outro eixo perpendicular a ele, que é o Simbólico, lugar onde situou o inconsciente, isso porque a constituição do Sujeito parte do Outro e do Eu do semelhante.

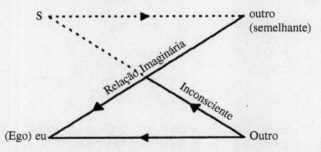

Para Lacan o Sujeito se constitui a partir do Outro, que se significa como o lugar da verdade, que preexiste ao Sujeito como linguagem e é o lugar onde os significantes tomam sentido.

Por exemplo, o nome que uma pessoa recebe ao nascer já tem um sentido dentro de uma cultura, um sentido preestabelecido, logo o sujeito significará seu nome com sentidos que não pertencem a ele. O sujeito será constituído por uma ordem simbólica que lhe é exterior, que já está aí e que lhe é constitutiva.

No esquema abaixo, o vetor $\vec{\Delta I}$ representa a intencionalidade do sujeito. No exemplo do "familionário", que Freud tirou de Henrich Heine, a intenção do sujeito era dizer "familiar", mas disse "familionário". Foi de um outro lugar que partiu um outro sentido, pois ele quis dizer uma coisa, mas disse outra.

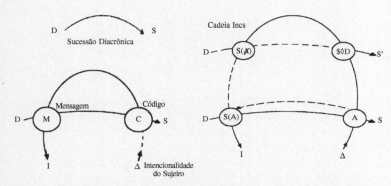

Lacan demonstrou que todo discurso parte do Outro, pois é no Outro, tesouro dos significantes, que invocamos aquilo que queremos enunciar.

No outro gráfico temos, no eixo do Imaginário, $\overline{A\text{-}S(A)}$: o sujeito que fala se identifica com o Barão de Rothschild. No eixo $\overline{S\Diamond D - S(A)}$ está o desejo dele, que aparece impresso no enunciado: ele não queria ser tratado familiarmente, queria sim ser milionário como o barão.

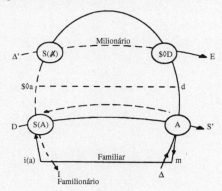

O chiste é um exemplo privilegiado para demonstrar a diferença entre o Imaginário e o Simbólico, pois o chiste está para o Simbólico assim como o cômico está para o Imaginário.

O cômico é puro Imaginário. O cômico não tem texto; ri-se de macaquices ou de pantomimas. O que produz riso é um gozar da incompletude do outro, é sentir-se superior ao outro por ter adquirido uma coordenação motora que o outro demonstrou não possuir.

Nessa identificação, manifesta-se o efeito da rivalidade imaginária, e ri-se da desgraça do outro. Uma pessoa escorrega numa casca de banana e cai, e o observador não consegue conter o riso. Riso que é uma expressão do inconsciente que coloca em evidência uma tensão, correlativa ao narcisismo, na sua expressão de agressividade.

Em relação ao exposto, Lacan produziu axiomas que resumiriam sua posição: "O desejo do homem é o desejo do Outro", "O inconsciente é o discurso do Outro" e "O estatuto do inconsciente é ético e não ôntico".

Este último axioma demostra a primazia do Simbólico sobre o Imaginário. Ele quer dizer que o estatuto do inconsciente não se deve à formação do ser nem à psicogênese. Lacan não pretendeu explicar a psicologia humana; ao contrário, em sua posição essencialmente clínica, ele toma o fenômeno tal como é e, a partir daí, constrói sua estrutura, sem se preocupar com sua origem — assim como os linguistas, que só puderam estabelecer uma estrutura de funcionamento para a linguagem depois que pararam de tentar explicar a sua origem. É exatamente o que Lacan se propõe a fazer com a noção de inconsciente: entender como funciona e não de onde ele vem.

O axioma mais conhecido de Lacan é: "*O inconsciente está estruturado como uma linguagem*". Linguagem não é linguística. Isso quer dizer que a linguagem não está estruturada como oposição fonemática ou morfemática. Linguagem é linguagem; existe até a linguagem das abelhas, existe a linguagem não-verbal. A linguagem se articula com a noção de Simbólico como decorrente do conceito de estrutura. Sob essa ótica, a linguagem é a condição do inconsciente. Esta tese é fundamental, e foi aí que Lacan se opôs a todos os outros que o seguiam até esse momento e defendiam o inconsciente como condição da linguagem:

> *O inconsciente é esse capítulo de minha história que é marcado por um branco ou ocupado por uma mentira: é o capítulo censurado. Mas a verdade pode ser reencontrada; o mais das vezes ela já está escrita em algum lugar. A saber:*
> *— nos monumentos: e esse é meu corpo, isto é, o núcleo histérico da neurose, onde o sintoma histérico mostra a estrutura de uma linguagem e se decifra como inscrição que, uma vez recolhida, pode, sem perda grave, ser destruída;*

> — *nos documentos de arquivo também: e são as recordações de minha infância, impenetráveis como eles, quando eu não conheço a proveniência;*
> — *na evolução semântica: e isso responde ao estoque e às acepções do vocabulário que me é particular, como ao estilo de minha vida e a meu caráter;*
> — *nas tradições também, e mesmo nas lendas que sob uma forma heroicizada veiculam minha história;*
> — *nos rastros, enfim, que conservam inevitavelmente as distorções, necessitadas pela emenda do capítulo adulterado nos capítulos que o enquadram e das quais minha exegese restabelecerá o sentido*[10].

Essa noção de inconsciente se sustenta em Freud, mas adquiriu uma leitura mais precisa com Lacan. Lacan mostra também que ele não está sempre presente, ou seja, ele se manifesta em ato na fala, e nomeou a possibilidade de o inconsciente manifestar-se de "palavra plena" e a ausência de uma determinação inconsciente na fala de "palavra vazia". A palavra plena surge quando determinados significantes produzem o efeito de impor uma intercalação de outros sentidos para o discurso do analisando. O que seria consequência de que, em alguns momentos da fala, o eixo do Simbólico encontra-se com o eixo Imaginário, e produz a emergência do inconsciente. Na palavra plena o ser se expressa em sua totalidade, e é só nesse momento que entrará em cena a dimensão inconsciente do sujeito.

Posteriormente, isso será articulado por Lacan com a conceituação de abertura e fechamento do inconsciente. Lacan irá justificar a atuação do analista, principalmente a prática das "sessões curtas", na possibilidade de atuar na abertura e fechamento do inconsciente, relacionando essas manifestações com a transferência.

Por isso ele afirmou que o inconsciente é um conceito forjado sobre o rastro do que opera para constituir o Sujeito. O conceito de Sujeito foi para primeiro plano, superando o de inconsciente. O conceito de inconsciente se tornará quase secundário em relação ao da constituição do Sujeito.

Este foi o momento do ensino de Lacan, em que ele acentuou a ruptura epistemológica feita por Freud, demonstrando que a psicanálise não é psicologia, na medida em que não existe um centro do Sujeito. Até então a palavra "sujeito", oriunda da filosofia, indicava a sede do ser, o lugar da totalização do saber da pessoa. Muitas práticas psicoteurapêuticas, mesmo as ditas psicanalíticas, visariam à "integração" do sujeito, completá-lo, torná-lo uno, fazê-lo encontrar-se consigo mesmo. Em seu retorno a Freud,

---
10) Lacan, J. Função e campo da palavra e da linguagem na psicanálise, in *Escritos*, p. 238.

Lacan mostra que isso é contrário à proposta do que vem a ser o inconsciente para Freud. O Sujeito do inconsciente é radicalmente descentrado e nunca pode ser integrado a um suposto centro.

A proposta da psicoterapia é questionada pela psicanálise, porque se na psicoterapia se busca a complementação do sujeito pelo objeto, esta proposta, para a psicanálise, seria impossível.

A Ética e as diferentes psicanálises

Por que Lacan afirmou categoricamente que a única leitura compatível com o espírito da obra de Freud era a dele? Porque para Lacan a psicanálise é uma questão ética. Aliás, Lacan considerou sua contribuição neste campo como a mais importante que fez dentro da psicanálise, dando a entender que, se alguma coisa sua permanecesse no futuro, seria justamente o que propôs em relação à ética.

Segundo Lacan, com a descoberta da psicanálise, Freud teria rompido com a ética assumida socialmente no seu tempo e que ainda é a mesma que rege a ideologia dominante, a ética chamada de utilitarista.

O utilitarismo é uma corrente filosófica surgida no século XIX, na Inglaterra, que identifica o Bem com o bem-estar. Com ela o profissional das áreas humanas, principalmente da área da saúde — e mesmo os psicanalistas —, pode se autorizar a intervir na subjetividade de uma pessoa produzindo uma retificação que visa restituir a norma e atuar sempre que houver desarmonia em relação a esta.

Então, se um sujeito causar qualquer dano a si mesmo (se um paciente no hospital se cortar com um vidro, por exemplo), este será um ato contrário ao seu bem-estar. Nesse caso, a conduta do profissional resultará, antes de tudo, da suposição de que o Bem para esse sujeito é seu bem-estar. Lacan enfatizou que era exatamente esse tipo de atitude que a psicanálise freudiana subverteu.

Esse ponto nos remete à última etapa da produção freudiana, em que se encontram os conceitos de Masoquismo primário, Superego e Pulsão de morte, conceitos que impõem uma radical dissociação entre o Bem do sujeito e seu bem-estar.

No texto de Lacan "Kant com Sade"[11], encontra-se o desenvolvimento dessa questão. Uma forma de lê-lo é traduzi-lo como "Freud com Klein", em que a problemática discutida seria o uso que o analista faz do imperativo categórico "não", que representa a função do Supereu em Freud, e que

---

11) Lacan, J. *Escritos*, p. 776.

nesta fórmula estaria contraposto ao naturalismo do desejo, que seria a maneira de se compreender a posição de Melanie Klein.

Tal qual Melanie Klein, Sade também defende um "sujeito constituído de entrada", ou seja, um sujeito que não poderia deixar de ceder às próprias vontades, não poderia deixar de dar vazão a seus desejos naturais. Podemos estabelecer o paralelo: Kant com Sade (imperativo categórico) e Freud com Klein (naturalismo do desejo).

Na reunião anterior foi introduzida a noção de sentido para tentar mostrar o conceito de inconsciente estruturado como linguagem, e se falou em significante e significado. A psicanálise é um fato de linguagem e, como não podemos escapar disso, estaremos sempre nos dois eixos: no do significante e no do significado.

Uma forma de enunciar o inconsciente é pensá-lo como efeito da impossibilidade de um significante produzir significados diferentes, e a barra que os separa — que é o que determina a significação — como sendo o recalque.

Para a compreensão do conceito de inconsciente foi utilizado o exemplo do chiste. No entanto, os chistes freudianos já não produzem muito efeito, sugerindo que a linguagem não é estática, que ela evolui. E se o inconsciente é estruturado como linguagem, creio que seja óbvio deduzir que ele também evolui, que ele também não é estático?

O próprio Freud havia constatado esse fato. Por isso, na introdução de "Além do princípio do prazer"[12] descreveu a evolução da técnica analítica dizendo que, num primeiro momento, bastava interpretar os pacientes, como uma espécie de oráculo, para que eles se curassem; depois, num segundo momento, isso já não acontecia mais. Foi então que, com a introdução da noção de resistência, Freud pôde fazer evoluir a técnica analítica. Não poderia ser de outra maneira, pois se o inconsciente evolui, a técnica deve acompanhá-lo.

Outra forma de abordar esse fato é por meio da psicopatologia. A descrição da histeria na época de Freud não é idêntica à atual. Se verificarmos os textos de Freud ou os de Charcot e observarmos as descrições dos casos de histeria, descobriremos que raramente elas são encontradas na prática clínica atual.

Isso se dá porque esses sintomas mudaram. Na época de Freud, os casos de histeria eram descritos como semelhantes à epilepsia, do tipo grande mal, com crises de convulsão. Poderíamos entender que a apresentação da convulsão na histeria, que era uma característica da histeria na época, ocorresse talvez pelo fato de Charcot juntar, no mesmo pavilhão, os histéricos

---

12) Freud, S. *S.E.*, v. XVIII, 1920, p. 17.

e os pacientes neurológicos, havendo uma identificação dos histéricos aos epilépticos, o que introduz a questão do sentido do sintoma e sua relação com a "linguagem", mesmo que a convulsiva.

Ao apontar a existência de "leituras" diferentes de Freud, o que se faz é constatar a existência de "sentidos" diferentes possíveis na interpretação de um mesmo texto. A obra de Lacan, da mesma forma, pode receber diferentes "sentidos", diferentes interpretações.

Para a obra de Lacan, essas diferentes interpretações ocorrem em função dos pontos de ressignificação que se atribuem a ela. É assim com o uso feito da topologia por Lacan, particularmente o uso do nó Borromeano, em que a vantagem do uso desse modelo está no fato de que permite estabelecer pontos de interseção, o que possibilitou articular o Imaginário com o Simbólico, o Imaginário com o Real e o Real com o Simbólico, o que era difícil utilizando-se os modelos anteriores.

É importante ter em mente que os modelos não são coisas em si; eles apenas servem para pensar, por isso são instrumentos da clínica e devem ser usados na medida em que forem úteis.

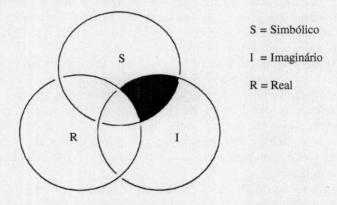

O Lacan mais divulgado — e também o mais criticado — é o do inconsciente estruturado como linguagem, do inconsciente explicado como uma combinatória de significantes.

Outro aspecto da teoria de Lacan é o do inconsciente entendido como Lei, que supõe uma leitura de um momento da teoria de Freud, em que ele introduz a segunda tópica, a pulsão de morte, o masoquismo primário e o Supereu, que são aspectos da teoria de Freud, abandonados pela maioria de seus seguidores e retomados por Melanie Klein e Lacan.

Os lacanianos são vistos como racionalistas e suas reflexões sobre a clínica analítica como metafísicas. Em algum momento foi assim para mim também, mas repensando e dando sentido à minha história, tive maior clareza do meu percurso. Comecei fazendo psiquiatria, quase fiz neurocirurgia, porque queria colocar a mão no cérebro, vê-lo por dentro. Gradativamente, fui metaforizando, passando para outros planos e em nenhum instante a prática lacaniana me pareceu racionalista e metafísica. Firmo, aliás, a opinião de que ela é uma reflexão que privilegia a clínica.

A psicanálise nunca pode ser posta em ato diante do público, mas o inconsciente sim. Ele é posto em ato diante do público, quer queiramos ou não. Quando, por exemplo, comete-se um ato falho, se evidencia a prevalência do Outro, pois o Outro, que constitui todos os discursos, às vezes emerge. Pode-se ter um pensamento consciente, mas algo do Outro se impõe na fala, e aparecerão manifestações do inconsciente que serão fugazes e efêmeras.

Vou propor um vetor representando a minha fala. Eu falo e vocês escutam, só que o que vocês escutam está num vetor em sentido contrário ao da minha fala.

É a partir do que eu disse que, depois, se dará um sentido às minhas palavras. O sentido não é linear, pois enquanto estou falando nem sempre se sabe o que estou dizendo. Quando faço escansões, quando corto frases, quando passo de um tema a outro é que se produz um "sentido". Quem dá o "sentido" do que falo é quem me escuta. Transponham isso para uma situação analítica, que é a mesma: a de um sujeito falando a um outro que o escuta; também dá um "sentido" para o que escuta.

O que o analista faz? Ele dá um outro "sentido" ao que o paciente diz. É o que chamamos de interpretação. Essa é a ação do analista.

Entre o analista e analisante está o Outro, que vai dar coerência ao que se fala. A coerência aqui é a linguagem que compõe a teoria analítica. Se chegar uma pessoa que nunca ouviu falar em psicanálise, ela poderá achar que estamos loucos, falando coisas que não se entende.

Para Lacan, discurso é o que faz laço social. Se a uma fala há resposta, trata-se de discurso. Nem sequer precisa haver resposta, basta que se escute. A situação analítica é um fato discursivo, pois o paciente estabelece um laço com o analista por meio de seu discurso — que, aliás, pode ser silencioso.

O sentido comum surge como parâmetro, como o que dá coerência ao discurso, e aqui é o que chamamos de teoria psicanalítica. O que permite o estabelecimento de um discurso é a articulação dos significantes. Isso quer dizer que para cada pessoa o sentido que ela dá ao mundo, o sentido que ela dá à existência, o sentido comum, decorre sempre da combinatória dos significantes.

Chamaremos essa estrutura mínima, particular a cada um, de "armação significante":

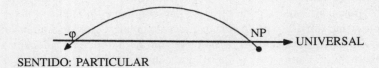

Essa "armação significante" mínima constitutiva sempre um discurso. Cada ato de significação se sustenta nessa estrutura, que é a estrutura da significação, em que o "querer dizer" é o sentido produzido na tentativa da realização dos desejos veiculados nas palavras.

Como articular o sentido, que é essa verdade de cada sujeito, com um saber que tenha valor para todos, que é o saber compartilhado socialmente?

Para estabelecer a relação do particular com o universal — entre o que uma pessoa particular quer, e o que todos querem —, está o fundamento da psicanálise que é a articulação entre o desejo e a Lei.

A verdade de cada um, o particular, é o que a psicanálise nomeia como *desejo*; o saber de todos, o universal, ela chama de *Lei*.

O que produz essa articulação é a armação significante mínima descrita acima, pois o que significa só um desejo não pode significar o desejo de todos. Assim, para um determinado sujeito uma frase terá só um sentido e não todos os sentidos possíveis.

E como se constrói a "armação significante mínima" que regula o sentido do mundo para cada um? Ela existe desde o início ou se constitui no desenvolvimento psicossexual da criança? Se ela existisse desde o início, seria instintiva. Foi justamente essa posição que Freud combateu, e penso que em alguns momentos Melanie Klein tomou vertente oposta, acreditando que a coerência e a constituição de mundo de cada sujeito existiriam desde o início.

O sentido que Lacan deu à obra de Freud pretendeu demonstrar que a linguagem não existe desde o princípio. Pois, para a psicanálise, o que estruturará o acesso do Sujeito à linguagem, que é o que sustentará a coerência do mundo de cada um e seu sentimento de realidade, é formado por um operador que recebeu o nome na psicanálise de "Complexo de Édipo".

O Complexo de Édipo é o que permite dar conta da constituição da armação significante mínima. O Complexo de Édipo é um operador, que articula o desejo à Lei.

Édipos: anedótico, estrutural e além-do-Édipo

Lacan acreditava que o mito de Édipo poderia articular a essência da psicanálise, mas não suficientemente. Todo seu esforço nos últimos anos foi dar conta da estruturação do Sujeito com outros recursos que não esse mito. Em sua releitura de Freud, Lacan enfatizou que a descoberta freudiana foi a de que a realidade do inconsciente tem um sentido, uma orientação, uma direção. É esse sentido que o analista irá interpretar, e esse sentido se estrutura pelo Complexo de Édipo, pois se Freud privilegiou a função paterna, Lacan fez dela o princípio da constituição da realidade do inconsciente.

O Édipo é um mito. Conhecemos a versão de Sófocles, *Édipo Rei*, que não é a única versão desse mito. Existem muitas outras, contemporâneas ao próprio Sófocles, como a de Ésquilo e a de Eurípedes. O fato de essas versões diferirem umas das outras é muito importante para o analista.

A primeira necessidade será definir o que é mito. Para isso, recorreremos a Lévi-Strauss e ao recursos da antropologia estrutural. O mito ocorre em todas as culturas, ao passo que a lenda só em determinadas regiões. Os mitos são sempre épicos, grandiosos, com heróis, deuses, e metaforizam aspectos da estrutura do psiquismo humano.

Lacan define o mito como: "o que dá forma épica ao que opera na estrutura"[13]. Ou seja, se a estrutura é linguagem, o homem fala disso de forma épica.

Por isso nas diferentes versões do mito de Édipo, as questões relacionadas à ideologia e à moral apresentam abordagens distintas (talvez até pudéssemos encarar as várias leituras da psicanálise contemporânea como mitos e, por isso, também prenhes de desvios ideológicos e morais.). Jocasta, por exemplo, não se suicida em algumas versões do mito de Édipo, mas na grega sim. Isso se deve à moral dos gregos, para quem uma mulher que dormisse com o filho mereceria a morte e para que a versão de Sófocles produzisse catarse, era necessária uma punição à "criminosa". A punição, no entanto, não é um fato estrutural do mito, pois em outras versões Jocasta sairá da história sem nenhum castigo. Há um outro fato ligado à moral grega: a atitude de Édipo de arrancar os próprios olhos, mitema que não se encontra em outras versões.

De qualquer modo há certas invariantes que aparecem em todas as versões do mito. De uma forma sucinta, a história de Édipo é a seguinte: Um oráculo, de nome Tirésias, predisse ao rei de Tebas e à sua rainha que um dia o filho deles mataria o pai e se casaria com a própria mãe. A fim de se prevenir contra tal situação, o casal de soberanos abandonou o filho ainda criança

---

13) Lacan, J. *O mito individual do neurótico*, 1953. Lisboa, Assirio Alvim, 1980.

num determinado local, para que ele morresse. A criança foi atada pelos pés, e por isso Édipo cresceu com um defeito neles (Édipo significa "pés inchados", o que constitui um mitema, ou seja, em todas as versões do mito, Édipo apresenta um defeito nos pés). O menino, porém, foi encontrado por um pastor e levado a um rei, que o adotou. Permaneceu com ele até crescer e, certo dia, em razão da predição de outro oráculo, de que mataria o pai, deixou o lar em que vivera até então e saiu em busca de seu destino.

Ao passar por uma encruzilhada, casualmente encontrou um homem e com ele teve um desentendimento. Após o incidente, Édipo matou o desconhecido — sem saber que se tratava de seu pai — e seguiu para Tebas.

Antes de chegar, Édipo encontrou uma esfinge que assolava Tebas com uma peste. Se algum viajante conseguisse decifrar o enigma proposto por ela, a cidade seria salva; caso contrário, a esfinge o devoraria. Édipo então se propôs a decifrar o enigma: "Quem de manhã anda com quatro pés, ao meio-dia com dois, e à noite com três?". Ao que Édipo respondeu: "É o homem.". Assim, ele decifrou o enigma e salvou a cidade da peste. Em troca, a rainha lhe foi oferecida em casamento. A rainha era sua mãe, esposa de Laio, a quem Édipo havia matado. Sem ter conhecimento disso, desposou-a. Após algum tempo a cidade foi novamente assolada por uma peste, até que se descobriu que Édipo era o culpado de tal castigo. Jocasta então se matou, e Édipo, depois de arrancar os próprios olhos, foi embora guiado por sua filha Antígona.

Freud usou essa história para dar um sentido ao que descobrira com a psicanálise. Antes de retornar a isso, gostaria de perguntar por que ele tomou o mito de Édipo e não outro, e o que essa história tem a ver com o que Freud queria demonstrar.

O que acontece nesse drama é que Édipo em momento algum tem intencionalidade em suas ações. Ele mata o pai e casa com a mãe sem o saber, e quando descobre o que fez, arranca os próprios olhos. Édipo é o drama da sobredeterminação, mostra o fato de o sujeito ser constituído a partir do Outro, o fato de o indivíduo ser mero joguete do destino. É o que Freud apontava com esse mito: que o sujeito não é dono de seu próprio destino, pois algo trama o destino de uma pessoa sem que ela participe, e o drama de Édipo mostra isso de uma forma radical. A originalidade de Freud esteve em encontrar uma produção do espírito humano adequada ao que ele queria demonstrar.

Esboçarei a interpretação de Lévi-Strauss, criador da antropologia estrutural. Para Lévi-Strauss um mito é sempre um fato de linguagem, porque só sabemos dos mitos pelas palavras. Então o mito de Édipo ou qualquer outro mito será sempre um fato de linguagem, assim como o discurso de uma pessoa ou de um analisante.

Numa reunião de várias versões de um mesmo mito, Lévi-Strauss isolou as variantes que ele caracterizou como sendo o constitutivo desse mito. A esses elementos ele chamou de mitemas, que no caso do mito de Édipo, ou em qualquer outro mito, podem sempre ser reduzidos a quatro termos, que se opõem dois a dois:

Édipo casa-se com Jocasta	Édipo mata Laio	Édipo vence a Esfinge	Édipo: pé torto
Relações de parentesco positivas	Relações de parentesco negativas	Origem alóctone do homem	Origem autóctone do homem

A interpretação de Lévi-Strauss postula que Édipo é um mito sobre a origem do homem, uma resposta para a questão de o homem ser produto da fermentação do húmus ou ter origem cósmica, ser um espírito procedente dos deuses ou uma evolução da matéria bruta.

A antropologia estrutural, ao pensar o mito de Édipo como linguagem, o deduz estruturado pela contraposição de pares de mitemas opostos. Sua conclusão é que se trata de um mito ligado à Terra, um mito que tenta elaborar a origem do homem.

Como Freud entendia os mitos? Ele dizia que os mitos são produzidos pela repetição dos sonhos típicos. Os mitos, antes de serem mitos, eram sonhos, que por serem também "dramatizações do que se opera na estrutura" envolviam a todos na sua comunicação. Para Freud o fato de haver uma estrutura comum no psiquismo do homem é o que produz sonhos em comum, os quais, pelo relato repetitivo, se transformam em lendas e mitos.

Em Freud há três momentos em relação ao Édipo. Num primeiro momento, o Édipo foi pensado em relação à sexualidade. A primeira menção que Freud fez a Édipo foi numa carta enviada a Fliess, em 15 de outubro de 1897 — data considerada como marco inicial da psicanálise, pois seria o momento em que se fazia a passagem da teoria traumática das histerias para a sua determinação pelas fantasias.

Nessa segunda teoria, a pessoa histérica não o seria por ter sofrido um trauma real, e sim porque as fantasias, que existem em todos os sujeitos, foram traumáticas para ela. Freud começou contando a Fliess o espanto que teve ao descobrir em si próprio as mesmas fantasias encontradas nos pacientes, dizendo que elas eram como as que se encontravam no texto de Sófocles, *Édipo Rei*, e pôs-se a relatar a história, identificando-se com o personagem.

Freud começou citando *Édipo Rei* e terminou com *Hamlet*, pois a estrutura das duas peças é quase a mesma. Freud se referiu ao Édipo também na "Interpretação dos sonhos"[14], no capítulo intitulado "Morte dos entes queridos". E, nessa época, o Complexo de Édipo foi explicado a partir da relação mãe-filho, ou melhor, a partir da dependência vital da criança em relação à mãe, contraposta à sua dependência de amor. A criança precisa comer, mas se berrar de fome a mãe não vai gostar dela. Há então uma contraposição, que Freud pensará em termos de princípio de prazer e impossibilidade de descarga, que vai opor o prazer à realidade. Poderia-se entender que o princípio de realidade, nesse momento, seria a função paterna, seria o que se opõe à satisfação absoluta do desejo. Depois, o Complexo de Édipo foi pensado por Freud em termos de identificação, o que foi desenvolvido bem mais tarde em "Psicologia dos grupos e a análise do Ego"[15], capítulo VII, e no texto "O Ego e o Id"[16], no capítulo III.

Nesses textos, a saída do Complexo de Édipo será pensado em termos de "solução", que é a criança ser como o pai para ter a mãe, ou ser como a mãe para ficar com o pai. É o Complexo de Édipo passivo e ativo, nova combinatória proposta por Freud, a partir da qual será articulado o Superego — tido como herdeiro do Complexo de Édipo.

Num terceiro momento, o Édipo foi pensado por Freud em termos de falo e castração. Os textos que se referem a esse momento são: "Organização genital infantil da libido"[17], de 1923, "Dissolução do Complexo de Édipo"[18], de 1924, "Algumas consequências psíquicas da diferença sexual anatômica"[19], de 1925, "Sexualidade feminina"[20], de 1931 e "Feminilidade"[21], de 1933.

Referindo-se a esses textos, Lacan mostrou que a noção de "falo" ressignificou toda a obra de Freud, dizendo que é a partir dessa noção que se deve ler Freud, pois com o conceito de falo ela passou a ter outro sentido.

Nesse ponto há uma diferença radical entre a leitura de Lacan e a de Melanie Klein. Para esta última, a identidade sexual já é conhecida de antemão, a criança já nasce masculina ou feminina e demonstra seu conhecimento da própria sexualidade nos jogos infantis.

Lacan afirma que esta não seria a proposta freudiana, pois no texto "Organização genital infantil" Freud mudou todo o anterior. Freud neste texto, começa dizendo que, depois de decênios de prática, não podia deixar de

---

14) Freud, S. *S.E.*, v. IV, p. 1.
15) Freud, S. *S.E.*, v. XVIII, p. 91.
16) Freud, S. *S.E.*, v. XIX, 1923, p. 23.
17) Freud, S. *S.E.*, v. XIX, 1923, p. 179.
18) Freud, S. *S.E.*, v. XIX, 1924, p. 217.
19) Freud, S. *S.E.*, v. XIX, 1925, p. 309.
20) Freud, S. *S.E.*, v. XXI, 1931, p. 259.
21) Freud, S. *S.E.*, v. XXII, 1933, p. 17.

constatar fatos que se impunham à sua observação. O que ele constatou foi que, para todas as crianças, existe um sexo só, o masculino. Segundo as próprias palavras de Freud, "o sujeito infantil não admite senão um só órgão genital, o masculino, para ambos os sexos", e é a isso que Freud irá chamar de falo.

Função paterna, Nome-do-Pai e metáfora paterna

O primeiro momento do Édipo corresponde a uma ênfase na função materna, que é a relação de dependência vital da criança em relação ao outro. A pessoa que responde a essa dependência vital ocupará o lugar da função materna, podendo ou não ser a mãe biológica.

Para a mãe, o nascimento do filho é um acontecimento sensível, uma vez que é constatável pelos órgãos dos sentidos. Isso já não acontece com o pai. Nenhum pai sabe ao certo que é o pai da criança, ele apenas o deduz, porque dentro da nossa cultura, o vínculo entre coito e fecundação está estabelecido.

Em muitas sociedades esse vínculo não existe. Há culturas indígenas que acreditam que as mulheres engravidam pelo vento, ou pela ação dos deuses, não ficando estabelecida a relação coito-fecundação. O pai portanto não implica uma relação natural com a mãe, o pai é sempre deduzido.

O pai Real pode ser chamado de "macho-copulador". Certamente é preciso que haja a cópula para que exista o pai, mas esse não será o pai que opera no Simbólico. A função paterna não tem de ser necessariamente exercida por quem fecundou a mãe. O pai para a mãe é quem ela reconhece como importante para ela, é quem ela nomeia como seu objeto de desejo.

O pai Simbólico, é um pai sustentado num reconhecimento, que só pode ser dado pela palavra. Não há nenhuma outra forma de se instituir uma paternidade que não seja pela palavra. Mesmo as provas de tipagem de sangue ou DNA são códigos de linguagem, usados para se provar no Simbólico que o pai é Real.

Há portanto outras funções do pai, e são essas que Lacan retira do texto de Freud. Há o pai do pai, que dentro da linguagem é o avô. Um dos efeitos da ordem simbólica é que, quando o filho se torna pai, o pai do pai é elevado a avô, sem ter a mínima participação nisso. Trata-se de um efeito do Simbólico. Está implícito na ordem Simbólica que ocupemos certos lugares, independentemente de uma decisão.

Mas o pai do pai implica também o pai do pai do pai, e assim por diante, infinitamente, até chegarmos ao pai de todos: o pai origem da espécie. Freud chamou-o de *Urvater, o pai primordial*, o pai da horda primitiva. Ele é aquele pai que não precisa de um pai. Em termos de Lei, esse é o pai origem da Lei, o pai incastrado. É esse pai que Lacan foi buscar em Freud, para dizer que ele armou toda a noção de Édipo sobre a função paterna. Esse é o pai que dá um sentido.

Vocês estão aqui porque estou falando não da minha psicanálise, mas da de Lacan. O que quero dizer é que a paternidade não se dá só em termos físicos, biológicos, mas se dá também em termos de ideias, pois existe um pai da psicanálise, que é Freud.

Se Freud estivesse aqui, não precisaria citar ninguém para se autorizar, porque ele inventou a psicanálise. Já Lacan sustenta-se em Freud, pois as teorias também têm paternidade, e essa paternidade estabelece uma relação de parentesco, fundada na ordem simbólica.

Poderíamos metaforizar Lacan e Melanie Klein como filhos de Freud; nós seríamos netos dele, filhos de Lacan ou de Klein. Então, dentro dessa filiação seríamos irmãos. Haveria os irmãos mais velhos e os mais novos, fazendo existir uma ordem de parentesco estruturada sobre um pacto que só existe no Simbólico.

O Simbólico permeia nossas vidas sem que possamos nos dar conta e estabelece rivalidades imaginárias (que Freud descreveu no *Totem e Tabu*), que são as brigas dos filhos para ocupar o lugar do pai. A história da psicanálise também pode ser enquadrada como um exemplo desse fato.

O primeiro pai, o pai da horda primitiva, será o único que pode existir sem fazer referência a nenhum outro, pois existirá por si. Como origem da Lei, ele impede que a mãe seja "Tudo" para a criança, fato que acontecerá discursivamente, numa referência à Lei dentro do discurso materno.

É frequente encontrar-se citações de casos de mães esquizofrenógenas, que são aquelas que se colocam como "Toda" para a criança, não havendo nenhuma Lei fora delas. É o caso da mãe que dizia para a criança: "Ou você faz o que quero, ou não gosto mais de você; ficarei com raiva, não te darei mais o que você quer, não vou querer mais você. Você deve fazer o que digo, porque eu sei o que é bom para você". Essa seria a mãe fálica. Ela será a Lei para a criança e é quem dirá à criança o que é bom para ela. É ela quem dirá o que falta à criança e sempre terá o que lhe falta.

O Nome-do-Pai não será o pai biológico, mas aquele que a mãe faz referência em seu discurso. Até esse momento a mãe era identificada ao Outro, e na medida em que ela também fizer referência a um Outro além dela, ela se tornará um outro, i(a), que também é submetido à falta. Então, quando houver um Outro para a mãe é que se dará a instauração da Lei no discurso materno.

Um exemplo: uma mãe vai colocar a criança para dormir. Se ela for uma mãe fálica, uma mãe que em decorrência de seu próprio Édipo não se refere à Lei, dirá à criança: "Você vai dormir porque, se não for, não terá nada, e ficarei brava". Esta ameaça feita em termos de "Tudo ou Nada" faz a criança responder ao desejo da mãe, caso contrário será aniquilada.

Outra situação seria a mãe falar: "Ou você vai dormir, ou o bicho-papão virá te comer, pois ele come crianças que não dormem". Essa mãe faz referência a algo externo a ela, ao "bicho-papão", que comeria crianças que não dormem. Nesta situação independeria da mãe o bicho-papão ir ou não comer a criança, pois se trata de uma Lei que funciona independentemente do desejo dela.

Nesse caso houve referência da mãe a uma Lei exterior, uma Lei sobre a qual ela não tem domínio. Nesse sentido, a mãe deixou de ser "Toda" e passou a ser castrada, pois ela também se mostrou incompleta, necessitando de algo exterior, e teve de se submeter a um fator que não dependeu de seu desejo.

Essa foi a leitura que Lacan fez da castração materna, que então seria a referência, no discurso da mãe, a uma Lei exterior a ela. A esse pai que aparece no discurso da mãe, Lacan chamou de Nome-do-Pai. O bicho-papão, por exemplo, é um dos Nomes-do-Pai. A nossa cultura está cheia de referências a ele: o lobo do conto do Chapeuzinho Vermelho, o Saci, a Cuca etc. Há várias figuras folclóricas que o representam, e cada país ou região possui as suas.

O que é o Nome-do-Pai para Lacan? É o representante da Lei que atua na subjetividade da criança, inscrevendo-o como significante. Ele é, assim, o significante do Outro, portanto, o lugar da Lei; não é o pai Real, é um significante. Na teoria, o Nome-do-Pai é o que articula a função fálica com o complexo de castração. A mãe não é "Toda": essa seria a castração na leitura lacaniana.

Resumindo, num primeiro tempo a mãe é "Tudo" e "Toda", ela é o Outro da criança, e o Nome-do-Pai é o que barra esse Outro absoluto. Foi dessa conclusão que Lacan retirou a fórmula da castração: S($\cancel{A}$).

Pode-se desenvolver toda a clínica a partir do conceito de castração, que pode ser entendido dentro de uma redução radical, formalizado como o significante da falta no Outro.

O segundo momento do Édipo será o que Lacan denominou de *metáfora paterna*. A metáfora paterna é a operação de substituição, no código, do desejo da mãe pelo Nome-do-Pai, o que produz a significação fálica — que é o que estou perseguindo: como se produz a significação, o sentido. Ela é uma forma de Lacan escrever o Complexo de Édipo, e dentro dele a metáfora paterna será uma operação de substituição.

Metáfora é uma figura de linguagem, que Lacan eleva, partindo de Jacobson, à condição de um dos eixos estruturantes do inconsciente. Para Freud esses eixos eram o deslocamento e a condensação. Lacan os equiparou à descoberta de Saussure sobre os eixos constituintes da linguagem que seriam o sintagma e o paradigma. Lacan pensou-os em termos de metonímia e metáfora, respectivamente.

Na linguística, a metáfora e a metonímia foram pensadas em função do sentido. Lacan recorreu a essa conceituação equiparando a metáfora ao processo de condensação, tal como foi descrito por Freud, e a metonímia ao processo de deslocamento.

Ideia que ressalta o fato de Freud ter se adiantado às fórmulas da linguística, mas sem contar com elas. Lacan, que foi leitor de Freud e de Saussure, pôde precisar o descobrimento de Freud e dizer o que Freud disse sem saber. Lacan propôs para a metonímia a seguinte fórmula:

$$f(S\ ...S) \cong S(-s)$$

Esta fórmula indica que a função significante da conexão do significante com o significante é congruente com a manutenção da barra, o que quer dizer que não há um sentido novo.

A fórmula da metáfora é:

$$f\frac{S'}{S} \cong S(+)s$$

Ela quer dizer que a função significante (f S) de substituição do significante pelo significante é congruente com a transposição da barra, isto é, há um sentido novo. Como figura de linguagem a metáfora seria, por exemplo: em vez de dizer "fulano é muito forte", digo "fulano é um leão". Aqui ninguém se assustaria com o "leão" — o que seria uma reação psicótica — porque consegue-se metaforizar —, já que foi estabelecido um outro sentido para essa palavra. "Leão" já não seria exatamente "leão", mas outra coisa. Pode-se pensar a operação da metáfora da seguinte maneira:

$$\frac{\text{leão}}{\text{homem forte}} \cdot \frac{\text{homem forte}}{\text{significado do sujeito}} \rightarrow \text{leão}\left(\frac{1}{S}\right)$$

Leão, em relação a homem, produzirá uma outra significação, homem forte — que, substituída, desaparecerá. O que surgiu foi um outro significado para o sujeito. Houve um *plus* de significação, que configura a metáfora. Se digo "Chico é um leão", será um leão diferente, a partir da significação de homem forte.

Lacan, com a fórmula seguinte, pretendeu formalizar o Édipo como uma metáfora:

$$\frac{NP}{\cancel{DM}} \cdot \frac{\cancel{DM}}{SS} \rightarrow NP\left(\frac{A}{\varphi}\right)$$

Isso quer dizer: o Nome-do-Pai está para o "desejo da mãe", que é a função materna, produzindo uma significação ao sujeito (SS).

Metáfora paterna será, então, a substituição, no código (o Outro), do desejo da mãe pelo Nome-do-Pai. É assim que o Nome-do-Pai opera, produzindo uma significação para o sujeito, que é uma significação fálica.

Este é o mesmo falo que lemos em Freud, porém aqui pensado de forma lógica, ou seja, deduzido. Para Lacan, o falo é um significante, porque, ao fazer uma operação de substituição significante, o falo será o significante da falta.

Antes a mãe era "Toda" e, a partir do Nome-do-Pai, ela será "não-Toda". Mas o que o Nome-do-Pai barrou como Lei da mãe continuará significando o Nome-do-Pai.

Esta foi a fórmula com a qual Lacan pensou o Complexo de Édipo; ele propôs que é assim que se dá a entrada do sujeito no Simbólico, o que produz a significação.

Voltando ao gráfico que está nos orientando, mostraremos que "falar" poderia significar "qualquer coisa" se não produzisse um retorno, e as palavras poderiam ter infinitas significações. Se não se escandisse a potencialidade significativa do significante, não haveria uma significação possível. Se não tivéssemos um ponto de consenso comum, de coerência, de apoio, não haveria possibilidade de vinculação entre as pessoas. Se no entanto isso ocorre, é porque a estrutura do significante permite produzir uma significação, ou seja, algo barra a possibilidade de haver infinitas significações. Esse algo que barra é o significante do Nome-do-Pai.

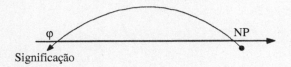

Significação

Por isso toda significação é fálica. Ao se dar um sentido a uma fala, ele será sempre um sentido particular à estrutura psíquica de quem o faz. Mas esse sentido não será qualquer um: será o sentido que, dentro da estrutura edípica de cada um, servirá para nomear a falta, ou seja, o sentido da procura do absoluto, de uma significação sustentada num modelo de completude.

Outra forma de entender-se a função paterna é abordá-la com a noção de Supereu. Freud formalizou o Supereu a partir de pronomes pessoais; não falou em Ego, Id ou Superego, que são latinizações. Freud criou a "segunda tópica" a partir dos pronomes pessoais.

Ele propôs que pensássemos no Eu, e foi a partir dele que se deduziu o Supereu e o Isso. Ao Supereu foram atribuídas as funções de auto-observação, consciência moral e idealização, e Freud instituiu o Supereu como o herdeiro do Complexo de Édipo.

Retomando com Lacan essa reformulação, e sabendo que ele retomou o sentido da obra de Freud, qual então o lugar do Supereu? O Supereu é o que permite entender por que damos um determinado sentido a um significante.

Aliás, todo o desenvolvimento de Lacan foi uma manifestação desses princípios. Ele o demonstrou desde o Caso Aimée, a funcionária de banco que atacou uma atriz porque se identificava com ela. Naquele momento, Lacan estava indagando as razões do crime paranoico e colocou então a ênfase no ato criminoso. No entanto, quando mudou da psiquiatria para a psicanálise, deduziu que o que curou Aimée foi o castigo: na hora em que foi presa, curou-se.

Lacan então produziu um aforismo: *"a natureza da cura demonstra a natureza da enfermidade"*. Se foi o castigo que curou Aimée, foi o desejo de punição que a deixou doente. Ao relacionar castigo com as funções do Supereu, Lacan propôs que as funções do Supereu explicariam as razões do crime paranoico.

Foi o que fez Lacan abordar a obra de Freud desde o conceito de masoquismo primário, de Supereu e de pulsão de morte — noções que subverteram a ética utilitarista, que identificava o Bem do sujeito ao seu bem-estar.

Neste sentido, seria possível analisar sem se preocupar com a inserção social do paciente após a cura analítica. No caso da homossexualidade, por exemplo, mesmo que não fosse aceita socialmente, se ela significasse o Bem do paciente, a análise interpretaria esse desejo sem se preocupar em adaptar o paciente às necessidades sociais.

Mulheres freudianas e mulheres lacanianas

Para o analista, o que orienta a direção de um tratamento não é a realidade anatomofisiológica de um caso, mas os significantes e as fantasias. Na análise compete, então, não investigar a possibilidade fisiológica de um paciente vir a ter filhos, mas seu desejo de tê-los, visto que sempre haverá um conflito quando ele quiser ter um filho e não o puder, e quando puder e não o quiser.

Ter filhos é um desejo ou uma necessidade? Não há nada na experiência analítica que aponte para uma conclusão, embora muitas vezes uma consideração biologizante da natureza humana faça parte da fantasia popular. Porém, para a psicanálise, o desejo de ter um filho é um desejo como outro qualquer, e portanto está sujeito às leis do significante e às vicissitudes de linguagem.

Exemplo disso é a equivalência simbólica, proposta por Freud, em que o falo é igual ao pênis, que é igual à criança. Por isso, a significação da gravidez estaria no fato de que a presença da criança, por meio dessa equação simbólica, poderia anular a castração feminina, visto que no inconsciente criança pode ser equivalente a falo. Para Freud, a mulher "normal" é aquela que não ama a sua mãe, uma vez que, ao se deparar com sua castração, ela escolhe a partir daí seu pai como objeto de amor, o que aconteceria, ainda segundo esse autor, visto ser ele quem, por intermédio de um filho, poderia torná-la completa, anulando assim a sua castração.

Para Freud, então, a mulher vai amar um homem apenas como substituto do pai. Embora esse amor "deslocado" da mulher seja também um amor que existe em relação ao desejo, ele é o desejo de ter o falo, o que seria transformado, pela equação simbólica, em desejo de ter um filho.

Assim, segundo Freud, para a mulher, o objeto desejado não seriam os homens e sim os filhos. Dito de outra maneira, pelo viés freudiano, entende-se o desejo de uma mulher ter um filho como uma fantasia em que ela recuperaria sua completude perdida.

Pode-se chamar esse equacionamento da feminilidade de "mulher freudiana", e a essa concepção teórica da posição feminina perante a castração, e sua solução (será que para Freud o filho é uma solução?) poderia se contrapor a ideia de uma "mulher lacaniana", que seria o resultado da leitura que Lacan faz da feminilidade. Tal teoria, formulada sucintamente, poderia significar que o centro do desejo feminino não estaria no "desejo pelo pai", como na "mulher freudiana", mas sim nos efeitos da perda que instaura a falta, o que institui a mulher como não-Toda (fálica), o que ocorreria pelo efeito da operação do Real na estrutura.

Quer dizer, se para Freud a verdade do desejo feminino estaria ligada à relação da mulher com a lei do desejo, o que seria sempre presentificado pelo pai e na qual ela poderia vir a ser Toda por meio de um filho; para Lacan, a verdade do desejo feminino, ao estar ligada ao Real da estrutura, apontaria a causa do desejo, produzindo não uma possibilidade de completude, mas um outro gozo, diferente do gozo fálico.

Poderíamos dizer que a contribuição da psicanálise para a questão das reproduções assistidas seria a de questionar os efeitos de subversão que estas propiciam no sujeito. No caso particular das inseminações heterólogas, que é a situação de uma mulher que recorre a uma fertilização pela inseminação por métodos diferentes do coito, de um doador de esperma desconhecido, isso produz uma subversão que aparece a partir da possibilidade, antes impensável, de uma mulher ser fecundada por um espermatozoide dissociado de seu produtor.

Tal procedimento modificou radicalmente a implicação, que antes era incontornável, de que para se ter uma criança seria sempre necessária a presença da fantasia de uma mulher modulada com a de um homem; com isso a inseminação heteróloga introduziu a possibilidade de um desejo unilateral na procriação.

E não seria este o centro dessa reflexão, justamente intitulada: O homem supérfluo? Pode a mulher querer um filho sem um homem que o procrie, de um esperma que a fecunde?

Do ponto de vista analítico, impõe-se a pergunta do que acontece com a significação da gravidez para quem recorreu a esse método. E também: O que acontece com a acolhida subjetiva do embrião e da criança após o nascimento?

Indicativo é o fato de que a medicina de reprodução apareceu historicamente opondo-se ao êxito da medicina contraceptiva, que alcançou seu ápice a partir dos anos 60 e que, com a proposta de evitar a gravidez, também subverteu a ordem do desejo de ter filhos. Foi justamente esse fundamento humano que paradoxalmente ficou excluído pelo saber científico que regula a procriação e que, por sua vez, acabou por impor a gestação à mulher como um bem supremo, sempre realizável.

Por isso parece oportuno opor a medicina fertilizante a uma medicina infertilizante, pois da mesma forma que o desejo de ter um filho está estruturado como qualquer outro desejo, o desejo de não ter um filho também o está.

Para restringir a questão à atualidade, pode-se propor que os avanços da contracepção modificaram o fato de a concepção ser encarada como uma consequência do ato sexual, para transformá-la numa decisão (sobre o desejo de gravidez). Pois não é verdade que, desde a existência de métodos contraceptivos eficazes, a concepção de uma criança passou a ser, na maioria das vezes, programada, separando dessa forma o desejo sexual do homem por uma mulher do desejo de procriar? Isso porque a mulher ou o homem podem inibir a fecundação de várias maneiras, e se a mulher engravida contra o seu desejo, existe ainda a possibilidade de interromper a gravidez.

Será então que os avanços científico e técnico da medicina (como sugere M.M. Chatel, em seu livro *Malaises dans la procreation*[22]) teriam produzido

---

22) Chatel, M. *O mal-estar na procriação*. Rio de Janeiro, Campo Matêmico, 1995.

mudanças nos padrões da vida sexual, nas formas do relacionamento amoroso e mesmo das condições históricas da família? Será que tais mudanças introduzidas pelas novas técnicas médicas não teriam produzido também uma ideologia segundo a qual todas as mulheres devem engravidar? E teria, para chamá-la assim, essa "tomada de poder da técnica médica sobre os sujeitos" (que se sobressai principalmente por meio da técnica da inseminação heteróloga) colocado o homem em um plano secundário, tornando-o supérfluo?

A contraposição principal da perspectiva psicanalítica, quanto ao tema, seria portanto que, se o homem, na condição que lhe outorga a técnica da inseminação artificial heteróloga, pode ser supérfluo, do ponto de vista da psicanálise, no entanto, o pai sempre é necessário. Ou seja, se dentro da lógica da medicina de reprodução o espermatozoide pode tornar o "resto" do homem desnecessário, não seria o pai o resto mesmo do que vai do homem ao esperma?

Essa relação do homem desnecessário, a inseminação heteróloga e a figura do pai, mostrou-se de uma forma clara numa reportagem publicada na revista *Marie Claire* (2/96, p. 74) com o título "Doadores de esperma: os pais anônimos ou que pai é esse?".

A matéria investiga as consequências da ausência de conhecimento — para os filhos de mães que usaram o método da inseminação heteróloga — daquele que foi o doador do esperma necessário na fecundação e conclui que há um desejo universal, entre os entrevistados, de conhecer seus "verdadeiros pais", ou melhor, seus "pais cromossômicos".

A pergunta que se impõe é: Se o pai não é o esperma, o que de fato é um pai? Pergunta não muito simples de responder, pois, embora a figura do pai sempre estivesse presente na cultura, nem sempre esta associou o coito à fecundação.

Por isso mesmo, para a antropologia moderna, as relações de parentesco são o separador do "natural" e do "cultural". Se a mãe é da ordem do sensível, da realidade, o pai sempre foi uma dedução simbólica, o *pater semper incertus est* (ou pelo menos foi até a existência do exame de paternidade pelo método do DNA). Independentemente das consequências dessa incidência da "verdade científica" sobre a produção do saber, fato que não foi ainda adequadamente estudado pela psicanálise, é importante se ter em conta que nem sempre a significação da paternidade foi igual à atual.

Na Grécia antiga, o pai tinha direito de vida ou morte sobre os filhos, como conta a lenda de Édipo, que foi deixado para morrer por seu pai. Já o pai latino era livre para aceitar ou recusar seu próprio filho, mas, a partir do dia em que o reconhecia, estava obrigado a responsabilizar-se por ele, pois em Roma contava mais o *nomen*, nome, do que o *germen*, semente.

Entre os hebreus, Abraão se dispôs a matar Isaac, seu filho, a mando de Iavé, seu pai Simbólico. Para os cristãos, Jesus morreu obedecendo à vontade de seu pai, e será que a penetração do cristianismo não foi tão bem-sucedida justamente porque rebaixava o pai Real como resultado de um amor pelo pai no céu?

E nos séculos XIX e XX, não estaria o Estado substituindo o lugar do pai? Quer dizer, sempre houve indícios de que o lugar do pai fecundador foi sempre secundário em relação ao lugar do legislador, o pai que faz a Lei. Por isso também, na psicanálise, o lugar normativo do pai no desejo humano foi largamente descrito por Freud, por meio das vicissitudes do Complexo de Édipo, que condicionaria o destino do sujeito.

E a psicanálise depois de Freud, com Lacan, foi além, e chega mesmo a formular a pergunta: É necessário que haja um homem para que haja pai?

Foi Lacan, reformulando as descobertas de Freud, quem ressaltou que o pai fecundador é exterior à relação mãe-filho, e que este só toma consistência perante o desejo da mãe. Ou seja, para a psicanálise o pai não é um objeto real, não é o macho copulador, o pai é uma metáfora, e sua função no Complexo de Édipo é a de ser um significante que substitui outro significante.

O pai é portanto, para a psicanálise, uma função que instaura a proibição, e com isso a falta, outro nome para a castração. Assim, desde a experiência analítica o pai só está presente para a criança pela Lei que é a sua palavra, e essa palavra (que Lacan chama de Nome-do-Pai) só assume seu valor de Lei na medida em que é reconhecida pela mãe.

A paternidade portanto, segundo a psicanálise, está ligada ao fato de o animal humano falar, e não ao fato de o homem produzir espermatozoides. Ou seja, não é o macho copulador que se efetiva na subjetividade da criança como sendo o pai, mas sim o pai Simbólico, que por sua vez toma sua existência pela palavra da mãe, que por intermédio do seu desejo o nomeia (nem que seja Deus Pai, como fez a Virgem Maria).

Poderíamos então supor que as pessoas nascidas de reprodução assistida, do ponto de vista psicanalítico, podem procurar no doador de esperma não a fonte de seus cromossomos, mas um saber sobre o desejo da mãe, que constitui a lei de seus destinos.

O pai portanto, para a psicanálise, é mais do que um homem, já que o homem enquanto pai tem o falo e o pai enquanto homem o perde.

Se, no entanto, for a mãe que, ao excluir o homem de sua gravidez, o faz para se manter fálica, essa é outra questão.

Desejo e modernidade: Sade, Kant e Lacan

No século XVIII, o aumento da tolerância religiosa e moral foi um fato político causado pelas dificuldades resultantes das dissidências e conflitos religiosos. Isso deveu-se à conveniência política, e, assim, essa abertura às novas concepções do homem foi devida mais a concessões feitas pelo Estado do que a mudanças de mentalidade.

Foi o Iluminismo que impulsionou essa nova situação, tornando-a um princípio geral imposto pela razão e transformando as novas concepções do homem num direito inerente à natureza humana, e não somente uma opinião permitida pelas autoridades.

A difusão do deísmo também contribuiu para a mudança da moral instituída. À medida que os cultos religiosos se despojaram de cerimônias e rituais tradicionais, limitando-se apenas a sugerir a existência de um ser supremo, diminuíram as diferenças entre as várias religiões. A possibilidade trazida pelo materialismo emergente de haver uma sociedade sem Deus mudou os padrões morais, até então regidos unicamente pela religião.

Alguns dos novos pensadores, levando ao extremo essa mudança de mentalidade, propuseram abolir qualquer sujeição do homem à moral. Para esses pensadores, dos quais Sade seria um dos principais representantes, a visão de uma sociedade em estado de imoralidade permanente seria a utopia do Mal. O Mal, no entanto, estaria nesse contexto subvertido quanto aos valores que o definiriam, pois, para Sade, a utopia paradoxal de uma sociedade sem moral corresponderia ao seu estado virtual, próprio a ela.

Segundo Sade, a sociedade, estando livre da hipocrisia, faria com que seus membros pudessem aceitar todos os seus desejos. Assim, para esse autor, suas ideias, ao contrastar com as das utopias do Bem, denunciavam que estas pecariam por negar a realidade do Mal, e principalmente o tédio decorrente do Bem, que, segundo ele, seria o principal gerador do Mal.

Nascida do tédio e do desgosto de Sade, surgiu a proposta de uma sociedade em estado de criminalidade permanente. Essa utopia solucionaria os fatos geradores do mal, que seriam o tédio e o desgosto, por meio da perpetuação de novas transgressões, as quais recriariam infinitamente o desejo, satisfazendo assim a verdadeira natureza do homem.

Essa "má consciência" do libertino representaria, na obra de Sade, um estado de espírito transitório entre o homem social e o homem sem Deus, pretendido pelos filósofos da natureza. Porém, na verdade, a consciência do libertino se manteria numa relação ambígua com Deus, pois ele lhe seria indispensável, já que fundaria seus atos como transgressões.

Essa posição se distingue claramente da consciência do verdadeiro ateu, para quem o sacrilégio, representado pelas transgressões morais, não teria outro sentido que o de revelar a devoção dos que assim significam seu ato. O ateísmo do libertino e seus delitos teriam caráter de provocação endereçada a um Deus ausente, como meio de forçá-lo a provar sua existência. Dessa forma, não seria o prazer obtido pela libertinagem o que moveria Sade, mas sim a ideia de que o mal independe da vontade de Deus. Essa "religião do mal" não consistiria em pregar o crime como uma filosofia, mas sim em admiti-lo como produzido pela existência de um "Deus infernal", visto que a universalidade desses desejos comprovaria sua existência. Esse "Deus infernal" não refinaria a dogmática necessidade do sacrifício do inocente para a salvação do culpado, mas sim o contrário, pois exaltaria a necessidade da injustiça de Deus para a completude do homem.

Sade afirmou essa ideia nestes termos:

> *Se os infortúnios que me afligem desde o nascimento até a morte provam sua indiferença para comigo, posso muito bem me confundir sobre o que eu chamo de Mal. O que me caracteriza é, verossimilhantemente, um grande bem quanto ao ser que me deu à luz; e se recebo o mal dos outros, gozo do direito de lhes retribuir, da sem-cerimônia até de lhes fazer primeiro. Eis, por conseguinte, o mal como um bem para mim, como o é para o autor dos meus dias, relativamente à minha existência: sou feliz pelo mal que faço aos outros, assim como Deus é feliz pelo mal que me faz (...).*[23]

Para o libertino essa posição estabeleceria uma relação negativa também com o próximo: *"Sou feliz pelo mal que faço aos outros, como Deus é feliz pelo mal que me faz".* Assim o libertino consegue seu prazer pela oposição contínua à noção de amor ao próximo, satisfazendo-se com a identificação à dor do outro. Comparando-se com o outro, o homem que faz sofrer se identifica com o sofredor. O libertino, torturando o objeto de sua luxúria, goza da sua dor, pois assim representa o seu próprio suplício.

Lacan, retomando a indagação do desejo com a subversão produzida pela psicanálise, reabilitou Sade, apontando-o como o articulador das propostas kantianas, que seriam o sustentáculo da moderna filosofia da moral. Num texto escrito como o prefácio de um dos livros mais ousados de Sade, *Filosofia da alcova*, aproxima Kant de Sade, sendo "Kant com Sade"[24], o título dado ao escrito. Nele, Lacan articulou a exigência da liberdade do desejo, que seria o eixo da obra de Sade, com a proposta da moral kantiana, introduzida por ele na sua ética como a regra universal da conduta.

---

23) Sade, Marquês de. *Filosofia da alcova*. Rio de Janeiro, J.C.M. Editores, 1968.
24) Lacan, J. *Escritos*, p. 776.

Para Lacan, a subversão da moral promovida por Sade teria sido apenas a preparação de uma outra, da qual Kant foi o ponto decisivo. Nesta sequência de subversões, Lacan inclui Freud, lembrando que o descobridor da psicanálise, ao propor suas conclusões sobre as relações entre a Lei e o Desejo, questionou a moral ao afirmar que existem desejos que se impõem como mandatos ignorando seus efeitos.

A proposta de Freud subverteu a moral estabelecida, ao demonstrar a impossibilidade de se julgar o valor do conteúdo de uma pulsão. E o que Lacan recupera de Sade estaria na captação que este fez da estrutura do desejo, que, segundo esse autor, se imporia a um sujeito, sempre como alheio, ou seja, como um outro que o exige. Ao articular o desejo do ponto de vista da psicanálise, Lacan se valeu dos textos de Sade para demonstrar que o que se pode desejar do outro seria o que não se aceita como desejo próprio.

Com o texto "Kant com Sade", Lacan articulou uma operação em que a ideia de "vontade", tal qual é trabalhada por Kant, poderia ser entendida como o retorno dessa alienação no outro; dito de outra forma, como demonstrou Sade, essa vontade poderia ser entendida não como partindo do interior do sujeito, mas como constituída por uma pergunta *"O que quer?"*, que vem do outro.

Assim, no caso das fantasias, fartamente descritas por Sade na sua obra, o sujeito seria um instrumento de uma vontade que lhe vem de fora, o que para Sade seria natural e que, na terminologia de Lacan, seria a vontade do Outro. Isso quer dizer que o sujeito, como instrumento da vontade do Outro, pode ser o agente da ação.

Para Kant, na *Crítica da razão pura*, seria a degradação da lei moral que, pelo questionamento que estabeleceria ao estatuto de uma norma social, propondo um desvio da sua uniformidade, seria o que afirma a sua verdade. Seria o caso de Sade, que, propondo uma moral sustentada na ausência das garantias de Deus, implicaria a substituição do Deus como garantia do Bem por um Deus que se completaria na maldade.

Dessa forma, o homem natural, proposto pela Revolução Francesa, não necessitaria das garantias de uma moral revelada, sendo o próprio ateísmo a proposta de uma nova moral. Proposta que Sade pretendeu levar às últimas consequências, o que destruiria definitivamente uma moral sustentada na razão.

Já para Kant, a lei fundamental que regeria a moral é: *"Obra de tal modo que a máxima de sua vontade pudesse valer sempre, como princípio de uma legislação universal"*. Essa ideia impõe que os conceitos de Bem e Mal não teriam de ser determinados antes da lei da moral, à qual deveriam, aparentemente, servir de fundamento. Kant introduz assim um avanço à moral, fundada na teologia, articulando-a à autonomia da consciência que poderia decidir do entendimento de um fato puro, que seria a concepção da lei moral.

Esta pretenderia proporcionar ao mundo sensível a possibilidade do entendimento do suprassensível. Segundo Kant, o bem-estar se sustentaria numa ordem de adequação de objetos que convém à finalidade, não por vigência da lei moral nem tampouco por uma definição racional. Para ele, uma máxima somente seria válida se universal, e não suporia nenhum bem-estar que, nesse caso, admitiria a adequação a algum objeto, o que implicaria uma anterioridade do Bem e do Mal com respeito à ação. Por isso, para Kant, quando houver objeto não haverá liberdade, e quando houver lei moral haverá autonomia e, portanto, liberdade. Para Kant, portanto, não existiria objeto da lei moral.

Ao que Lacan acrescenta que a busca do Bem seria impossível se não recuperasse o Bem como objeto da lei moral. Mas o Bem como objeto da lei moral pertence à lei mesma e é inerente a ela. E esse Bem supremo somente Deus poderia ser.

Mas, para a psicanálise, ao se situar o lugar de Deus remete-se à origem da Lei, que é o lugar do Pai. Dentro da teoria analítica, na perspectiva em que a estamos desenvolvendo, isso é conceitualizado como a função do falo na linguagem.

A subversão do Sujeito

Às relações entre o Sujeito e o desejo, Lacan dedicou um texto com o título de "Subversão do sujeito e a dialética do desejo no inconsciente freudiano"[25]. Esse escrito foi o resultado de uma apresentação feita em 1960, em um colóquio sobre dialética.

Diante de um público constituído por filósofos, Lacan relembrou que a descoberta freudiana teria transformado definitivamente todas as concepções anteriores do Sujeito, como também do saber e do desejo.

O Sujeito da psicanálise não seria o *sujeito absoluto* estudado por Hegel, nem o *ideal do sujeito* abolido da ciência. Para a psicanálise, o Sujeito não seria natural como queria Sade, seria um Sujeito irremediavelmente dividido, como demonstrou Freud, ao que Lacan acrescenta que isso aconteceria pela relação dele, Sujeito, com a linguagem.

Para exemplificar a concepção de Sujeito na psicanálise, Lacan introduziu um modelo gráfico pelo qual se poderia pensar a relação do Sujeito com o significante. Esse gráfico não teria a intenção de oferecer

---

25) Lacan, J. *Escritos*, p. 807.

uma formalização do aparelho psíquico, mas apenas situar os elementos constituintes da sua estrutura. Com ele, Lacan pretendeu dar conta da experiência psicanalítica, privilegiando mais a lógica do que a intuição.

Esse gráfico, chamado "gráfico do desejo", apresenta na sua montagem diferentes etapas constitutivas que não representam, no entanto, uma ideia de desenvolvimento genético, mas sugerem mais uma causação do sujeito a partir dos momentos lógicos presentes na sua constituição.

Esses momentos lógicos são representados numa sucessão de esquemas que constituíram as principais operações da causação do Sujeito. Uma primeira versão do gráfico pretende apenas demonstrar quais os elementos que atuariam na fala. O ato da fala pode ser representado esquematicamente assim:

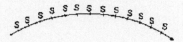

Esse modelo representaria de maneira diacrônica a sucessão dos significantes que constituiria a fala de uma pessoa. Porém, qualquer um desses significantes somente receberá sentido se tomado em relação aos outros. Por isso, o sentido só existirá retroativamente, a partir da articulação do último elemento com os demais:

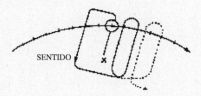

O ato de falar será o de enunciar significantes, que, porém, só terão sentido por oposição aos outros. Cada novo significante produzirá um novo sentido, que, por sua vez, também mudará ao se incluírem outros significantes na cadeia. Uma maneira esquemática de representar essa produção de sentido é possível com o seguinte modelo gráfico:

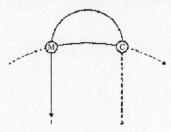

Como o significante e o significado deslizam, já que o signo é arbitrário, este gráfico permite mostrar que esse fato não ocorre em um só ponto. Nesse modelo, delta (Δ) seria o lugar de partida, representando um movimento que se originaria de uma necessidade.

Porém, à diferença dos animais, o homem, ao realizar esse movimento, por estar imerso na linguagem, antes de se encontrar com o objeto de sua satisfação o perde. O ponto C do gráfico é o lugar que Lacan, num primeiro momento, chamou de "código". Seria o lugar onde esse Sujeito mítico, que deu origem ao movimento, se encontraria com o eixo sincrônico da linguagem. O outro ponto M é o lugar que Lacan denominou de "mensagem".

O gráfico demonstra o percurso de um sujeito mítico que, partindo da necessidade, iria em busca do objeto de sua satisfação. O ponto C indicaria o lugar onde ele se encontra com a linguagem e que, pelas suas características, surge como obstáculo ao encontro com o objeto. Isso o desvia para o ponto M, lugar onde a "mensagem" se produz. Mas como se trata de significantes, com o sentido que a psicanálise dá a essa palavra, o circuito da significação não se fecha na produção da mensagem, pois deve esperar a aprovação do "código".

O gráfico configura a relação do sujeito com o significante, o que quer dizer que, na realidade da linguagem, tal relação supõe que alguma coisa se desenvolve no tempo, já que toda manifestação desta se organiza segundo uma sucessão diacrônica.

A linha Ss é a diacronia do significante, e está composta por eles. O segmento Mc tem traço cheio para indicar que se trata de uma mensagem, ou seja, que foi aprovado como uma unidade de significação.

Para explicar como se produz a mensagem, Lacan empregou como exemplo o "ponto de estofo", que seria o que se conhece em tapeçaria como capitoné. O capitoné é um entrecruzamento de fios que, por tensão, produz depressões na superfície. Da mesma forma, a significação se produziria simultaneamente pelo entrecruzamento dos significantes. A direção oposta do segmento MC, CM marcaria no gráfico o efeito retroativo, correspondente ao que Freud chamou de *Nachtraglict*.

Essa primeira etapa da constituição do gráfico pode resumir-se da seguinte maneira: o sujeito que busca satisfação de uma necessidade, a partir de um estado delta, empreende seu caminho por meio do desfiladeiro da demanda. No fim desse caminho, chega ao outro extremo da cadeia intencional, que seria a realização. Porém, nesse ato, interfere a marca deixada pela demanda sobre a necessidade, que se refere à apreensão da linguagem pelo sujeito.

Posteriormente, Lacan modificou a notação usada nesse modelo gráfico, substituindo o código C pelo A, que representa a notação do Outro. Da mesma forma, o M, que corresponderia à mensagem, foi substituído por S(A), que quer dizer o significado do Outro.

A esse primeiro modelo, produzido pelo estabelecimento de lugares, a articulação entre eles Lacan chamou de célula elementar:

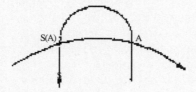

Nesse momento do desenvolvimento do gráfico se articularia o ponto de estofo, pelo qual o significante detém o deslizamento infinito da significação. A função diacrônica do ponto de estofo deve encontrar-se, segundo Lacan, na frase, na medida em que ela só teria sua significação com o último termo, cada um deles estando antecipado na construção dos outros e, inversamente, afirmando seu sentido somente pelo seu efeito retroativo.

Logo a seguir, Lacan propõe uma modificação:

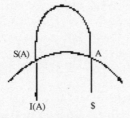

Nela, o sujeito continua faltante, ou seja, caracterizado por uma falta de significante, mas chegando a receber da cadeia significante uma possibilidade de completar-se, que seria o significado da notação I(A). Ou seja, ele receberia do tesouro do significante, o Outro, A, um significante a partir do qual poderia constituir sua unicidade perdida, que seria a primeira identificação ao Ideal do Eu.

A experiência de falar demonstra que a palavra não tem fim. Sempre se poderia acrescentar uma nova palavra para explicar melhor o sentido desejado. O último dito será sempre provisório, podendo sempre ainda existir uma palavra a acrescentar para exprimir melhor o que se queria.

Essa posição questiona a proposta religiosa, que consistiria em se ter acesso a uma linguagem sagrada, que seria o vocabulário de Deus. Aliás,

Lacan assinalou que a psicanálise só pôde ser inventada porque houve uma modificação na relação histórica entre saber e gozo. A relação antiga seria dada por essa identificação do gozo com o saber, por intermédio de um vocabulário sagrado, ou mágico, revelado por Deus e fiscalizado pela Igreja. A modificação da relação entre saber e gozo foi decorrente da unificação da ciência, que a partir do século XVIII questionou Deus como o Outro absoluto, que garantiria a verdade.

Com a desmistificação do saber, encarnado nos emissários divinos, a ciência admitiu que toda vez que se afirma alguma coisa ao mesmo tempo se enuncia uma pergunta sobre o que é a verdade. Mais ainda, na raiz mesma da experiência da palavra, cada vez que se fala, se faz uma pergunta. Cada uma das palavras ditas repete em algum lugar uma pergunta fundamental sobre a sua verdade. Pois o que se diz, decorrente da estrutura da fala, tal qual o demonstra Lacan, sempre passa pela lei do Outro, que são leis da linguagem.

Pensando assim toda a questão da verdade, ou da adequação de um objeto à necessidade, poderia ser considerada como possível de ser reduzida ao mito freudiano de Édipo, que é o que regularia a função do desejo, liquidando neste ponto a teologia como organizadora do seu lugar. No entanto, a psicanálise introduziu a questão sobre a existência de Deus, sugerindo que se encontre a resposta, compreendendo-se a função do Pai.

O Pai, para a psicanálise, precisado como Nome-do-Pai, é o representante da Lei do Outro. Lacan parte da concepção do Outro como lugar do significante, e diz que todo enunciado de autoridade só teria como garantia sua própria enunciação, pois seria inútil que ele o procurasse num outro significante. Foi o que ele formulou ao dizer que não há metalinguagem ou, ainda, que não há Outro do Outro.

Assim, seria somente como impostor que alguém poderia ocupar este lugar, pois, para substituir o legislador, é preciso pretender se identificar com a lei, ou substituí-la.

Desse modo, para Lacan, o lugar do desejo é dado pelo fato de que é como desejo do Outro que o desejo do homem encontra forma. Mas não sem antes guardar uma opacidade subjetiva que o distancia da necessidade. Opacidade que, para Lacan, faz a real substância do desejo.

Por isso, o desconhecimento em que o homem permanece em relação ao seu desejo é menos desconhecimento do Outro que ele demanda do que desconhecimento do lugar desde onde ele deseja. É o que formula Lacan, ao dizer que "o inconsciente é o discurso do Outro", ao que acrescenta: "o desejo do homem é o desejo do Outro". O que quer dizer que é como Outro que o homem deseja.

Nesse ponto, para formalizar a alienação fundamental do homem diante da ignorância dos seus próprios desejos, que o coloca numa condição de desejar muitas vezes o que não quer, ou a querer o que não deseja, Lacan, fiel a Freud, recorreu ao imaginário popular, que fez do diabo a representação desse destino do homem:

> *Eis por que a questão do Outro que retorna ao sujeito do lugar onde ele espera um oráculo, sob a fórmula de um* Che vuoi?*, que queres?, é aquela que conduz melhor ao caminho do seu próprio desejo — se ele se põe, graças ao* savoir-faire *de um parceiro chamado psicanalista, a retomá-la, mesmo não sabendo direito, no sentido de um "O que quer ele de mim?"*[26].

O gráfico do desejo teria nesse momento de articulação o desenho de um ponto de interrogação saído do lugar do Outro. O que simbolizaria, segundo Lacan, a questão que ele significa: *"De que frasco é isso o abridor? De que resposta o significante, chave universal?"*[27].

Isso se dá porque a apreensão da linguagem, ao ser também uma experiência na qual a apreensão do sujeito ao Outro, constitui seu primeiro encontro com o desejo, que antes de tudo é desejo do Outro.

O *Che vuoi?* inaugura poeticamente, na obra de Lacan, o problema fundamental que o sujeito encontra na realização do seu desejo. Mas, por apoiar-se nesse *Che vuoi?*, o processo de uma realização de desejo deixa o sujeito sem o recurso que resulta da presença primitiva do desejo do Outro. Isso impõe ao sujeito uma solidão angustiante em relação ao desejo do Outro.

À experiência assim descrita, Lacan chamou posteriormente, em 1960, de "alienação", no texto "Posição do inconsciente"[28]. Alienação quer dizer que o sujeito não existe senão como um significante faltante. Como um enigma sobre si mesmo, ao mesmo tempo que faz essa experiência pela linguagem, ao se inscrever num Outro que o causa, é que se aliena. Alienação seria o fato de o sujeito depender sempre do Outro. A alienação seria uma outra maneira de se formular o *Che vuoi?*.

O *Che vuoi?*, formulação da radicalidade da relação do sujeito com a linguagem, seria um "o que digo", que, para todo falante, sai da sua boca, mas também da boca do Outro. Seria a pergunta que todo falante faz ao

---

26) Ibid.
27) Ibid.
28) Lacan, J. *Escritos*, p. 843.

Outro: "*O que você vai me dizer?*" e, simultaneamente, uma pergunta que o reenvia ao Outro: "*O que você quer dizer falando assim?*".

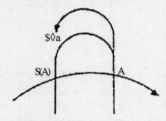

Na continuidade da elaboração do gráfico do desejo, à pergunta *Che vuoi?* que o Outro coloca ao sujeito, ele receberá uma resposta, que Lacan escreveu como: $ ◊ a.

Pois, se a fala é infinita e continua sempre com a sua própria pergunta, no entanto acaba encontrando o objeto que faz o sujeito calar a boca, ou pior, às vezes deixá-lo de boca aberta. Isso é o que Lacan formalizou com a escritura da fantasia. O *a* seria o objeto que, ilusoriamente, completaria a falta significante do Sujeito. A fantasia seria sempre uma ilusão de completude, em que cada um pensa ter encontrado o que sempre quis, por supor não lhe faltar mais nada.

Esse fato seria a segunda operação da causação do Sujeito, a que Lacan, no texto "Posição do inconsciente" deu o nome de "separação". Causação porque se poderia dizer que a causa do sujeito é o fato de que ele fala. Ele fala, logo se causa.

A separação, para Lacan, seria a segunda maneira de se ler a falta. Na primeira leitura, seria uma falta para negar a incompletude. Na segunda, seria uma falta para dividir, cortar. Essa partição seria, literalmente, um parto, ou seja, o nascimento do sujeito. Produz-se uma separação de qualquer coisa que corresponde a um si mesmo, qualquer coisa que sairá do sujeito como uma parte perdida. Lacan formalizou essa parte perdida do sujeito num momento da separação:

Dessa forma, o que ele definiu como separação seria a aparição de um objeto que desde o início foi perdido pelo Outro e pelo sujeito mesmo.

Completa-se o gráfico ao se colocar a pulsão como tesouro dos significantes, com sua notação $◊D, ligando-a à diacronia. A pulsão seria o que advém da demanda, quando o sujeito desaparece. "*Que a demanda desapareça também ocorre naturalmente, porém com a permanência no corte do sujeito, pois este último permanece presente no que distingue a pulsão orgânica que ela habita"*[29].

O que o gráfico, nesse estado de formalização, propõe é que toda cadeia significante, para alcançar sua significação, espera tal efeito da enunciação inconsciente. Isso se dá à medida que o Outro é requerido a responder do seu valor, o que é dado pelo seu lugar na cadeia inferior, mas pelos significantes constituídos na cadeia superior, articulados à pulsão.

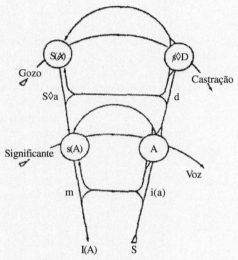

A falta que se elabora decorre de que não há Outro do Outro. Ao que Lacan acrescenta:

> *Mas esse traço do sem fé da verdade, é bem isso a última palavra que vale apenas dar à questão: que quer de mim o Outro? Sua resposta, quando nós, analistas, somos seu porta-voz? Certamente que não, e é justamente nisso que nosso ofício nada tem de doutrinal. Não temos de responder por nenhuma verdade última, especialmente nem pró nem contra religião alguma*[30].

---

29) Lacan, J. Subversão do sujeito e a dialética do inconsciente em Freud, in *Escritos*, p. 807.
30) Ibid.

De Viena a Paris: a ressignificação do inconsciente

Também em 1960, o psiquiatra H. Ey realizou colóquio em Bonneval, dedicado ao inconsciente. No primeiro dia, Ey fez uma abordagem do inconsciente aproximando-se da questão pelo fato de o inconsciente ser "desconhecido" para a consciência, reduzindo o inconsciente ao "fora do conhecimento".

Dando sequência às exposições que retratavam as várias acepções que esta noção recebia na época, Ey foi seguido na sua fala por A. Green que, dentro do tema dedicado às "pulsões e o inconsciente", habilmente recortou a relação, candente então, do inconsciente com a neurobiologia.

No segundo dia, dedicado à "relação do inconsciente com a linguagem", foi a vez de Laplanche falar. Ele apresentou, em parceria com Leclaire, um trabalho com o título "O inconsciente: um estudo psicanalítico"[31]. Por se tratar de um aluno de Lacan, e por ser o dia dedicado à relação do inconsciente com a linguagem, esperava-se desta exposição, posicionada desde o "retorno a Freud" pregado pelo ensino de Lacan, que se abandonasse de uma vez por todas a compreensão biologizante do inconsciente.

No entanto, Laplanche e Leclaire, no texto apresentado, tomaram uma posição que os colocaria não tão perto de uma leitura de Freud baseada em pressupostos biológicos, mas também longe da postura de Lacan, que afirmava a radicalidade da estrutura do inconsciente como linguagem. No texto, os autores afirmavam que o inconsciente freudiano e a linguagem se oporiam radicalmente, e a transposição de um para outro, tanto de sua lógica como de suas leis, seria um paradoxo.

A principal decorrência da exposição destes dois alunos de Lacan foi que terminaram por sintetizar sua posição como formulando o axioma: "*O inconsciente é condição da linguagem*"[32].

Estava desencadeada a polêmica. Se impunha naquele colóquio, sessenta anos depois da descoberta freudiana e depois de uma década do ensino lacaniano, que a noção de inconsciente ainda estava sendo pensada por uns por meio da psicobiologia, por outros na acepção de Politzer; havia ainda os que o consideravam condição da linguagem e opondo-se a todos eles, Lacan, dizendo que o inconsciente estava estruturado como uma linguagem.

Respondendo a seus colegas, Lacan primeiro disse o que o inconsciente não é: "*O inconsciente não é uma espécie que defina na realidade psíquica*

---

31) Leclaire, S. e Laplanche, J. In Ey, H. *O inconsciente*. México, Siglo XXI, 1970.
32) Lacan, J. Posição do inconsciente, in *Escritos*, p. 843.

o círculo do que tem atributo da consciência"[33]. Para depois afirmar o que ele é: "*O inconsciente é um conceito forjado sobre o rastro daquilo que opera para constituir o sujeito*"[34]. Afirmação que deslocava a definição de inconsciente da sua relação com a consciência, para situá-lo em relação à causação do sujeito.

Nesta lógica os analistas formam parte do conceito de inconsciente, porque são seus destinatários, daí que o inconsciente depende da relação que existe entre o Sujeito e o Outro, assim expressa: "*Entre o Sujeito e o Outro, o inconsciente é seu corte, sua ruptura em ato*"[35].

Essas afirmações de Lacan se sustentavam na coerência da premissa inicial do seu ensino que é "o inconsciente está estruturado como uma linguagem". Portanto, há muitos anos havia, para os que seguiam Lacan uma posição clara quanto ao que seria o inconsciente na obra de Freud. Por isso, na resposta a Laplanche, afirmou: "*O inconsciente é o que digo, se queremos entender o que Freud postula na sua tese*"[36].

Lacan já havia formulado essas mesmas ideias, embora com outras palavras, em outros textos, como por exemplo: "*O inconsciente é essa parte do discurso concreto, em tanto que trans-individual, que falta a disposição do sujeito para restabelecer a continuidade de seu discurso consciente*"[37]. Também no mesmo lugar havia definido o inconsciente como: "*Esse capítulo da minha história que está assinalado por um branco ou ocupado por uma mentira: é o capítulo censurado*"[38]. Havia assim, desde muito tempo uma insistência na função e campo da palavra e da linguagem. Faltava talvez precisá-las. A crítica de Laplanche apontava esse fato.

Quatro anos mais tarde, ao escrever a sua intervenção em Bonneval, Lacan assim o definiu: "*O inconsciente, a partir de Freud, é uma cadeia de significantes que em alguma outra parte se repete e insiste em interferir nos cortes que lhe brinda o discurso efetivo e a cogitação que ele informa*"[39]. A diferença desta formulação das outras é que nela a linguagem passa a estar sustentada por uma cadeia significante, o que era um avanço em relação às posições anteriores, pois dessa maneira passa a ser pensada dentro de uma lógica própria, e não mais apenas como uma sucessão de palavras.

---

33) Ibid.
34) Ibid.
35) Ibid.
36) Ibid.
37) Ibid.
38) Ibid.
39) Ibid.

Ao voltar, três anos depois, ainda mais uma vez sobre o mesmo argumento contido no artigo de Laplanche, dessa vez na introdução que escreveu em 1969 para a tese elaborada por Anika Rifflet-Lemairé, ao explicitamente criticar a posição de seu ex-discípulo, afirmou mais uma vez: "*O inconsciente é um saber posto em situação de verdade, o que não se concebe senão numa estrutura de discurso*"[40].

Resumindo-se a crítica contida no texto de Laplanche "*O inconsciente: um estudo psicanalítico*"[41], esta apontaria que, ao se propor o inconsciente estruturado como uma linguagem, sem no entanto precisar psicanaliticamente o termo "linguagem", isso não seria suficiente para dar conta dos efeitos do inconsciente, mas apenas da elaboração deste pela linguagem no sistema pré-consciente.

A evolução do ensino de Lacan a partir daí mostra um esforço em formalizar uma materialidade para o inconsciente, o que subverteria o uso que fazia do termo linguagem. Esse esforço se concretizaria mais tarde com o recurso à noção de "letra", entendida como um significante fora do Simbólico.

Se, no início, Lacan colocou em evidência como o significante determinava o Sujeito, ficava a questão do que faria um significante se localizar, o que sustentaria sua "materialidade"?

Em outros termos, o que retiraria a psicanálise de um nominalismo? Nos anos 70, Lacan distinguiu a letra do fonema e, por decorrência, a linguagem da palavra, e em 1971, em "Lituraterre"[42], ele proporia que se existe um saber no real, este saber só pode ser da ordem da letra e, portanto, da ordem da escrita. Avanço que visava estabelecer a relação entre o inconsciente e o Real do Sujeito.

Essa nova posição, a partir dos anos 70, impôs a ideia de que o que constitui o inconsciente seria a letra, e não o significante. Então, ao se dizer que o inconsciente está estruturado como uma linguagem, isso quer dizer que esta não remeteria a uma linguística. Pois, de fato, o inconsciente estaria estruturado como uma linguagem, cuja estrutura, porém, só se revela pelo escrito.

Esta maneira de raciocinar só seria possível após demonstrar que a letra produz no Real a dissociação do Imaginário e do Simbólico. A letra seria este algo "que vai mais longe que o inconsciente"[43].

Por que esta nova concepção afetaria a própria doutrina do inconsciente? Porque, se o que constitui a instância é a letra e não o significante, dizê-lo

---

40) Lacan, J. *Prefácio*. In Rifflet-Lemaire, A. e Edhasa, Barcelona, 1971.
41) Leclaire, S. e Laplanche, J. In Ey, H. *O inconsciente*. México, Siglo XXI, 1970.
42) Lacan, J. *Literature*, n. 3, 1971.
43) Ibid.

estruturado como uma linguagem passa a requerer uma precisão: o inconsciente está estruturado como uma linguagem, "cuja estrutura só se revela pelo escrito".

Outro Lacan: do significante à letra, da linguagem à escrita

Dentro dessa nova perspectiva, dizer que o inconsciente está estruturado como uma linguagem significaria dizer que ele tem uma realidade material. Porém, mesmo assim, ele ainda é efeito do dizer, porque retroativamente o sujeito sempre diz mais do que sabe. Como então ressignificar, desde essa perspectiva, as palavras "estrutura" e "linguagem"?

Em 1975, Lacan ao se dirigir ao público americano sentiu necessidade de explicar:

> (...) curioso notar, inclusive não estando absolutamente provado, que as palavras são o único material do inconsciente. Não está provado, mas é provável (e em qualquer caso, eu nunca disse que o inconsciente seja uma reunião de palavras, senão que o inconsciente está precisamente estruturado como uma linguagem)[44].

Pois, se não está provado que as palavras são o único material do inconsciente, se ele nunca disse que o inconsciente fosse uma reunião de palavras, faltava nomear o que não é significante e pertence ao inconsciente: o objeto. Precisamente, na orientação lacaniana, objeto causa do desejo.

Esse aspecto do inconsciente, fora do significante, redefine a estrutura que, se antes poderia ser pensada somente organizada pelo Simbólico, a partir daí só pode ser entendida como um Simbólico organizado por um Real. Nas palavras de Lacan: "*A estrutura é o real que abre caminho na linguagem*"[45]. Isso quer dizer que a linguagem não está subdita a um regime binário, próprio da cadeia significante pensada apenas como uma combinatória, como uma potencialidade de infinitas possibilidades de produção de sentidos.

Na perspectiva anterior a essa posição, na direção do tratamento, restrita à compreensão da linguagem articulada em função de um código fundado num binarismo, o fim seria impossível, visto não haver um significante que signifique toda a verdade do sujeito.

---

44) Lacan, J. Conferências e conversações em universidades norte-americanas, in *Scilicet*, n. 6/7, 1976.
45) Lacan, J. L'Etourdit, 1972. In *Sclicet*, n. 4, 1973.

Concebida assim, a série significante que sustenta a fala é infinita, e ela suporá sempre a possibilidade de um recomeço. Porém, ao tomar a linguagem como fundada na escrita, marca da letra, transforma-se a prática da análise em leitura, e o analista já não opera mais no lugar onde o significante adquire valor de verdade, lugar do Grande Outro, lugar da mestria do sentido, da interpretação por acréscimo de sentido. Nessa outra posição, seu único lugar possível passará a ser o de objeto, um resto fora do significante.

Com isso a prática da análise como uma intervenção do analista que produziria um S_3, por acréscimo de sentido, se deslocou para a intervenção do analista apontando para o intervalo da cadeia, ou seja, o que acontece entre S_1 e S_2, intervalo que se repete, intervalo de pura diferença, morada do objeto pequeno a.

A ideia de um intervalo entre S_1 e S_2 aponta ao mais radical da estrutura da cadeia significante, referindo-se Lacan desta forma: "(...) *debaixo da incidência em que o sujeito experimenta nesse intervalo. Outra coisa para motivá-lo que os efeitos de sentido com que o solicita um discurso, é como encontra efetivamente o desejo do Outro, ainda antes de que possa sequer nomeá-lo desejo, muito menos ainda imaginar seu objeto*"[46].

Opõe-se, dessa forma, efeito de sentido e encontro do desejo, pois o que o intervalo da cadeia impõe é da ordem do sem-sentido. O analista não está mais no lugar de S_2, mas sim no de S_1, insensato. Pela formalização dos discursos, no discurso do analista, se apresentaria como o que se produz a partir dos efeitos de um saber colocado no lugar da verdade.

A partir daí se operou uma mudança radical na direção do tratamento. Esse fato decorreu da passagem da estrutura da linguagem definida como Simbólica, para uma outra, definida desde o estatuto do Real. O golpe final do primado do Simbólico sobre o Imaginário foi dado quando se demonstrou a incompletude do Simbólico, que foi escrito S($\cancel{A}$). Esse "buraco" no Outro decorre do objeto a, impondo uma prevalência do Real sobre o Simbólico. Assim, em 1973, Lacan já afirmava: "*no discurso analítico só se trata disso, o que se lê*"[47].

Nos anos seguintes do seu ensino, ocorreram ainda algumas modificações importantes, todas elas referentes à relação do Real com o Simbólico, o que o levaria a uma reformulação da noção de sintoma, culminando em 1974 ao dizer "o sintoma é efeito do Simbólico no Real, o que se produz no campo do Real"[48].

---

46) Lacan, J. Posição do inconsciente, in *Escritos*, p. 843.
47) Lacan, J. *Seminário XX*, 1972.
48) Lacan, J. *Seminário XXII, RSI,* in *Ornicar*, n. 2, 3, 4, 5, 1974-75.

O que o analista escuta na dimensão do dito, na dimensão da escrita, naquilo que Lacan chamou "Um do Real", tornará possível a superação do sentido como efeito da combinatória dos significantes, tornando assim possível um fim na análise. Essas considerações foram ditas como a possibilidade de haver o Um, o que depois ele veio a chamar de "Um do Real", ou de "Um-todo-só". A decorrência disso é que havendo o Um, implicaria a inexistência da relação binária entre os elementos da cadeia significante, mas sim efeito de corte entre esses elementos. O analista, na posição de objeto, escuta na dimensão do dito, que é a dimensão do "Um dizer", do "Um da não relação". Lacan encontrou na fórmula *Y a de l'Un* a maneira de mostrar o que se precipita no dizer como escrita.

A linguagem, antes pensada como combinatória dos significantes, produziria necessariamente uma série de infinitos sentidos. A essa noção de linguagem ancorada num binarismo, Lacan opôs o "campo uniano". Este conceito opera a separação entre o registro do ideal, próprio do traço unário, e o registro do Real, próprio do campo uniano. Assim, a escrita pode ser entendida como um discurso sem palavras, um outro nome para o gozo.

Lacan introduziu com essas reformulações, uma *substância* não prevista pela filosofia nas suas elucubrações sobre o Sujeito. Essa substância, essencial ao homem, não seria nem material nem pensante, como no critério cartesiano, mas "gozante", "corporificando-se de maneira significante".

A linguagem, articulada ao gozo, impõe a metáfora da sua origem, que é a mãe, e o seu referente discursivo, a "língua materna". Assim, para o futuro falante, existem línguas das quais se abstrai uma, porém, uma única língua, marcada por esse gozo, ou na escrita de Lacan: *alíngua*.

É nesta *alíngua*, amálgama de gozo com significante, que o Sujeito se constituirá como *parlêtre*, marcado pelo significante, condicionado pela letra.

Se o inconsciente está estruturado como uma linguagem, e se a linguagem é condição do inconsciente, é porque a Alíngua existe como um Real, é a matriz do inconsciente. Por isso em 1972, Lacan estaria falando do inconsciente nestes termos: "*O inconsciente é um saber, um saber fazer com a alíngua*"[49]. Ela será definida como o "corpo simbólico" que dá substância ao inconsciente freudiano. Alíngua seria como a carne da fantasia.

A citação completa é como segue:

> *Se eu disse que a linguagem é isso como o inconsciente está estruturado, é certamente porque a linguagem, em primeiro lugar, não*

---
49) Lacan, J. *Seminário XX*, 1972.

existe. A linguagem é isso de que se trata de saber a respeito da função da alíngua... *A linguagem está feita da* alíngua, *sem dúvidas. É uma elucubração sobre* alíngua. *Mas o inconsciente é um saber, um saber fazer com a* alíngua. *E isso que se sabe fazer com* alíngua *supera em muito aquilo que se pode dar conta debaixo a rubrica de linguagem*[50].

Lacan ainda mudou este pensamento, no seminário sobre Joyce, ao afirmar que este autor levaria a Alíngua à potência da linguagem, quer dizer, fez de S_2 da *alíngua* o S_1 da linguagem, carente de todo sentido, puro gozo. No *Seminário XX*, ainda estava se referindo à operação linguística, que conseguiria criar um saber sobre o significante, a partir da *alíngua*. Em Joyce, ao contrário, seria a partir da *alíngua* que se extrai um significante que não é linguístico, este desenvolve a potência da linguagem até a sua própria destruição.

Poderíamos concluir sugerindo: o inconsciente não é a condição da linguagem, a linguagem é condição do inconsciente, porém a *alíngua* é condição da linguagem. Daí a afirmação: "*O inconsciente, pois não é de Freud, é necessário que eu o diga, é de Lacan. Isto não impede que o campo, este sim, seja freudiano*"[51].

A segunda clínica de Lacan

Laplanche se fez porta-voz do questionamento da linguagem como estrutura do inconsciente. Lacan rebateu essas críticas, que assimilavam a linguagem ao processo secundário, referindo que, em todo caso, o inconsciente poderia ser a condição da linguística. No *Seminário XX*, acrescentou: "*Meu dizer que o inconsciente está estruturado como uma linguagem não é do campo da linguística*"[52]. Em outro lugar, alguns anos mais tarde, a ruptura seria radical: "*que Jakobson justifique algumas das minhas proposições é alguma coisa que não me basta como analista*"[53].

Para substituir o que antes cabia na designação da linguística, mas que pela *alíngua* fica subvertido, Lacan criou o termo "linguisteria" que "permitiria abordar a questão da significação em diferença ao sentido". A linguisteria seria a afirmação da relação necessária que o analista tem com

---

50) Ibid.
51) Lacan, J. Abertura da sessão clínica, in *Ornicar*, n. 9, 1977.
52) Lacan, J. *Seminário Livro XX*, 1972-73.
53) Ibid.

a linguagem, e que é irredutível à linguística. A linguisteria estaria relacionada com a realidade contingente da linguagem em tanto fundante do sujeito, porém, ela mesma, dependendo da *alíngua*.

O sujeito da linguística, sujeito da fala, é subsidiário de uma psicologia do pensamento, produto de um processo secundário. O sujeito da linguisteria, o *parlêtre*, é um ser incompleto, separado do dizer do seu desejo. Assim, a linguisteria exige a situação analítica para sustentar-se, chegando esta pontuação de Lacan ao ponto de ele dizer que: "*Acrescentarei que não há outra linguística além da linguisteria. O que não quer dizer que a psicanálise seja toda a linguística.*"[54].

Na opinião de J.A. Miller[55], a segunda clínica de Lacan seria em decorrência de uma mudança de "axioma" na sua obra acontecida nos anos 70. Seria possível resumir a questão apontando que esta mudança acontece em 1970 no seminário "Ou Pire"[56] com a introdução do *Il y a d' L'Un* (Existe D'Um), afirmação que condicionaria o interesse de Lacan pelo nó Borromeano.

O que quer dizer o acento colocado no *Um*? Quer dizer que o sujeito não procede da cadeia. Por isso Lacan abandona a noção de significante e a troca pelo uso da noção de signo, e fala do signo como uma ocorrência do *Um*, ou seja, como um significante sem cadeia.

Pode-se com isso entender o deslocamento do múltiplo da cadeia para o Um. O que distingue um signo de um significante é que o signo não tem uma estrutura binária. Pode-se também articular essa mudança de axioma com a introdução do conceito de gozo feita anteriormente. A introdução do gozo modifica o valor dado à metonímia fazendo com que haja uma mudança do acento antes posto sobre a metáfora, deslocando-o para a metonímia.

A partir daí pode-se opor então a trilogia significante, significado e efeito de significação a signo, sentido e efeito de gozo. Essas mudanças implicam uma *nova* definição de inconsciente que passa a ser entendido como um saber cifrado, escrito, que aloja um gozo.

Haveria então uma mudança da ênfase do entendimento do inconsciente de um "querer dizer", que seria o paradigma da primeira clínica, para um "querer gozar", paradigma que funda a segunda clínica.

Outra mudança de paradigma se efetuaria na segunda clínica no seminário "Mais Ainda"[57], em que Lacan propõe uma definição renovada de linguagem, não mais como meio de comunicação, mas como aparelho

---

54) Ibid.
55) Miller, J.A. *O que faz insígnia,* curso Paris 1987/88.
56) Lacan, J. "Ou Pire...", *Seminário XIX*, inédito, 1971/72.
57) Lacan, J. "Mais ainda", *Seminário XX*, 1972.

de gozo. Neste momento Lacan define o inconsciente como um saber fazer com a *alíngua*, ou "*Se eu disse que a linguagem é como o que o inconsciente está estruturado, é certamente porque a linguagem, em primeiro lugar, não existe. A linguagem é isso que se trata de saber a respeito da função de Alíngua...*"[58].

O eixo dessa segunda clínica de Lacan seria a separação do sentido e do Real. E seria em razão dessa antinomia entre Real e sentido que no último ensino de Lacan a questão do sintoma tenha se tornado uma prioridade, porque, se o Real exclui completamente o sentido, o sintoma faz uma exceção.

Miller faz do texto de Freud, "Inibição, sintoma e angústia"[59], a chave do último ensino de Lacan, e a chave de leitura do seminário "Mais Ainda". Chave que seria pensar o sintoma não mais a partir do sujeito barrado (linguagem), mas a partir do objeto *a* (gozo).

Esses últimos avanços de Lacan implicam várias consequências: se há *Um*, se a linguagem é condicionada pela Alíngua, se não há comunicação no nível da *alíngua*, todos monologamos. Também com o conceito de *apalavra* termina-se a referência à comunicação, não há diálogo, há autismo, logo, *não há outro*.

Também, se não há diálogo, isso implica reformular-se a prática da interpretação. Cito Miller em "A interpretação pelo avesso": "*...A idade da interpretação ficou para trás... o que Lacan chamou de interpretação já não era esta interpretação... o que chamamos interpretação, ainda que a prática analítica seja pós-interpretativa, revela algo da relação do sujeito com a* alíngua."[60].

Lacan foi levado, a partir do seminário "Mais Ainda", a formular a inexistência do Outro; isso abre o que Miller chamou de época lacaniana da psicanálise, e faz da orientação lacaniana uma orientação para o Real.

Ainda, segundo Miller, em "Televisão"[61], Lacan opõe o significante não mais ao significado, mas ao *signo*, constituindo com isso um abandono do par metáfora/metonímia e uma ressignificação do conceito de linguagem. Com isso, o que antes pelo binarismo saussuriano dava conta dos efeitos de significação, teria sido substituído pelo par signo/sentido que daria conta da produção de gozo. Também a referência ao gozo reintroduz de outra maneira a referência à letra e sua articulação com a escritura.

Por isso a questão de qual o sentido do sentido é respondida por meio do gozo e a partir daí a clínica analítica será pensada no que vai além de um

---

58) Ibid.
59) Freud, S. *S.E.*, v. XX, 1926, p. 107.
60) Miller, J.A. A interpretação pelo avesso, in *Lettre mensuelle*, dez. 1995.
61) Lacan, J. *Television*. Paris, Seuil, 1974.

querer dizer, que seria a vontade de gozo. A clínica analítica deixa de ser concebida como um diálogo, não há conversação, e por isso o Outro não existe.

O que resta é o laço social (os discursos), que é o único que pode colocar limite ao PDD (*pas de dialogue*)[62]. Em termos da direção do tratamento se impõe então uma interpretação que não aponta ao sentido, e isso constituiria a época lacaniana da psicanálise, que é uma orientação para o Real. Para dar conta dessa outra interpretação, Miller passa a indagar a relação entre o sentido e o gozo por meio dos termos usados por Frege (que em alemão são: *Sinn* e *Bedeutung*), passando então a pensá-las como o que poderia formalizar a separação do Real e do sentido, o que leva a reconsiderar o Nome-do-Pai a partir do pai do nome.

Haveria também, a partir dessas modificações, uma retomada do conceito de defesa relativizando o recalque, justificando dessa maneira uma proposta lida por Miller como de "forclusão generalizada" e que seria o paradigma do que funda a falta.

Com a descoberta do inconsciente, as maneiras de se atuar nessa "outra cena" mudaram desde o princípio e continuam se modificando até os dias de hoje.

Para dar conta desse avanço, poderíamos evocar o pioneirismo freudiano, época que pode se situar da psicoterapia das histerias pelo método hipnótico até o momento em que Freud reflete sobre o fracasso do tratamento de Dora.

Até este ponto, a ação de Freud consistia em tornar consciente o inconsciente. Quer dizer, na prática bastava a Freud comunicar ao paciente a verdade recalcada, numa espécie de ação oracular para redimir o sintoma.

O analista, nessa época, e com esse procedimento, se colocava fora da situação analítica. Comunicava ao paciente sua interpretação, como um saber oferecido ao outro.

Foi o insucesso do tratamento de Dora que ensinou a Freud que o analista faz parte do sintoma do paciente, que está incluído nele, e, assim, a essa situação, ele deu o nome de transferência.

É possível a partir daí demarcar um segundo momento na teoria freudiana. Nessa conceitualização, o analista está incluído no campo; na situação analítica, é o paciente que repete ali, na transferência com o analista, aquilo que, por estar recalcado, não pode ser recordado.

Um terceiro momento aparece quando se impõe a questão da repetição, tanto como transferência como do sintoma e do trauma, desafiando o postulado do princípio do prazer. Junta-se a isso o problema do masoquismo,

---

62) Miller, J.A. O monólogo da Apalavra, in *Le cause freudienne*, n. 34.

que faz com que se imponha a Freud a constatação de que o sujeito não procura o bem-estar, o que é teorizado pelos novos conceitos de pulsão de morte, Superego e masoquismo primordial.

Segundo essas considerações, em Freud, o fim da análise não poderia mais prometer qualquer forma de completude, de satisfação, de felicidade. É desde esse último Freud que Lacan entrou na psicanálise, pois, investigando os motivos do crime paranoico, logo chegou aos confins da psiquiatria, para encontrar no conceito de Supereu como um sujeito pode procurar o seu bem no castigo.

Privilegiando este último eixo freudiano, o da clínica organizada em torno da castração materna e da angústia, é que Lacan propõe a origem do sujeito decorrente da falta no Outro.

É isso que possibilita a leitura do inconsciente estruturado como uma linguagem, axioma fundamental do ensino de Lacan. E, sem dúvida, é um avanço na conceitualização do inconsciente depois de Freud.

Assim, impõe-se a perspectiva de se anunciar o inconsciente como discurso do Outro, bem como parte integrante a perspectiva de se pensar o analista como do conceito de inconsciente, pois o analista é o seu destinatário.

Essa abordagem do inconsciente por Lacan, embora mantenha a definição freudiana desse conceito, a supera. Pode-se, a partir disso, reordenar toda a clínica psicanalítica, como efeito dos estilos do sujeito de obturar a falta no Outro, e assim evitar a angústia.

A clínica psicanalítica, que é uma clínica falada, é o que opera entre o Sujeito e o Outro. E é aí, justamente, que Lacan situa o inconsciente, entre o Sujeito e o Outro, como um corte em um ato. O inconsciente é, para Lacan, um conceito forjado sobre que opera para constituir o Sujeito. Por isso, na psicanálise, o Sujeito é sempre "Sujeito do inconsciente".

Em decorrência das operações de causação do Sujeito, Lacan recomenda conservar uma estrutura temporal compreendida entre dois tempos: o inicial, que corresponde à abertura do inconsciente e o terminal, fechamento do inconsciente. Entre o instante de ver, que é algo sempre elidido, e o momento de fechamento, no qual o importante não é o sujeito implicado na sua história, mas na sincronia dos significantes, é no fantasma, onde podemos situar a marca, o selo do sujeito. Isso é chamado de pulsação temporal, e é uma articulação que sustenta um avanço introduzido há muito tempo por Lacan na direção da cura, que são as sessões curtas.

Se Freud esperava o fim da análise numa vacilação do ser que, em outras palavras, seria assumir a castração, era suposto que o analista haveria feito seu luto do ser, convidando o paciente a se defrontar com a impossibilidade da unificação. É o que Freud descreveu como a rebeldia à submissão passiva no homem e o *penisneid* na mulher.

Do ponto de vista do desenvolvimento lacaniano, isso corresponderia à impossibilidade de o ser falante se completar na fala, pois o Simbólico encontrará sempre um resto, um resto fundamental não subjetivável, que Lacan descreveu como objeto pequeno *a*. Esse resto, pensado depois como objeto, quer dizer, como não-significante e por isso não subjetivável, impôs a Lacan um passe para o impasse da análise interminável.

O fantasma que faz crer que a subjetivação total é possível, parte de uma proposta não de subjetivação, mas de dessubjetivação em que Lacan encontra seu avanço em relação a Freud. O fim da análise é o resultado de uma experiência de saber, quer dizer, de um trabalho significante, mas esse trabalho culmina numa consequência que é a colocação em causa da falta em ser do Sujeito.

O neurótico prefere sempre a questão do seu desejo à resposta do gozo. No fim da análise, é esperado que ele perceba que o gozo já deu uma resposta à questão do desejo. E é essa resposta que ele não quer saber, porque não pode subjetivá-la.

Como se pergunta Lacan no final do *Seminário XI*: "*Como pode viver na pulsão um Sujeito que atravessou a fantasia radical? Este é o além da análise, e nunca foi abordado*".

CAPÍTULO III
O REAL

A PSICOSE COMO PARADIGMA

A clínica do Real e a interpretação pelo avesso

No percurso de Lacan produziram-se mudanças na condução do tratamento, que passou a ser orientado em função da possibilidade da finalização de uma análise. A esse período do seu ensino convencionou-se chamar de Clínica do Real, nome que teria a utilidade de diferenciar este momento do anterior, que privilegiava uma clínica centrada unicamente nos efeitos do Simbólico.

A reformulação da interpretação no último período do ensino de Lacan evoluiu juntamente com o avanço da clínica e modificou-se radicalmente, a ponto de ser declarado que a interpretação estaria morta. J.A. Miller assim anunciou seu epitáfio: *"A idade da interpretação ficou para trás. É o que sabia Lacan, mas não dizia"*[1].

Essa interpretação, que estaria morta, já tinha sido sinônimo de tradução do sentido das suas produções. J.A. Miller levantou a tese de que a *"interpretação é o inconsciente mesmo"*[2], afirmação que pretende articular o inconsciente como linguagem com a interpretação como metalinguagem, pois a interpretação, como era usada, visava comunicar uma palavra esclarecedora e forneceria o sentido oculto do inconsciente, fosse um sonho, um sintoma, um ato falho. Dessa maneira, a interpretação, como inicialmente foi usada, apontaria sempre e unicamente a um deciframento que, por causa da estrutura da linguagem, seria sempre infinito.

---
1) Miller, J.A. A interpretação pelo avesso, in *La cause freudienne*, 32, fev. 1996.
2) Ibid.

Opondo-se a isso, a interpretação, tal como está formulada no último período do ensino de Lacan, não seria mais concebida como uma mensagem a ser decifrada, mas como um ato que incidiria no gozo produzido pelo ciframento. Nesse novo modelo da interpretação, a era chamada "pós-interpretativa", o analista não se orienta exclusivamente pelo sentido do sintoma, mas pelo efeito da incidência do Real no significante, pelo que Lacan chamou de *Sinthome*.

A intervenção do analista não seria apenas o estabelecimento de um novo sentido, mas apontaria uma atualização de seu suporte material, chamado por Lacan de Letra. Daí ele ter dito que a prática da psicanálise é uma prática de leitura, que se refere à escrita que constitui o inconsciente.

Essa nova concepção de interpretação decorre do fato de o significante ser condicionado pela Letra, que seria seu suporte material. A proposta de um suporte material para o significante está presente no ensino de Lacan desde seu texto "Instância da Letra no inconsciente, ou a razão depois de Freud"[3], de 1957. Proposta, atualizada e modificada por meio dos impasses que a finalização de uma análise impôs aos analistas, visto que os limites do Simbólico deparam-se com a infinitude da interpretação e a insuperabilidade da castração.

Pouco tempo antes de propor uma concepção do fim da análise na "Proposição de 9 de outubro para o analista da escola, de 1967"[4], Lacan já havia elaborado um outro modelo para a interpretação, diferente do utilizado para interpretar o sintoma tomado como metáfora.

No escrito "Posição do inconsciente"[5], de 1960, Lacan formalizou uma interpretação que não aponta mais ao sentido cifrado. Esse outro modelo de interpretação não seria portanto a enunciação de um significante a mais que, acrescentado à cadeia, esclareceria os outros, mas seria um ato que incidiria no "intervalo" da cadeia significante, mas estava correlacionado à introdução da proposta da "causação do sujeito", a partir da alienação e separação. Antes disso a compreensão do dispositivo psicanalítico foi pensada unicamente pelas leis do Simbólico, pelas quais o analisando, por intermédio da transferência, situava o analista no lugar de mestre do sentido, fazendo-o estar no lugar de dizer a verdade capaz de anunciar seu desejo.

Em outro momento posterior, o analista deixou de ocupar exclusivamente o lugar de Outro — que é o lugar onde as significações adquirem valor de verdade — para situar-se numa posição equivalente à de "objeto causa do desejo" ou "objeto pequeno *a*".

---

3) Lacan, J. *Escritos*, p. 496.
4) Lacan, J. *Scilicet*, n. 1, 1968.
5) Lacan, J. *Escritos*, p. 843.

O analista, atuando nessa posição, produziu a necessidade de uma nova teorização do Real que, ressignificado, passou a ser visto como determinando o Simbólico. Com isso houve uma reformulação da noção de desejo, que passou a se contrapor ao gozo; da mesma maneira que o conceito de significante foi estendido numa repartição em dois "litorais" que seria o sentido e a Letra.

O gozo, face Letra do significante, responderia à sua fixidez, que é seu modo de existência fora do sentido. Essa fixidez, esta existência fora do Simbólico, torna necessária uma reflexão sobre a "materialidade" que condiciona o significante e também requer o estabelecimento de sua relação com a noção de "substância", que foi apresentada por Lacan como "substância gozante".

Dever-se-á relacionar Letra com o conceito freudiano de "inscrição psíquica", assim como com o de "traço unário", além de estabelecer as suas articulações com o "significante índice um" (S_1) e ainda examinar as relações desses conceitos com a noção de real.

Uma consequência imediata dessa reformulação teórica seria em relação ao modelo da interpretação psicanalítica da cultura, estabelecido por Freud, no qual havia tomado a neurose como parâmetro. Para Freud, os produtos culturais (entre eles, a arte e a literatura) foram pensados como equivalentes às formações do inconsciente, e sua interpretação seguiu o mesmo modelo da interpretação dos sonhos, em que o conteúdo manifesto que os compõe foi tomado como semelhante aos fatos culturais, ou seja, ambos, sonho e cultura, foram explicados como resultado final de processos inconscientes latentes, decorrentes dos mecanismos de deslocamento e condensação, causados pelo recalque.

Se a interpretação do recalcado — apresentada como a revelação de um sentido oculto — encontra-se subvertida na prática de orientação lacaniana, haveria que se pensar em um novo modelo para a interpretação da cultura? Se para Freud, a interpretação apontava unicamente à enunciação do desejo inconsciente, por sua vez, Lacan por meio da formalização do objeto pequeno *a*, como objeto causa do desejo, produziu um uso da interpretação que não comunicaria o sentido oculto do sintoma (ou da produção cultural), mas uma interpretação que incidiria sobre a causação material do sujeito.

Dessa maneira, a partir de 1968, encontra-se em Lacan a ideia de que o que constituiria os discursos seria o efeito da circulação do objeto causa do desejo que, por ser objeto, é diferente do significante e, portanto, fora do sentido. O vínculo entre os discursos e a cultura poderia ser sugerido pelo fato de que o objeto pequeno *a* foi também proposto por Lacan no *Seminário*

---

6) Lacan, J. *Seminário XVI*, inédito, 1968-69.

"De um Outro a um outro"[6] como objeto mais-gozar, relacionando-o com a "mais-valia", introduzida por Marx.

Da mesma maneira, nas poucas referências que Lacan fez à arte, esta foi pensada diferentemente de Freud, que a relacionou ao desejo e articulou-a à ideia de sublimação.

Para Lacan, a obra de arte foi articulada ao objeto causa do desejo e por isso entendida como organizada em torno de um vazio.

Assim, uma interpretação da cultura que leve em conta esses fatores, não poderia ser feita em razão de satisfações substitutivas, como o fez Freud, mas pensada por meio das trocas objetais condicionadas pelos laços sociais que constituem os discursos.

Seria, então, a proposta dos "quatro discursos", introduzida por Lacan no *Seminário* "O avesso da psicanálise"[7], uma nova maneira de pensar a cultura? E seria o quinto discurso — o discurso do capitalista — a leitura psicanalítica da cultura atual?

A formalização de uma interpretação que operaria "fora-do-sentido" deu-se ao longo de todo o ensino de Lacan. Poderia localizar-se o início dessa questão no texto "Instância da letra no inconsciente ou a razão depois de Freud"[8], de 1957, em que Lacan propôs a Letra, como o suporte material do significante. No entanto, a precisão dessa proposta aconteceria gradativamente, ocorrendo primeiro a articulação do significante com a noção freudiana de "traço unário" e, posteriormente, com o "significante índice um" (S_1).

Porém, foi a partir do seminário "Ou Pire"[9], em 1972, ao introduzir a fórmula "Existe D'Um", que Lacan relativizou o uso que antes fazia do modelo saussuriano de linguagem — fundado na estrutura dual da linguagem — como articulador do inconsciente. Com a relativização do referido modelo linguístico, a partir do *Seminário* "Mais Ainda"[10], de 1973, este foi substituído pelo que Lacan chamou de Linguisteria, assim como a concepção de "linguagem" também foi substituída pelo conceito de Alíngua.

Na sequência do ensino de Lacan, a proposta da Letra, como o suporte material que condiciona o sentido, teria encontrado uma exemplificação clínica na obra de James Joyce; autor cuja produção particular permitiria a demonstração da primazia do gozo sobre o sentido e da Letra sobre o significante.

---

7) Lacan, J. *Seminário XVII*, 1965-70.
8) Lacan, J. *Escritos*, p. 496.
9) Lacan, J. *Seminário XIX*, inédito, 1971-72.
10) Lacan, J. *Seminário XX*, 1973-73.

A psicose e o Real

Em 1976, no *Seminário* "Le Sinthome"[11], Lacan examinou a relação da obra com a biografia de Joyce, exemplificando por esse estudo a hipótese da Letra como a face material do significante e também do inconsciente entendido como uma "escrita", justificando a proposta da psicanálise como uma prática de leitura. Lacan pretendeu demonstrar que as características da produção deste autor estariam determinadas por sua estrutura psíquica que, ao seu modo de ver, seria psicótica.

Este diagnóstico se justificaria porque na biografia de Joyce apareceriam evidências de "fenômenos elementares" — uma categoria da psiquiatria mantida por Lacan como fundamento do diagnóstico das psicoses.

Haveria ainda, do ponto de vista clínico, a particularidade de que Joyce, mesmo apresentando uma estrutura psicótica, nunca desencadeou um surto psicótico. Fato que foi explicado com a hipótese da obra deste escritor ter funcionado como uma "suplência" do Nome-do-Pai ausente, o que, na teoria de Lacan, seria a causa da psicose. Assim, essa suplência teria possibilitado uma "estabilização", mantendo, Joyce fora do delírio.

Em relação à obra de Joyce, a característica principal recortada por Lacan foi a ausência de sentido como critério evolutivo da sua arte, fato que foi entendido como a consequência de um "erro" na relação entre o Simbólico e o Imaginário. Essa teorização seria uma explicação para uma referência autobiográfica em *Retrato do artista quando jovem*, em que Joyce conta os efeitos subjetivos de uma surra que levou, por causa de uma discussão literária.

Como vimos, o tema da psicose é uma constante no ensino de Lacan, estando presente já na sua tese de doutorado: *A psicose paranoica e suas relações com a personalidade*[12]. Foi por meio do estudo de um caso de paranoia — o Caso Aimée — que Lacan aproximou-se da psicanálise; além de isolar os fundamentos do diagnóstico da psicose que, na sua visão, seriam os "fenômenos elementares".

Mais de vinte anos depois, ao retomar o tema das psicoses no *Seminário III*, Lacan elevou os "fenômenos elementares" — fato clínico fundamental no diagnóstico da psicose — a fatos de linguagem específicos das psicoses. Naquele momento, para explicar as características deste fato particular de linguagem, propôs a teoria da "forclusão do Nome-do-Pai".

Outros vinte anos depois, mais uma vez retomou o tema da psicose, desta vez pela biografia de Joyce, sugerindo que a particularidade da ausência de sentido na referida produção literária poderia estar relacionada

---

11) Lacan, J. *Seminário XXIII*, inédito, 1975-76.
12) Lacan, J. Paris, Seuil, 1975.

a uma suposta estrutura psicótica deste autor; estrutura que teria sido estabilizada pela sua produção literária.

A principal característica da produção discursiva dos psicóticos foi teorizada com o que se chamou de "holófrase da cadeia significante"; termo pelo qual Lacan diz que na psicose os significantes não formam cadeia. Este termo se referia à evidência de que as manifestações descritas, pela psiquiatria clássica, como fenômenos elementares não produzem vinculação, ou seja, não estabelecem laços sociais pela linguagem. Por exemplo, a característica de uma alucinação é a sua ausência de justificação e de dúvida, assim como a característica de um delírio é a sua certeza; fatos esses que não demandam um saber no outro, excluindo com isso o sujeito psicótico do vínculo estabelecido pela linguagem, o que para Lacan evidenciaria que a produção do psicótico estaria fora do discurso, mas não fora da linguagem.

Nessa visão, a psicose apresentar-se-ia como uma exceção em relação à neurose. A causa da psicose dever-se-ia a um acidente ocorrido na estruturação do Complexo de Édipo, o qual, na opinião de Lacan, seria a ausência do Nome-do-Pai. Esta ausência na psicose faz com que o sujeito não possa ascender à falta e, portanto, não possa entrar no eixo metonímico da linguagem. Já na neurose, o Nome-do-Pai produziria a falta (causa da metonímia), barrando o desejo da Mãe e permitindo, ao sujeito neurótico, o acesso ao discurso.

Assim, a psicose, ao produzir efeitos fora da significação, seria uma situação clínica exemplar para demonstrar a face material do significante e o predomínio do gozo sobre o sentido. Também na psicose, pelo fato de uma interpretação produtora de sentido — concebida por um modelo de linguagem sustentado no eixo metáfora/metonímia — não ser operativa, seria demonstrada a existência de um ato analítico que abriria a possibilidade de um outro tipo de interpretação.

Da mesma maneira, a nova interpretação iria se sustentar em uma concepção de inconsciente — chamada no *Seminário XI* de "inconsciente lacaniano" — que justificaria uma interpretação que apontasse a face de gozo do significante.

Esse novo modelo de interpretação faria da psicose o paradigma do ensino de Lacan?

As respostas do Real

O que seria a nova interpretação analítica?

Segundo Lacan, seria aquela que alcança a resposta do Real. Por isso, a interpretação não seria formulada em termos da significação que ela produziria, mas em razão dos significantes pelos quais a significação foi formulada. Isso porque uma mensagem mesmo decifrada permanece um enigma, na medida em que a relação do Sujeito e sua representação significante só pode ser relacionada, em última instância, à sua causação material.

Daí a sugestão de Lacan de que o que deve ser interpretado não são os ditos de um paciente, mas sim o seu dizer. Essa proposta foi equacionada em termos de que a interpretação seria o que faz passar um dito do "modal" para o "apofântico". O modal seria o que inscreve a posição ou a atitude do sujeito em relação ao enunciado, pelo verbo. O apofântico seria o dizer particular, que oscila entre a revelação e a asserção. Os efeitos dessa passagem (do modal ao apofântico) seriam produzidos pela pontuação, pelo corte, pela alusão, pelo equívoco, pela citação, pelo enigma.

Para Lacan, a interpretação então seria um dizer essencialmente silencioso e apontaria que um significante esconde outro significante ou que uma significação esconde outra significação. Este dizer silencioso procuraria o que de Real condiciona um efeito de significação (dado pelo analisando), dessa maneira revelando a consistência lógica do objeto que, em última análise, seria o impossível de dizer.

Seria possível sugerir que o inconsciente lacaniano seria uma ampliação do conceito de inconsciente freudiano, mas incluiria as funções de inconsciente diferente do recalcado.

Para esclarecer a maneira como opera a interpretação psicanalítica, Lacan referiu-se à lógica, por intermédio de Frege, que estabeleceu uma diferença entre sentido (*Sinn*) e significação (*Bedeutung*). Frege, oito anos antes de Freud publicar "A interpretação dos sonhos", publicou um artigo com o título "Uber Sinn und Bedeutung" — traduzido como "Sobre o sentido e a significação" — com o propósito de separar a conotação (*Sinn*) da denotação (*Bedeutung*).

Em 1976, Lacan referiu-se a este artigo na "Conferência em Genebra sobre o sintoma"[13], em que assinalou que o *Sinn* seria o efeito de sentido determinado a partir do efeito de significado; já a *Bedeutung* seria o efeito que concerne à relação do significante com o Real.

Essa distinção entre *Sinn* e *Bedeutung* serviu para demonstrar o caminho que vai do sentido a algo além do sentido, com isso, conotando um parentesco entre a verdade e o gozo. O sentido (*Sinn*) seria o gozo que se situa entre o Imaginário e o Simbólico, já a significação (*Bedeutung*) apontaria a um gozo no Real, que condicionaria os efeitos do Simbólico.

---

13) Lacan, J. 1975. In *Les bloc-notes de la psychanalyse*, 1985, n. 5, pp. 5-23.

Deve-se a isso a afirmação de Lacan, feita no texto "L'Etourdit"[14], de 1972, de que a interpretação é sentido e vai contra a significação. J.A. Miller[15], comentando este dito de Lacan, sugere: *"Acredito (...) que devemos situar o que neste texto Lacan chama de sentido, como sendo a intersecção entre Simbólico e Real. Este é um ponto dos mais delicados da teoria de Lacan: o cúmulo de sentido, o momento em que o sentido tem mais sentido, é o momento em que é o sem-sentido, e assim adquire valor de significante primeiro que, no fundo, está ali como um elemento do Real".*

Seria, então, a proposta formulada por Lacan sobre os "quatro discursos" uma tentativa de abordar a cultura pela sua significação (*Bedeutung*) em detrimento de um sentido (*Sinn*)?

Transmissão e Real

Para abordar o conjunto dos textos que formam a obra de Lacan, usa-se o critério de dividi-lo em períodos. O primeiro, referindo-se ao Imaginário, estende-se do "Estádio do Espelho"[16] (1936) até "Função e campo da palavra e da linguagem na psicanálise"[17] (1953), em que Lacan introduz a proposta de o inconsciente ser estruturado como linguagem, o que implicou a nomeação deste segundo período como Simbólico.

Um terceiro período, mais difícil de ser situado temporalmente, é o do Real. Ele se deve ao deslocamento que a prática analítica — antes sustentada nas leis da linguagem — sofreu pelo reconhecimento da sobredeterminação do Simbólico pelo Real. Esse fato é o que na clínica se instrumentalizou com a noção de objeto pequeno *a*, conceito cuja introdução marcaria o início do período do Real.

A partir dessa divisão, uma relação entre os registros pode ser estabelecida, apontando que, para o primeiro momento, haveria um predomínio do Imaginário sobre o Real (I>R), sendo que o Real, nesse período, corresponderia à realidade.

Com a passagem para o segundo período, impôs-se um predomínio do Simbólico sobre o Imaginário (S>I) e em um terceiro período, do Real sobre o Simbólico (R>S); sendo, porém, que neste momento a noção de Real seria definida internamente à teoria de Lacan.

---

14) Lacan, J. *Scilicet*, n. 4, 1973, pp. 5-52.
15) Miller, J. *Escancion*, n. 1, p. 76.
16) Lacan, J. *Escritos*, p. 96.
17) Lacan, J. *Escritos*, p. 238.

Outro autor, J.C. Milner, no livro *A obra clara*[18], divide a obra de Lacan em dois períodos: o "primeiro" e "segundo classicismo". Essa divisão é uma referência à posição de Lacan diante do doutrinal da ciência, e que se sustentaria na ideia de cortes epistemológicos.

Segundo Milner, na leitura da ciência feita por Lacan, esta deveria incluir uma teoria do sujeito moderno (hipótese do sujeito da ciência), pois deveria ser distinguida uma subjetividade antiga e uma moderna, da qual a psicanálise seria ao mesmo tempo prova e efeito.

Para demonstrar esse efeito de sujeito, Lacan, nesse primeiro momento, recorreu ao estruturalismo, que viria a reclamar para si o ideal da ciência, porém dedicando-se a objetivos humanos e utilizando a materialização.

Ainda segundo Milner, o primeiro classicismo de Lacan não teria se sustentado porque a teoria do corte e a teoria do sujeito não se corresponderam. Outro motivo seria o de que a noção de matematização não validaria a utilização desta de uma forma literal e não quantitativa.

A passagem para o segundo classicismo, segundo Milner, teria se dado, principalmente, por causa das imprecisões que marcavam a noção de Letra; questão que impôs uma contradição entre a ciência ideal do estruturalismo e a ciência do doutrinal da ciência. Fato este que teria sido precipitado pelo limite da transmissibilidade da experiência analítica que, ao colocar a oposição da significação (*Deutung*) e do sentido (*Sinn*), impõe uma interpretação fora-do-sentido.

Esta questão fez da noção de matema o pivô do segundo classicismo e o único meio de transmissibilidade da psicanálise. A noção de matema, desenvolvida por Lacan a partir de 1972 em "L'Etourdit"[19] e no seminário "Mais ainda"[20], seria o que asseguraria a transmissibilidade integral de um saber conformado pelo paradigma matemático.

Para Milner, a psicanálise estabeleceu que ela é o discurso do sujeito e, portanto, não precisaria mais da filosofia para fazer com que se entenda o que é um sujeito, produzindo o que Lacan chamou de antifilosofia.

Essa posição particular da transmissão da psicanálise desloca a questão do método da teorização da experiência analítica, deixando, aos que pretendam fazê-lo, o recurso do literal veiculado pelos matemas.

Usados dessa maneira, os registros do Imaginário, do Simbólico e do Real tornaram-se Letras, permitindo com o recurso da sua inter-relação — pensada a partir das propriedades de uma figura topológica, que é o nó Borromeano — calcular questões da clínica.

---

18) Milner, J.C. Rio de Janeiro, Jorge Zahar Editores, 1996.
19) Lacan, J. *Scilicet*, n. 4, 1973, pp. 5-52.
20) Lacan, J. *Seminário XX*, 1972.

O REAL E AS ESTRUTURAS CLÍNICAS

Saber e verdade

A partir do exemplo dos três prisioneiros que deviam apresentar uma justificativa lógica ao problema proposto pelo diretor da prisão para serem libertados, Lacan deduziu a divisão do tempo em instante de ver, tempo de compreender e momento de concluir. Nessa demonstração, o mais importante para a psicanálise são as "moções em suspenso". Se por algum motivo um sujeito não chegar ao momento de concluir, ele ficará no tempo de compreender; e foi a esta interrupção que Lacan chamou de "moções em suspenso". Nela poderia ser lido o lugar da pulsão, pois ela é atemporal e tende perpetuamente para a satisfação.

O tempo de concluir não marca o fim do processo mental. Não é porque se passou do instante de ver para o momento de compreender, e daí para o tempo de concluir, que o processo se interrompe, pois o tempo de concluir pode ser o início de outro instante de ver. Lacan marcou as escansões temporais que levam um sujeito a concluir, mas não afirmou que o momento de concluir fosse a finalização do processo, pois o fato de concluir um processo lógico não implica que a conclusão possa ser identificada à verdade do Sujeito.

Pode-se ainda pensar a escansão do tempo do Sujeito como análoga à que Hegel propôs com o método dialético. Para Hegel, a aquisição do conhecimento também tem três momentos: tese, antítese e síntese. Não há uma articulação entre a dialética hegeliana e o tempo lógico, pois para Hegel, a partir das teses, antíteses e sínteses, haveria um momento em que se chegaria a uma verdade última.

Daí que, se a verdade foi pensada na filosofia como possível de ser atingida, na psicanálise Lacan apontou a dicotomia entre saber e verdade, pois, se a verdade pudesse ser pensada como Toda, ela estaria do lado do Outro sem falta.

Como o Outro é o lugar da linguagem, para a psicanálise a verdade não existe, pois a sua enunciação também se refere à linguagem, portanto ao Outro. Ou melhor, a verdade só existiria na psicose, pois nela há um uso da linguagem que supõe um Outro sem falta, cujo exemplo é o delírio, o qual se caracteriza pela irredutibilidade.

Lacan disse que a verdade tem estrutura de ficção. Isso porque só podemos nos aproximar dela por intermédio de saberes constituídos.

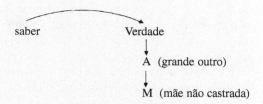

Como a leitura de Lacan sobre a psicanálise não pode ser tomada como a verdade sobre ela, houve críticas a esse ensino, e Lacan, sensível a elas, reformulou suas posições, o que foi feito com a introdução do objeto a.

A escrita do "outro" minúsculo, feita inicialmente como "a", e que aponta ao outro como semelhante, sofreu depois uma modicação para i(a), "imagem do outro", o que se justifica à medida que Lacan recuperou o "a" (*autre*) como objeto.

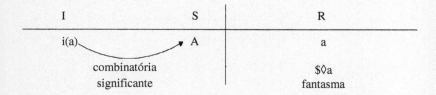

Se o inconsciente é estruturado como linguagem, isso implica afirmar que o Sujeito decorre do significante. Porém, o objeto não é significante; logo, nem tudo que é inconsciente é significante, nem tudo no inconsciente está submetido à lei da linguagem. O objeto pequeno a escapa às leis da linguagem. Essa evidência clínica foi desenvolvida por Lacan, por meio da abordagem da fantasia, cujo *matema* $\$\lozenge a$ refere-se à complementação do sujeito por um objeto, criando uma ilusão de completude.

O pensamento de Lacan de que o inconsciente está estruturado como uma linguagem implica o entendimento de que a linguagem é a condição do inconsciente, porém houve quem se opusesse a essa ideia, propondo o inconsciente como condição da linguagem.

Essa crítica à posição de Lacan confrontou duas visões radicalmente diferentes do inconsciente, e nesse sentido os opositores de Lacan reivindicavam a ideia de que a linguagem seria inata. Para Lacan, o Sujeito decorre do Outro, e é a partir do Outro, ou seja, da linguagem, que se expressa a realidade do inconsciente.

Em "Função e campo da palavra e da linguagem em psicanálise"[21], Lacan usou como epígrafe um trecho retirado da proposta de formação de analistas do Instituto da Sociedade Francesa de Psicanálise. Essa citação mostrou a discordância de Lacan com os analistas da época em relação à aceitação da linguagem como decorrente do funcionamento cerebral, e talvez tenha sido esse o motivo para ele ter dado tanta ênfase à sua concepção de linguagem na sua leitura da psicanálise.

Absolutamente contrária à posição de Lacan, a citação retirada dos estatutos desse Instituto (fundado com o fim de formar analistas) dizia: *"Em particular, não se deverá esquecer que a separação em embriologia, anatomia, psicologia, fisiologia, sociologia, clínica, não existe na natureza e que existe uma só disciplina, a neurobiologia, cuja observação nos obriga a acrescentar o epíteto de humana no que nos concerne"*.

Lacan sempre opôs-se à uma continuidade entre neurobiologia e inconsciente, proposta que colocaria o inconsciente como anterior à linguagem e logo como condição dela. Todo o ensino de Lacan foi uma demonstração de que o inconsciente decorre da linguagem e não é sua causa, pelo contrário, a linguagem é a causa do inconsciente. Daí Lacan relacionar a clínica analítica com a verdade e não com o cérebro.

Clínica psiquiátrica e clínica psicanalítica

A palavra clínica tem origem em *clinê*, que significa "leito". "Clinicar" quer dizer "ficar ao lado do leito". A clínica médica surgiu com Hipócrates para diferenciar sua prática dos médicos, que na antiga Grécia a identificavam com a religião.

Foram os médicos influenciados por Hipócrates que fundaram a medicina científica, baseando-a na observação e na correlação de evidências em detrimento de explicações religiosas ou filosóficas. Em primeiro lugar, diferenciou-se sintoma de sinal. Sinal seria um dado sensível à observação, e um sintoma, a correlação entre sinais. Há várias etimologias da palavra sintoma, a mais adequada me parece referir-se à sua significação pensada a partir do prefixo grego *sin*, que quer dizer "ao mesmo tempo", e do sufixo *ptoma*, que viria de "cair". Sintoma significaria então "o que cai ao mesmo tempo".

Assim, um indivíduo que apresente pés inchados e olhos amarelados, deduz-se que a causa de tais manifestações pode ser um fígado infectado pois a evidenciação desses sinais possibilita a extrapolação simbólica que consiste o diagnóstico.

---

21) Lacan, J. *Escritos*, p. 238.

Essa forma de pensar organizou o saber médico. A clínica médica, desde então, foi identificada com um método empírico fundamentado na observação. A clínica psiquiátrica é herdeira da clínica médica. O psiquiatra também observa sinais, identifica sintomas e ordena síndromes. A nosografia psiquiátrica se constituiu basicamente em relação às categorias de neurose e psicose. Neurose foi um termo que apareceu com Cullen em 1777, na Inglaterra, e significa: "degeneração dos nervos". Tal conceituação decorreu do avanço da anatomopatologia, no fim do século XVIII, que com a descoberta do microscópio, trouxe a possibilidade de estabelecerem-se as relações entre as causas (etiologia) e os efeitos (sintomas) das doenças.

Outros autores situam a anatomia patológica como o momento de constituição da ciência atual, pois ela impôs o fenômeno "constatável empiricamente" como condição do saber. O termo neurose apareceu quando se chegou ao limite da investigação das causas das doenças, e foi então que surgiu a teoria da "degeneração dos nervos" ou "nevrose", para explicar a origem das doenças sem uma causa demonstrável para o conhecimento da época.

Freud criticou a "degeneração nervosa" como causa possível das histerias e impôs um sentido ao sintoma, e, ao afirmar que o sintoma não seria causado por uma alteração anatomofisiológica mas estaria relacionado às experiências de vida do paciente, incluiu o Sujeito na sua produção.

O sentido do sintoma, ao estar relacionado às experiências de vida do Sujeito, faria referência à "ordem simbólica" constituinte do sujeito, excluindo a causação neurobiológica do sintoma psíquico, descoberta que produziu uma subversão nos fundamentos do conhecimento médico da época.

Em relação às psicoses, muito antes de Freud se referir ao assunto, o termo já havia sido introduzido por Feuthslerben (1849) na Alemanha. O termo "psicose" etimologicamente significa "degeneração da mente" e apareceu como um conceito forjado em oposição ao de neurose (etimologicamente "degeneração dos nervos").

Outra categoria utilizada na nosografia psiquiátrica é a das perversões. Do ponto de vista psiquiátrico seriam transgressões diante de uma norma (sexual), e foram classificadas por Krafft-Ebing e Havelok Ellis.

Ainda na psiquiatria usa-se também a categoria diagnóstica *psicopatia*, introduzida por Krestchmer, que abarcaria todas as patologias da mente, como o próprio nome diz. Porém, há no diagnóstico de psicopatia uma conotação social, em que o psicopata seria definido como aquele que faz sofrer e não sofre.

Isso tudo para dizer que a clínica psicanalítica é herdeira da clínica psiquiátrica. É necessário que o analista defina o uso que faz desses diagnósticos, que por si só nada significam, mas apenas têm sentido em relação à convenção na qual estão inseridos.

Embora a psicanálise seja herdeira da clínica psiquiátrica, existem diferenças fundamentais na elaboração das respectivas clínicas. O sintoma para a psiquiatria é observável e pode ser descrito. O psiquiatra se coloca fora do campo de observação e enuncia o diagnóstico, que em última análise, é o que ele considera como alterações do sujeito examinado.

Na psicanálise, o sintoma não é observável nem pode ser descrito, pois é reduzido à fala, e o que se diz numa sessão analítica é o que se transforma em sintoma. O método da psiquiatria é o método da observação, o método da psicanálise é a associação livre. Com o seu método, o analista se inclui no campo da observação, pois a fala do paciente é dirigida a ele.

A rigor, a nosografia psiquiátrica se transforma na psicanálise, pois os termos psicopatológicos são modificados quando utilizados por ela. Por exemplo, em sua proposta de ordenação das psicoses, Melanie Klein privilegiou o eixo esquizofrenia — melancolia, que também era kraepeliniano. Já Lacan usou o eixo esquizofrenia — paranoia, e, ao preferir este eixo da psicose, a significou de modo totalmente diverso.

Quanto às perversões, ao afirmar que toda criança seria perversa polimorfa, Freud produziu uma subversão de como ela era pensada na psiquiatria. Manteve-se a terminologia, mas houve uma subversão conceitual profunda.

As classificações da psiquiatria e da psicanálise não são estáticas e foram construídas dentro de sistemas que possuem uma lógica própria. Na psicanálise, Freud organizou a relação entre as diversas patologias por meio do desenvolvimento psicossexual da libido afirmando que a libido regrediria até um ponto onde ela estaria fixada. Este "ponto de fixação" determinaria a especificidade de uma patologia. Se houver uma fixação na fase oral de sucção, será uma esquizofrenia; se a fixação for na fase anal expulsiva, será uma melancolia etc.

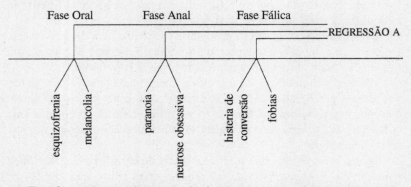

Essa forma de organizar a nosologia encontra suas raízes no pensamento psiquiátrico. A ideia de um desenvolvimento gradual e da inter-relação entre as patologias foi proposta por Griesinger, que influenciou Freud com seu modelo psicopatológico.

Porém, existem outras formas de organização da psicopatologia mesmo em Freud. Um ponto comum da organização dela em Freud, Melanie Klein e Lacan é a angústia como ordenador do campo psicopatológico. Para demonstrá-lo, vou propor uma divisão do desenvolvimento da prática freudiana e indicar como Lacan seguiu a sua lógica.

Um primeiro momento iria dos "Estudos sobre a histeria"[22] até "Fragmento da análise de um caso de histeria"[23], quando Freud, ao refletir sobre as causas do fracasso desse tratamento, introduziu o conceito de transferência, o que marcou uma evolução decisiva em sua teoria. Nessa época a ação de Freud era tornar consciente o inconsciente. A teoria que sustentava essa ação apoiava-se na formalização da angústia pensada como o efeito do recalque. O analista levantaria o recalque, e isso eliminaria a angústia, o que Freud fazia comunicando pela interpretação um saber sobre o desejo recalcado. Ou seja, nesse primeiro momento, por não existir a noção de transferência, Freud acreditava que a comunicação ao paciente do seu desejo inconsciente seria suficiente para produzir a cura.

Mas quando não conseguiu resultados com Dora, iniciou-se um segundo momento com a introdução da transferência. A ação de Freud, neste segundo período, seria a de produzir o máximo de recordação com um mínimo de repetição. No texto "Recordar, repetir e elaborar"[24], Freud evidenciava que quanto mais o paciente recordasse, menos repetiria, e que o paciente repetiria o que não recordou na transferência ao analista.

A terceira escansão na ordenação da doutrina do tratamento em Freud seria o que se seguiu à formulação da pulsão de morte. Foi desse ponto que Lacan partiu, propondo a direção do tratamento em Freud. A ação do analista, ao incluir a castração materna, apontava para a vacilação do sujeito, e já que ele não poderia recordar tudo, não haveria um último saber sobre seu sintoma. Assim, toda análise se chocaria com a "rocha da castração" e, por isso, toda análise seria infinita. Não haveria um fim para a análise porque não haveria "tudo" a ser recordado, não haveria nenhum "saber absoluto" a ser atingido.

Sustentando essa modificação estava a reformulação da concepção de Freud sobre a angústia, que inverteu completamente a primeira teoria. De início, ele acreditou que a angústia decorreria do recalque. O recalque, agindo somente na representação, liberaria a quantidade de energia ligada a essa representação, que se transformaria em angústia. Já na segunda teoria,

---

22) Freud, S. *S.E.*, v. II, p. 43.
23) Freud, S. *S.E.*, v. VII, p. 5.
24) Freud, S. *S.E.*, v. XII, p. 193.

ao contrário, o recalque decorreria da angústia, que nesse momento seria a "angústia sinal". Assim, o que está sempre presente, anterior a qualquer coisa, é a angústia. A angústia então podia ser tomada como eixo e seria explicada por Freud como efeito da castração.

A angústia que produz o recalque será sempre angústia de castração, e foi aqui que se situou a viragem da clínica freudiana — a partir da conceituação da sexualidade feminina e, especificamente, da castração materna.

Na primeira teoria sobre a neurose, por exemplo, quando Freud introduziu as neuroses atuais (neurose de angústia, neurastenia, neurose traumática), propôs que toda neurose começaria como angústia, para depois se transformar, segundo a estrutura da defesa do sujeito, em neurose histérica, obsessiva etc. Segundo Freud, nenhuma neurose começaria já como psiconeurose, elas começariam sempre com a angústia, que mobilizaria os mecanismos do sujeito para se defender dela.

Para Lacan, a angústia de castração produz o recalque, por isso ela pode ser equiparada à falta no Outro, o que Lacan escreveu com o matema: S($\cancel{A}$). Matema que corresponderia tanto à castração materna quanto à angústia de castração.

A clínica freudiana, entendida como os estilos de o Sujeito defender-se da angústia, pode ser formalizada — com os conceitos lacanianos — como os estilos do Sujeito negar a falta no Outro.

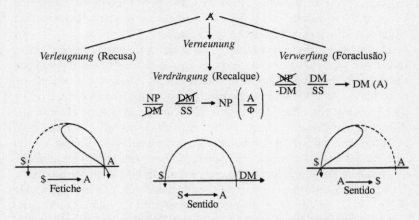

A clínica freudiana foi relida por Lacan tanto como clínica da angústia como clínica da falta no Outro, ou ainda, como a clínica da transferência. Observa-se que a razão de o sujeito procurar um analista está no fato de ele supor que o analista saiba sobre sua falta, saiba sobre a causa de seu sofrimento. Em razão de o sujeito supor que o outro tenha o que lhe falta, a clínica freudiana pode ser nomeada como clínica da transferência, na medida em que o analista ocupará o lugar de saber sobre a falta. Como a clínica freudiana é a clínica da transferência, também pode-se dizer que a clínica freudiana é a clínica do Outro. Também é a clínica de falo, porque o falo é o representante da falta no Outro.

Essas possibilidades de se renomear a clínica freudiana encontram-se nas reflexões feitas por Lacan, e todas implicam um mesmo eixo, que é o de uma leitura de Freud a partir dos efeitos que a concepção da castração materna.

Segundo Lacan, de acordo com a leitura que ele faz de Freud, haveria três possibilidades de o sujeito negar a falta no Outro, o que seria uma leitura diferente em relação à nosografia psiquiátrica, pois Lacan não tomou as neuroses, as psicoses e as perversões definidas somente com os critérios herdados da psiquiatria. Lacan organizou a psicopatologia sustentado na observação da clínica psicanalítica, referindo-se aos mecanismos de defesa elaborados por Freud.

O que possibilita o sujeito negar a falta no Outro são operações psíquicas, descritas por Freud como mecanismos de defesa. O recalque, por exemplo, é uma operação psíquica que visa afastar uma representação do campo da consciência. Em alemão, recalque é *Verdrängung*. A importância da referência ao alemão provém da confusão que ocorre entre *recalque* e *repressão* — que é *Unterdrückt* —, por problemas de tradução.

Na obra de Freud é possível encontrar, além do recalque, duas outras descrições do estilo de o sujeito negar a falta no Outro: a *Verleugnung* (traduzido como "recusa", ou na proposta de Lacan: "desmentido") que corresponderia ao mecanismo de defesa da perversão, e a *Verwerfung*, traduzido por "foraclusão" e que corresponde ao mecanismo de defesa da psicose.

Os três estilos de negar a falta no Outro seriam:

Perversão	Neurose	Psicose
RECUSA (*Verleugnung*)	*Verleugnung* RECALQUE (*Verdrängung*)	FORACLUSÃO (*Verwerfung*)
Feitiço $\$ \longrightarrow A$	$\frac{NP}{DM} \frac{DM}{SS} \rightarrow NP \left(\frac{A}{\Phi} \right)$ Sintoma	$\frac{\cancel{NP}}{\cancel{DM}} \frac{DM}{SS} \rightarrow DM$ Alucinação $\$ \longleftarrow A$

Nessa ordenação que Lacan fez da clínica freudiana, não é possível portanto usarem-se as categorias de psicopatia, caracteriopatia, epilepsia, ou outras entidades nosológicas que às vezes se encontram na teoria psicanalítica.

Nessa lógica a depressão não seria uma estrutura, mas um sintoma que poderia ser de uma neurose, ou de uma psicose. Isso porque a depressão não seria um mecanismo de defesa, pois o que ocorre na depressão é *uma perda de objeto*, diferentemente da neurose, em que o mecanismo de defesa é o *recalque*; ou da psicose, cujo mecanismo de defesa é a *foraclusão*. Não haveria nenhum mecanismo de defesa próprio à depressão, e sua única característica clínica pode ser formalizada em referência à perda de objeto.

Da mesma forma, a perversão não seria um sintoma exclusivamente sexual. Seria possível existirem perversões que, vistas com essa categorização psicanalítica, não tivessem envolvimento sexual nenhum. Também a homossexualidade não se caracterizaria unicamente como perversão, e poderia ser um sintoma tanto de uma estrutura neurótica como de uma psicótica ou perversa.

Dito com a terminologia lacaniana, o que determina no Complexo de Édipo uma neurose é que o Desejo da Mãe seja "barrado" pelo Nome-do-Pai. A barra seria o recalque, efeito da castração. Quando algo impede que a mãe seja fálica, que a mãe seja Toda, impõe-se um limite, teorizado como castração, e que é constitutivo do recalque. O efeito do recalque implica a constituição da falta. A falta é o que funda a estrutura da neurose, produzindo o deslocamento e condensação que, por sua vez, produzem o sintoma.

A falta não pode se tornar consciente porque produz angústia. A partir de deslocamentos e condensações das representações recalcadas, ela poderá reaparecer na consciência do Sujeito, sem que o mesmo a identifique. É o mecanismo dos sonhos, do chiste, dos sintomas neuróticos. Porém, no momento em que o sujeito identificar sua demanda com a falta, a angústia se imporá.

O Nome-do-Pai é o que organiza a coerência do mundo de cada um. O mundo organizado pelo efeito da função paterna foi o que Lacan chamou de *père-version*, versão paterna. A operação de o Nome-do-Pai barrar o Desejo da Mãe pode não ser suficiente, pode fracassar. Não foi por acaso que Freud descobriu a psicanálise na histeria, pois foi ela que descobriu a psicanálise para Freud ao dizer que alguém sabia do que lhe faltava. O que o neurótico ensinou ao analista foi que ele não sabe o que lhe falta, mas um Outro sabe, alguém sabe o que ele não sabe.

O estilo da histeria é o de buscar um lugar no Outro, pois é a sua forma de negar a falta no Outro, oferecendo-se em substituição à falta, causa da angústia. A histérica coloca-se como corpo, vindo assim buscar esse lugar no Outro, produzindo o sintoma que os psiquiatras descreveram como sedução. A histérica é aquela que está sempre se oferecendo como objeto do desejo do Outro, pois quer ser aquilo que o Outro quer (esse Outro pode ser o analista, porque ele estaria nesse lugar). E ela agirá assim com cada pessoa que ocupe o lugar de ter o que lhe falte, pois essa é a característica da histeria, é seu estilo de negar a falta no Outro.

A histérica demanda um Outro insatisfeito, porque quer manter esse Outro castrado e, assim, manter a falta no Outro. Para isso ela inventa um Outro onde isso falte, o que constitui a outra característica da histeria: a insatisfação. Por mais que se responda à demanda da histérica, ela impõe sempre uma outra, é impossível satisfazer uma histérica porque ela não quer uma resposta ao seu desejo, o que ela quer é manter sua demanda insatisfeita.

A histérica, sendo o que falta ao Outro, é um corpo que preencherá a falta. Daí ela supor que sabe o que falta ao Outro e, por isso, oferecer-se como objeto do desejo desse Outro.

Há também o estilo do obsessivo de negar a falta no Outro. O obsessivo se propõe como garantia do Outro. Ele garante que o Outro seja castrado, daí a expressão de rigidez no obsessivo: as coisas não são como ele quer, as coisas são como o Outro quer. É uma forma de manter o Outro estático, de não ser ameaçado por ele.

O obsessivo demanda um desejo impossível, de modo que, para ele, tudo o que faz pode ser feito melhor. Nunca o Outro estará satisfeito. É a forma de ele se colocar ante o desejo do Outro, pois, à medida que mantém o Outro castrado, para ele o Outro conserva um desejo impossível. Ele constrói um Outro que pensa, pois com as dúvidas estará sempre mantendo o Outro intacto, preservado pela sua ação, sendo essa a forma de se livrar da angústia de castração.

Dentro das neuroses, teríamos ainda as fobias. A fobia é uma categoria um pouco mais sofisticada dentro dessas estruturas; segundo Lacan a fobia seria o eixo principal das neuroses. Toda neurose, no início, seria fóbica. Só depois, histérica ou obsessiva.

Lacan retomou a observação das fobias infantis, pois toda criança passaria por um momento em que essas fobias seriam constitutivas. A fobia seria apenas o eixo (Lacan fala de "placa giratória"), quer dizer, o momento constitutivo das outras formas de neurose. Por uma razão ou por outra o indivíduo pode retornar à situação fóbica. O que acontece na fobia é que há um significante para todo uso; o objeto fobígeno será sempre o Nome-do-Pai, que em vez de funcionar para barrar o desejo da mãe aparece simbolizado, presentificado no Real. Será o cavalo, por exemplo, na medida em que produz medo.

No caso descrito por Freud do pequeno Hans[25], por exemplo, houve um deslocamento entre a representação do Nome-do-Pai e o cavalo. Mas, ao mesmo tempo em que se elidiu a angústia, ele a manteve, por isso Freud chamava as fobias de "histeria de angústia", pois, na fobia, a angústia não está totalmente elaborada.

O cérebro, o sonho e o real

Nos dias de hoje, a polêmica que envolve os sonhos está permeada pela influência das neurociências e da filosofia da mente, com sua decorrência que é o cognitivismo.

Neste novo momento do conhecimento o cérebro passou a ser entendido unicamente como um sistema físico, funcionando como se fosse um computador, produzindo-se, como consequência dessa posição, a ausência de um sujeito desejante, de um sujeito que possa ser implicado na responsabilidade de seus atos e de suas escolhas.

Nas investigações neurobiológicas, o sonho foi reduzido meramente a uma consequência do funcionamento cerebral. Demonstrou-se que o sonho ocorre regularmente durante o sono e entendeu-se que o sonho seria apenas o resultado do *processamento da informação sensorial* pelo cérebro.

Há, a partir dessa hipótese, um duplo aspecto a se considerar: um primeiro relacionado ao processamento de informações do mundo exterior e do corpo, e uma outra forma de processamento que decorreria da informação não dependente da entrada sensitivo-sensorial naquele momento e que faria referência ao material interno guardado previamente na memória.

Para sustentar tal posição, os defensores da teoria do sonho, entendido como efeito do *processamento de informação* sensorial, se valem de experiências que pretendem ter demonstrado uma localização cerebral que daria conta do seu desencadeamento, o que ocorreria nos núcleos celulares bulbo-pontinos. Daí se desativaria o sistema reticular ascendente no mesencéfalo gerando com isso a produção de um neurotransmissor, a serotonina.

Decorreria daí o fenômeno a que se chamou de período REM do sono, sigla que se refere a *rapid eyes movement*, e que é concomitante à aparição de alterações elétricas localizadas no córtex visual, as quais por sua vez podem ser registradas através do eletroencefalograma.

O sono, portanto, desde o ponto de vista do registro biológico, tem dois componentes, um que se chama NREM (*no* REM) e outro que se chama

---

25) Freud, S. Análise de uma fobia em um menino de cinco anos, *S.E.*, v. XX, p. 15.

REM (*rapid eyes movement*). A primeira fase do sono se caracteriza por não apresentar estes movimentos oculares rápidos, e a segunda fase do sono apresenta movimentos oculares rápidos.

É no momento do sono REM que ocorre o sonho, concomitantemente a uma série de fenômenos neurovegetativos, além de uma grande atividade cortical e uma acentuada atonia muscular.

Porém, existem outros pontos de vista possíveis sobre os sonhos. O próprio lugar que eles ocuparam no pensamento dos homens em todas as épocas sugere que sua importância transcende sua explicação neurobiológica.

Os sonhos desde sempre fizeram parte dos sistemas de crença das diversas culturas, foram sempre o senhor absoluto do mundo interno de cada homem, sendo mesmo considerados a manifestação viva da expressão de uma realidade que transcende os limites da sua consciência e do seu livre-arbítrio.

Daí os sonhos sempre haverem cumprido um papel formador da cultura ao introduzir um além da lógica estabelecida, fato este que confronta o sujeito com um desconhecimento que termina por modificar sua percepção da realidade. O sonho ao impor a experiência do invisível, aponta a uma possibilidade de percepção que vai além dos sentidos, ampliando assim a percepção humana. Por isso o sonho ter sido sempre associado à percepção do futuro. No Egito antigo o sonho foi utilizado como recurso para se encontrar a cura das doenças. Nos relatos bíblicos os sonhos expressam o acesso a um saber exterior à realidade imediata dos fatos. Na Grécia o sonho foi não só investigado pelo seu efeito de obstáculo à lógica, mas também entendido como mensagens divinas. Na Idade Média os sonhos eram pensados como veículo usado pelos poderes diabólicos ou divinos.

O Iluminismo, por meio da ruptura que produziu na ordem teológica que determinava o entendimento do mundo de então, possibilitou o nascimento do individualismo, fato que permitiu o entendimento psicológico dos sonhos ao admitir seu caráter único e particular.

Esta guinada da percepção do homem sobre seu lugar no mundo e o significado de suas expressões psíquicas foram efetivadas principalmente por Freud que, vindo da neurologia, ao descobrir o inconsciente, enxergou não só um além do cérebro no sonho, como desfez sua interpretação mística, situando-o como um exemplo que demonstra o descentramento do homem em relação à sua consciência.

Freud, tal qual a neurobiologia contemporânea, também partiu da premissa do sonho como efeito de um processamento da informação sensorial e apontou duas fontes para as informações a serem processadas: uma relativa ao mundo exterior e ao corpo, e a outra relativa ao material interno guardado na memória.

O que difere Freud da neurobiologia é que ele não se limitou a descrever o fluxo do *input* e do *output* dos estímulos, ou a descrever os ciclos do sonho, mas os relacionou com a questão do desejo.

Ao introduzir a questão do desejo nas produções do espírito, Freud subverteu uma orientação unicamente biológica da condição humana e fez do desejo uma ponte do passado com o futuro, ressituando o homem não como um mero efeito de uma regulação maquinal, mas situando a essência mesma do humano no desejo. Desejo este que se expressa pela máquina utilizando a máquina neuronal, porém sem se reduzir a ela.

Com essa intervenção, que é a concepção de aparelho psíquico como diferente do cérebro, a partir de Freud, a relação do homem com a natureza pôde ser expressa de maneira diferente. Por exemplo, a subversão do tempo cronológico, tempo que regula os ritmos biológicos, que aparece subvertido por aquilo que os sonhos ensinam, apontando a um outro tempo para o Sujeito.

Freud expressou isso ao término da *Interpretação dos sonhos*, quando afirmou:

> Diríamos que o sonho nos revela o passado, pois procede dele em todos os sentidos. No entanto, a antiga crença de que o sonho nos mostra o futuro não carece por completo de verdade. Representando-nos um desejo como realizado, nos leva realmente ao futuro. Mas este futuro que o sonhador toma como presente está formado pelo desejo indestrutível conforme modelo de dito passado[26].

O sonho abordado pela psicanálise vai além da sua causação biológica; permite questionar a essência do humano, matéria feita de sonhos. O sonho abordado pela psicanálise subverte a noção do real e demonstra que cada um de nós, embora tenhamos a mesma estrutura cerebral, vivemos num mundo único e sem rival.

Qual a verdade revelada pelo sonho? Seria a verdade de uma realidade condicionada unicamente pelo funcionamento cerebral, que criaria o sonho como uma vivência decorrente de um processamento da informação sensorial, ou o sonho atingiria a essência do ser e apontaria a um desejo que constitui o fio do seu destino?

Uma paciente de Freud lhe contou um sonho que ela havia escutado em outro lugar. Ele foi sonhado por uma pessoa que havia passado vários dias, sem um instante de repouso, na cabeceira da cama de seu filho que estava gravemente doente.

---

26) Freud, S. *S.E.*, v. IV, p. 1.

A criança morreu e o pai pôde finalmente deitar-se para descansar no quarto ao lado de onde se achava o cadáver da criança. Deixou um amigo velando o corpo da criança e manteve a porta semiaberta por onde entrava a luz das velas que foram postas ao lado do caixão. Depois de algumas horas de sono, o pai da criança sonhou que seu filho se aproximou da cama, lhe tocou o braço e murmurou no seu ouvido, num tom de acusação: "Pai não vês que estou queimando?".

Ao ouvir essas palavras, ele acorda sobressaltado, percebe uma claridade intensa iluminando o quarto onde seu filho morto estava sendo velado, corre para lá e encontra seu amigo que ficara tomando conta do caixão dormindo, e vê uma vela caída sobre o caixão que havia posto fogo na mortalha.

Como explicar este sonho? Se tomamos a hipótese de ele ser apenas o processamento da informação sensorial, poderíamos supor que a claridade que entrou pela porta aberta, ao estimular seus olhos, provocou a necessidade de processar esse estímulo.

No entanto, Freud, na interpretação deste sonho, dá um passo a mais, e se pergunta o porquê do conteúdo do sonho, por que o filho teria dito ao pai: *Não vês que estou queimando*?

Mais uma vez Freud admite que essa frase ouvida pelo pai seja somente a elaboração de um estímulo anterior, pois não seria improvável que o filho tivesse se queixado dessa maneira ao pai, visto ter apresentado febre na evolução de sua doença.

Afinal, qual o desejo que se realiza neste sonho? Freud aponta que no sonho o filho se comporta como se estivesse vivo, e este seria o desejo que se realiza no sonho. O que Freud não diz é o que vai além do restante diurno desagradável que comporta a recordação do filho morto, e que atinge o pai na sua própria condição de mortal, pois ao negar a morte do filho também estaria negando a sua.

O *Não vês*, da frase dita pelo filho ao pai, aponta ao que ele não pode fazer para impedir sua febre, impedir sua doença, e seria uma construção do pai diante da culpa por haver deixado o filho morrer.

Qual é então a realidade que acorda este pai? Qual é a verdade desse doloroso momento? Qual é então a realidade que conforma o destino de qualquer homem? Seria ela constituída apenas pelos estímulos sensoriais, no caso deste sonho, pelo clarão produzido pela mortalha pegando fogo, ou pela dor, pela culpa, pela existência insofismável da morte que se apresenta a um pai que perdeu seu filho mais próximo? O real a que se confronta este pai é o do seu filho queimar pelo fogo ou queimar pela febre?

Lacan, comentando este sonho e sua interpretação por Freud, indaga: "*Por que então sustentar a teoria que faz do sonho a imagem de um desejo com um exemplo em que, numa espécie de reflexo flamejante, é justamente uma realidade que, quase decalcada, parece aqui arrancar o sonhante de seu sono?"*[27].

Do que é que o filho queima? Do peso dos pecados do pai, nos diz Lacan. Qual é então a realidade que constrói este sonho, qual é então a realidade que constrói a vida que por sua vez constrói os sonhos?

O que o sonho mostra é a ruptura entre a percepção e a consciência. Esse espaço é o que Freud chamou de a *outra cena*. A outra cena é esse espaço que depende do cérebro, depende da percepção, depende da realidade, depende do clarão produzido pelo fogo, mas só toma sentido em razão de uma outra maneira de funcionamento da mente ao qual Freud chamou de *processo primário*.

Quando o pai da criança morta é estimulado pelo clarão do fogo o que fez com que ele não despertasse? Por que antes de acordar ele sonhou?

Antes de acordar, o clarão existia não para a percepção do pai, mas tão somente para sua consciência. Enquanto isso o sonho existia neste *outro lugar* entre a percepção e a consciência que Freud chamou de outra cena.

Nessa outra cena o sujeito quer continuar a dormir, e dormir aqui significa mais que sua definição biológica, significa fazer o ser se aproximar de um ideal que constitui seu destino, nem que seja apenas o de evitar o desprazer.

O problema que esse sonho coloca então, mais do que questionar a relação do prazer e da realidade, é sobre o que é que faz a pessoa acordar. Lacan nesse ponto se pergunta: *"O que é que desperta? Não será, no sonho, uma outra realidade? Outra realidade que é a da criança que está perto da cama do pai e lhe murmura em tom de acusação: Pai não vês que estou queimando?"*[28].

Será que essas palavras não passam a realidade que causou a morte da criança? Onde está a realidade nesse acontecimento?

Temos nesse exemplo, como de algum modo acontece em todos os sonhos, o embate entre a ilusão de que nossa vida é o efeito do processamento da informação sensorial e a demonstração de que este processamento de informações veicula a essência desejante do homem, desejo este que o faz se referir a uma outra realidade, a um mundo interno que apenas se apoia no externo.

Assim, um encontro se dará sempre entre o sonho e o despertar. Um encontro se dará sempre entre aquele que dorme e cujo sonho não conheceremos e aquele que só sonhou para não despertar.

Lacan pergunta: Não despertaríamos então apenas para continuar o sonho que nos permite dormir? Como não ver que o despertar tem um

---

27) Lacan, J. Os quatro conceitos fundamentais da psicanálise, *Seminário XI*, 1964.
28) Ibid.

duplo sentido, que o despertar que nos restitui a uma realidade construída e representada tem duplo emprego?

Conclui-se que o real é um além do sonho, e que temos de procurá-lo no que o sonho escondeu. É esse o real que comanda nossas vidas, e é a psicanálise que o designa para nós.

Psicanálise e DSM-IV

Formado na época romântica da psiquiatria, quando ela transbordava das suas origens médicas para uma multidisciplinarização que abarcava a complexidade que envolve suas questões, a psicanálise demonstrou-me que as "loucuras", *"longe de serem produtos da fragilidade do corpo"*, eram *"virtualidades permanentes de uma falha aberta em sua essência"*[29].

A tal ponto o sentido dos atos humanos transcende o meramente biológico, que muitos fizeram sua a citação de Lacan: "longe da loucura ser um insulto para a liberdade, ela é sua mais fiel companheira seguindo seu movimento como uma sombra"[30].

Porém, sem levar em conta o lugar da loucura na definição da razão, a psiquiatria moderna faz constantes referências à tomografia computadorizada (PET), à ressonância magnética (MRF), à monitorização cerebral (BFM), a testes de verificação química de psicopatologias, com o teste de supressão do dexametasona usado para a depressão (TSD), ou a provocação experimental de ataques de angústia pela infusão de lactato de sódio, bem como a monitorização do êxito medicamentoso pela dosagem plasmática do fármaco administrado.

Existem ainda as escalas que "medem" as psicopatologias, como a Maudsley usada para o DOC (Distúrbio Obsessivo Compulsivo), a Hamílton usada para a depressão, o SADS-L (Schedule for Afective Disorders and Scliizophrenia-file-time version), além de padronizações para a investigação psíquica tipo MMS (Mini Mental State) ou PSG (Present State Examination).

A clínica psiquiátrica, atualmente uma clínica da medicação, por meio desses instrumentos (exames, escalas, estatísticas), transformou esses critérios em teorias etiológicas, e, num jogo lógico, nos invade com siglas, com pretensões terapêuticas, com antidepressivos RIMA (Re-uptake) ou SSIR, todos baseados em contraditórias observações quanto à presença ou ausência de determinados neurotransmissores, a atual sede da alma (Seu nome principal: 5HT).

---

29) Lacan, J. Formulações sobre a causalidade psíquica, in *Escritos*, p. 152.
30) Ibid.

Na nova ordem mundial, o discurso lastreado na multiplicação de dividendos tem sido poderoso o suficiente para se fazer ouvir e ensurdecer quase cem anos de investigações das "manifestações do espírito", como Freud quis que se chamassem os sonhos, os atos falhos, os sintomas, os chistes etc. Reduzindo o ser do homem ao correlato do funcionamento do cérebro, o principal instrumento dessa maneira de pensar é a "revolução" nosográfica conhecida como DSM-III-R (atual DSM-IV), que tem como subproduto a parte psiquiátrica da nova classificação internacional das doenças, na sua décima versão (o CID-10).

Sem entrar nos questionáveis méritos epistemológicos da sua proposta, tida ora como ateorética, ora como empirista, me proponho a comentar o confronto que essa nova convenção traz aos estudiosos da psicopatologia orientados pela acumulação da experiência produzida pela prática da psicanálise.

Um mérito de Freud foi o de ordenar a psicopatologia, principalmente no que se refere às neuroses. No fim do século XIX, Freud organizou esse campo, antes esparso e incoerente, opondo neuroses atuais a psiconeuroses, reunindo sob esta designação quadros antes dissociados entre si. A chave dessa organização seria a angústia, posteriormente formulada como causa do recalque e consequência da ameaça de castração. Tudo isso para dar conta do sintoma, efeito da defesa contra a angústia. Por isso um sintoma detém um sentido passível de decifração pela análise, tendo como consequência sua modificação.

No DSM-III e no CID-10, aboliu-se a categoria das neuroses e instalou-se um grupo denominado "transtornos de ansiedade". Neste grupo se isola uma categoria paradigmática: "ansiedade endógena com manifestações autonômicas", ou "síndrome do pânico", que, como diz o nome, seria endógena e autonômica. Além do mais, alguns textos[31] atribuem sua descrição a da Costa e a Freud.

Freud, em 1894, teria usado o termo neurose de angústia para separá-lo da neurastenia provendo sua descrição: ataques espontâneos, tremores, vertigens, palpitações, que seria a descrição da atual síndrome do pânico. O "Manual de Psiquiatria", de Talbott[32], chega a se referir ao caso descrito por Freud em "Estudos sobre a Histeria"[33], Elisabeth R, como um caso de ansiedade endógena.

Dentro desse quadro, a principal crítica a esse modelo da psiquiatria é a de que apresentar a angústia como doença cerebral seria um "desco-

---
31) World Psychyatric Association, *Panic anxiety and its tratements,* London, American Psychiatric Press, 1993.
32) Talbott. *Manual de psiquiatria.* Porto Alegre, Artes Médicas, 1992.
33) Freud, S. *S.E.*, v. II, p. 43.

nhecimento" da descoberta da psicanálise, de que o sintoma tem um sentido. Por causa desse "desconhecimento", as histerias desapareceram da nova classificação dos transtornos psíquicos feita a partir do DSM-III e transformaram-se em "quadros dissociativos". Também haveria o que pontuar quanto às depressões, que para serem depressões precisam ser, segundo o DSM-III, endógenas. O restante é distimia.

No campo das psicoses (futuros distúrbios desorganizativos), há uma desconsideração das paranoias e uma enfatização dos transtornos esquizofrênicos. Quadro este subdividido em tipo I e II, por *Crow*, conforme predominem sintomas chamados de positivos ou produtivos, que caracterizariam o tipo I, ou sintomas negativos, sem produtividade, tipo embotamento, o que ocorre no tipo II.

Lacan na "Introdução à edição alemã de um primeiro volume dos escritos"[34] referindo-se à clínica psicanalítica, diz: *"Existem tipos de sintomas, existe uma clínica. Só que ela é anterior ao discurso analítico..."*. Afirmar que "existem tipos de sintomas" implica que, em se tratando da clínica psicanalítica, ao se falar de tipos diferentes de sintomas, se esteja fazendo referência à descrição de fenômenos que seriam observáveis fora da transferência, sendo que a nomeação e classificação desses fenômenos seriam uma referência a categorias descritas e classificadas antes da descoberta da psicanálise.

A outra afirmação contida nessa mesma citação, a de que *"existe uma clínica"*, é sem dúvida uma alusão a uma entendida clínica como resultado da aplicação de critérios com os quais se definiram e se relacionaram os diferentes tipos de sintomas descritos. Ou seja, a clínica pensada dentro desse sentido seria uma convenção segundo a qual se identificaria e se classificaria esses diferentes tipos de sintomas, classificação esta feita por uma sistematização que possibilitou a separação e a ordenação desses tipos de sintoma entre si.

Dessa maneira, uma classificação poderia ser entendida como o resultado do emprego da análise e da comparação por seriação, para facilitar e promover o conhecimento.

Também por isso uma classificação implica sempre uma nomenclatura, que é o conjunto de termos particulares a uma arte ou ciência, o que na medicina se refere ao que se chama de nosologia, que é o estudo das doenças e à nosografia que é a sua descrição.

Quanto à outra afirmação de Lacan, ainda na mesma citação, referindo-se à clínica: *"Só que ela é anterior ao discurso analítico"*, aponta ao fato de

---
34) Lacan, J. Introdução à edição alemã dos escritos, 1973, in *Sclicet*, n. 5, 1975, pp. 11-7.

que Freud e seus seguidores continuaram usando a nosografia psiquiátrica clássica, tomando dela suas categorias diagnósticas. Freud, que foi contemporâneo de Kraff-Ebing, teria tomado deste autor o uso que ele fazia do termo perversão, da mesma maneira que utilizou o termo paranoia tal qual Kraepelin o fazia, criticou a inovação feita por Bleuler com o termo esquizofrenia, e utilizou a noção de neurose da mesma maneira que Charcot.

Mas mesmo assim Freud fundou sua própria clínica. E ele fez isso por intermédio de uma ordenação de uma nosografia e nosologia próprias à psicanálise, o que constituía uma ruptura com a psiquiatria da sua época, conseguindo, porém, ao mesmo tempo mantê-la e subvertê-la.

Exemplo disso foi a invenção feita por Freud de categorias diagnósticas inexistentes na clínica psiquiátrica de seu tempo como foi a introdução da expressão neurose de angústia, ou a de neurose atual; assim também foi subversiva para a época a sua proposta de ordenar esses quadros clínicos entre si com o conceito de psiconeurose.

Ainda da mesma maneira se poderia apontar como inovações introduzidas por Freud a "neurose de transferência" e a "neurose narcísica". A nosografia e a nosologia freudianas marcariam a psiquiatria em quase todas suas classificações diagnósticas.

Porém, recentemente, nos anos 80, a partir do DSM-III, a influência da psicanálise sobre a psiquiatria sofreu um questionamento que marcou a separação nítida entre os critérios da clínica psiquiátrica e psicanalítica.

Desde o fim do século XVIII, por causa da grande disparidade dos critérios usados pela medicina nos diversos países, pensou-se em criar um sistema único de classificação, o que deu origem à classificação internacional das doenças, conhecido pela sigla CID, hoje na sua décima versão.

Em relação à classificação dos distúrbios psiquiátricos, essa tentativa de estabelecer uma convenção diagnóstica que fosse de uso internacional se efetivou somente a partir de 1946. As primeiras propostas das classificações desses distúrbios foram influenciadas pelas opiniões de Adolf Meyer, presente com seu conceito de quadros reativos, pela nosologia de Kraepelin e também receberam uma marcada influência de Freud, principalmente no campo das neuroses.

A partir de 1980, com a apresentação do DSM-III, que é a terceira versão da classificação dos distúrbios mentais proposta pela American Psychiatric Association, a classificação das doenças psiquiátricas recebeu uma nova formalização que se propunha como *a-teórica*, *a-histórica* e *a-doutrinária*. Nessa classificação, o princípio fundamental seria o de não se fazer referências às teorias anteriores sobre a etiologia ou patogenia das doenças mentais que não estivessem de acordo com o critério do DSM-III, classificação esta que pretendia ser composta unicamente por diagnósticos descritivos vistos como totalmente comunicáveis e empiricamente verificáveis.

O DSM-III era portanto um catálogo que pretendia esgotar todas as formas possíveis do enfermar e aparecia como uma língua nova produzida por um novo modelo, modelo este que seria o que se poderia chamar de *clínica da medicação*.

Nascido da psiquiatria universitária norte-americana, conhecida como Escola de St. Louis, o DSM-III teria por modelo a resposta padrão à administração de uma substância química específica. Esse procedimento denominado de critério operacional pretenderia preencher a ausência de signos patognomônicos e de exames de laboratório em psiquiatria e medicalizar a psiquiatria retirando-a de uma influência filosófica a que estaria submetida anteriormente, principalmente na sua referência a Jasper e à fenomenologia.

A maneira de pensar adotada pelos autores do DSM-III teria sido a consequência de uma revolução lógica ocorrida nos anos 30, que pretendeu fundar uma ciência da mente pelo do formalismo lógico-matemático aplicado às ciências do cérebro. Essa proposta, que foi atribuída a Nobert Wiener e Warren Meculloch, seria a de mecanizar o psíquico assemelhando-o a uma máquina lógica que, pela naturalização da epistemologia, produziria uma filosofia da mente conhecida como cognitivismo.

A partir desse novo modelo classificatório que foi imposto pelo DSM-III, que é o padrão oficial atual da psiquiatria brasileira e do sistema de saúde, impõe-se ao psicanalista perguntar qual o lugar do Sujeito nesta *mind* inventada por esse modelo, no qual a única verdade possível para o Sujeito estaria nos humores contidos nas entranhas do neurônio.

O psicanalista sem dúvida concorda com a existência de diferentes tipos de sintomas. O próprio Lacan articulou a questão que coloca a relação do universal dos diversos tipos de sintomas com o particular de cada sujeito, pela ideia de um "envoltório formal do sintoma", e esta seria a sua resposta ao ordenamento dos sintomas feito pela clínica psiquiátrica, resposta feita por meio da teoria do significante.

Assim, ainda na Introdução à edição alemã de um primeiro volume dos *Escritos*, Lacan, logo após se referir à existência dos diferentes tipos clínicos, acrescenta: *"que os tipos clínicos resultem da estrutura eis o que já se pode escrever, ainda que não sem hesitação..."*[35]. Ou seja, Lacan não mudou, nem poderia mudar, as categorias descritivas da psiquiatria clássica, porém avançou tentando construir as estruturas que condicionariam esses diversos tipos de sintomas.

---

35) Ibid, in 1975, pp. 11-7.

Por isso as entrevistas preliminares se colocariam como um meio do analista investigar esses tipos de sintomas, permitido-lhe fazer um diagnóstico preliminar que lhe possibilitasse concluir algo sobre a estrutura clínica da pessoa que veio consultá-lo. Pois o que revelaria essa estrutura seria a defesa diante da angústia, fazendo com que a divisão diagnóstica entre neurose, psicose e perversão fosse feita a partir da diferença dos efeitos do tipo de defesa que o particular a cada uma dessas estruturas produz.

Assim, por exemplo, para diagnosticar uma estrutura perversa, não basta ao analista perguntar ao paciente sobre sua vida sexual, pois o que define o diagnóstico em psicanálise não é a conduta, o que define o diagnóstico em psicanálise é a posição subjetiva diante do sintoma, e isso faz com que o diagnóstico em psicanálise não possa ser separado da localização subjetiva. Ou seja, na experiência analítica, ao tipo do sintoma que o analisante apresenta, deve-se acrescentar a posição que este assume diante do seu sintoma, o que é feito a partir do seu dizer e não dos seus ditos. Trata-se, portanto, de distinguir entre o dito e uma posição do sujeito diante do dito.

Levando em conta a posição do Sujeito diante do sintoma e não somente o tipo de sintoma, talvez o discurso psicanalítico pudesse esclarecer a clínica psiquiátrica e dessa maneira a psicanálise poderia produzir uma clínica nova que não dependesse mais da psiquiatria.

Dessa forma, a especificidade de uma clínica psicanalítica que não dependesse da psiquiatria se deveria ao fato de ela não situar o diagnóstico no sintoma, mas sim onde, nesse sintoma, se implica uma fantasia que o determina. Assim se deslocaria uma clínica centrada unicamente nas formas do sintoma para uma outra em que se privilegiariam as modalidades da posição do sujeito na fantasia.

Podemos concluir com Lacan que a resposta da psicanálise à psiquiatria é uma resposta feita pelo recurso à ética da psicanálise, que é uma ética desarticulada dos ideais e do bem-estar e que visa ao tratamento do sintoma não tomado como mera consequência do funcionamento neuronal, mas uma ética que toma o sintoma como função de um real que é a estrutura que se expressa na linguagem, e que compromete o Sujeito.

Concluindo, se na psiquiatria o diagnóstico se refere unicamente à descrição de fenômenos pensados como invariantes estatísticas, a psicanálise, sem negar a existência desses fenômenos, vai além da sua descrição e indaga sobre sua estrutura de linguagem e responde a isso com formalizações que ampliam o campo da psiquiatria.

Então, haveria uma especificidade no diagnóstico feito pelo analista? Pois, se o psicanalista faz seu diagnóstico na relação transferencial, lá, onde ele foi colocado pelo sujeito, é a maneira pela qual o sujeito o constituiu como Outro que lhe dará os subsídios para elaborar seu diagnóstico.

É como Outro que o analista terá essa possibilidade, pois fazendo parte do campo, envolvido na situação, verá surgir os indícios com os quais poderá, só depois de estar com o paciente, enunciar um diagnóstico dessa estrutura — o que, muitas vezes, só será possível depois do tratamento.

A psicose no ensino de Lacan

A psicose difere estruturalmente da neurose e da perversão. No fetichismo, paradigma da perversão, o objeto real se transforma em condição erótica, e um sujeito só consegue ter relação sexual se houver esse objeto no corpo do outro. Fetiche é o nome que se dá ao objeto dessa condição erótica, que pode ser, por exemplo, cílios postiços, cinta-liga, etc.

Para Lacan o fetiche preenche objetalmente a falta no Outro. Ou seja, evita a falta presentificando-a com um objeto real. O mecanismo psíquico implicado na produção do fetichismo permite que um objeto real tenha a função de anular a castração materna.

Foi com essa evidência clínica que Lacan começou a fazer a releitura de Freud. A partir desse fato deduziu outras formas de o sujeito negar a falta no Outro. O fetiche corresponde, na perversão, ao lugar do sintoma na neurose. Por causa do mecanismo de defesa implicado, aparecerá um sintoma ou o fetiche. Já na psicose, a partir da abolição da falta, o que aparecerá serão "fenômenos elementares", como as alucinações.

Na relação do Sujeito com o Outro, o perverso se identificará ao desejo do Outro, assim garantirá o gozo do Outro. No perverso, o lugar do Outro será ocupado pelo Sujeito, numa lógica inversa à da psicose. Na psicose o Outro ocupa o lugar do Sujeito, e essa é a causa da sintomatologia da psicose.

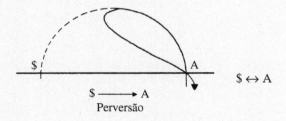

Existe, tanto na neurose como na psicose e na perversão, uma dialética entre o Sujeito e o Outro. Na psicose, o Sujeito será invadido por esse

Outro. O gráfico apresenta a situação da psicose quando o Outro e o Sujeito se juntam:

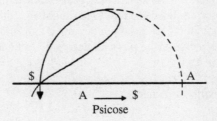
Psicose

O Outro invade o Sujeito; quando isso ocorre, a fenomenologia da manifestação psicótica se impõe. É o que acontece com o indivíduo que está alucinando, ele é invadido pelo Outro, nela o Outro se confunde com o Sujeito, o que explicaria a fenomenologia da psicose. Por isso, Lacan vai dizer que na psicose o inconsciente está a céu aberto. A explicação de Lacan para a psicose é que o Nome-do-Pai não está presente, daí que o desejo da mãe não está barrado e o Sujeito fica preso a ele, ou seja, não há falta.

A "esquizo-análise" discute a noção da falta, denunciada como ideológica, e coloca suas raízes no capitalismo. Negando a falta, situa a psicanálise como uma ideologia burguesa que visa fazer com que o sujeito entre em harmonia com sua falta, quando, dentro da proposta deles, talvez fosse possível que ela não existisse.

Se há alguém que não tem falta, esse é o psicótico. Só que não se trata de uma situação de beatitude divina, pois o que o caracteriza é não ter vínculo social e não conseguir estabelecer coerência em seu mundo nem na relação com o Outro. O psicótico não tem um mundo, pelo menos o mesmo que o nosso. Por isso, catalogamos as suas manifestações como insensatas, irreais, fora de si. Isso seria excluí-lo da humanidade, caso o sentido fosse a essência do homem.

Com a teoria do significante, pode-se a responder a esse problema de uma maneira totalmente nova. Também a questão da psicose torna-se fundamental para a teoria lacaniana na demonstração da relação do sujeito com o significante. Poderia se até mesmo dizer que a paranoia está para Lacan assim como a histeria para Freud.

A entrada de Lacan na psicanálise, deu-se pelos limites que o conhecimento psiquiátrico trouxe sobre a paranoia. A questão da paranoia estava no cerne da teoria do Estádio do Espelho, pela noção do conhecimento paranoico.

Da conhecida tese sobre a paranoia, tardaram mais de 25 anos para que Lacan retornasse ao tema já então da perspectiva do que chamou de seu ensino. Isso foi em 1956, no *Seminário III*, "As psicoses"[36], que resultou num escrito com o título "Uma questão preliminar a todo tratamento possível da psicose"[37].

A questão das psicoses seria retomada em 1976, mais de vinte anos depois, no *Seminário* sobre James Joyce, "Le Sympthome"[38]. Lacan supunha que Joyce tivesse uma estrutura psicótica, embora ele não tivesse tido um surto psicótico. E o que manteve Joyce fora da psicose teria sido sua obra. Quem leu *Ulisses*, *Finnegans Wake* ou o *Retrato da artista quando jovem* percebe que há particularidades únicas no uso das palavras por Joyce.

Porém o tratamento das psicoses foi enfatizado de uma maneira muito particular numa comunicação de Lacan de 1977, "Abertura da sessão clínica"[39], com uma observação que se tornou palavra de ordem para os analistas lacanianos: "Não retroceder diante da psicose", visto certamente as dificuldades que essa prática trazia e continua trazendo aos analistas.

Resumindo sua posição diante das psicoses, Lacan diz no texto "Formulação sobre a casualidade psíquica"[40]:

> *Longe de a loucura ser um fato contingente das fragilidades de seu organismo, ela é virtualidade permanente de uma falha aberta na sua essência. Longe de ser um insulto para a liberdade, ela é sua mais fiel companheira, seguindo seu movimento como uma sombra. E o ser do homem, não somente poderia ser compreendido sem a loucura, como ele não seria o ser do homem se, em si, não trouxesse a loucura como o limite da liberdade.*

Essa citação merece algumas considerações. Ao afirmar "Longe de a loucura ser um fato contingente das fragilidades de seu organismo", aí já está o descarte feito por Lacan da organicidade das psicoses, e esse vai ser um dos lugares onde ele reafirma a especificidade da psicanálise, posicionando-se diante da polêmica que existe em relação à explicação neuroquímica das psicoses.

Além disso, o que ele está enfatizando é que a psicanálise, ao descobrir o lugar prevalente da palavra na existência humana, afirma

---

36) Lacan, J. *Seminário III*, 1956.
37) Lacan, J. *Escritos*, p. 537.
38) Lacan, J. O sintoma, *Seminário XXIII*, inédito, 1976.
39) Lacan, J. *Ornicar*, n. 9, 1977.
40) Lacan, J. *Escritos*, p. 152.

que a palavra, mais do que o centro, é o eixo da existência. Eixo, no sentido de a palavra buscar nosso destino entre dois limites; o da loucura e o da morte. A partir desse ponto de vista, a liberdade que se pretende construir desde a condição humana tem seu limite na loucura, e na palavra que pode levar à morte.

Assim, pretender curar a "loucura" como lugar limite do questionamento do humano não é demasiado diferente de se pretender expulsar a morte do horizonte de nossa vida. O louco é o verdadeiro homem livre, pois não precisa de outro, não precisa do semelhante para buscar a causa de seu desejo. Não confundir essa posição, no entanto, com uma certa posição libertária dos antipsiquiatras que colocavam a loucura como ideal do sujeito humano. Lacan, embora situando a loucura como limite da liberdade do homem, pergunta se este limite não é baseado num engano, que é a própria condição da existência humana.

A clínica psiquiátrica atual é a clínica das respostas do sujeito aos psicofármacos, quer dizer, não se classifica mais a manifestação fenomênica de certos sintomas e faz-se o diagnóstico a partir de uma articulação da combinatória desses sintomas, como era a proposta até os anos 50. Atualmente se caracterizam os quadros conforme a resposta à administração dos psicofármacos. Já a psicanálise é a clínica do particular, ela desloca os parâmetros normativos da psiquiatria, centrados em torno das noções de déficit e de dissociação, para recolocá-los nas relações do Sujeito ao outro, que é a estrutura mesma do enquadre analítico.

O avanço de Lacan consistiu em introduzir o Sujeito na psicose, pois antes, a psicose era avaliada em termos de déficit, de dissociação, de não funcionamento de certas funções mentais. Dessa maneira Lacan se mantém fiel à descoberta freudiana de que um sintoma tem um sentido que é independente das vicissitudes do organismo.

Foi aí que se deu a descoberta de Freud, ao perceber que a histeria não é uma produção de uma disfunção orgânica e sim que ela possuía um sentido ligado à história de vida do Sujeito. É justamente na relação do Sujeito como significante, ou melhor, na carência de um significante, que se situa o drama da loucura. Essa é a tese de Lacan.

A estrutura psicótica, que é o que Lacan teoriza, é a condição decorrente da estrutura do Sujeito que, em razão das vicissitudes do Complexo de Édipo, não ascende à falta. Esse acidente do Édipo possibilita a formação de uma estrutura psicótica, que poderá desencadear ou não um surto psicótico.

Lacan, na época de sua formação psiquiátrica, havia escrito na parede do hospital onde fazia residência: "*Só é psicótico quem pode*", no sentido de que não é o fato de querer ser louco que a vai possibilitar, é necessário que haja uma estrutura condicionada pela não-instalação da castração.

Um outro problema que a questão do diagnóstico traz é o da tipologia das psicoses, central no que se refere ao posicionamento de Lacan em relação às outras leituras de Freud.

Na questão da tipologia da psicose, Lacan retoma o eixo paranoia-esquizofrenia. Nisso haveria um retorno a Kraepelin, e o eixo organizador das psicoses passaria a ser a paranoia. Essa não é a mesma posição de Melanie Klein que, fiel a Freud de 1924, introduz e mantém unicamente a melancolia como neurose narcísica.

A organização que Lacan fez no campo das psicoses, a partir da paranoia, seria fazer equivaler a paranoia, na explicação freudiana, ao momento do narcisismo, o que corresponderia à fase do Estádio do Espelho. A esquizofrenia, que na postura freudiana equivaleria a uma regressão ao autoerotismo, para Lacan corresponderia ao corpo despedaçado. Então, nesse sentido, o esquizofrênico adoece por falta de paranoia, falta do Estádio do Espelho, organizador do corpo.

Já as depressões aparecem sistematizadas por Kraepelin, no eixo da melancolia com a mania. É a chamada psicose maníaco-depressiva. No entanto ela recebeu outros nomes: "psicastenia" em Janet, "paixão triste" em Esquirol ou "melancolia", como preferiu Freud. Na psicanálise, a depressão implica uma avaliação de um estado de ânimo. O inconsciente aparece aí convocado somente no momento da comunicação desse estado de ânimo. Por isso Lacan diz que toda tristeza é incumbência do pensamento. A vivência depressiva carece então de uma autenticidade ao menos verbal. Assim, Lacan, trata a tristeza a partir do saber.

No entanto, o que interessa mesmo nas depressões é a perda de objeto, e não o recalque. A questão foge assim, segundo Lacan, das estruturas, pois há o fato de a perda do objeto se dar na psicose ou na neurose.

Na psicose, principalmente na melancolia delirante, uma das características que faz obstáculos à inscrição da melancolia como uma estrutura clínica, é o fundo de verdade que ela encerra: o abandono do Outro. O Outro tem uma falta, e essa falta é de estrutura. Lacan seguindo a Freud, chama isso de lucidez da melancolia, pois nas palavras de Freud não há outro pecado universal além do da dor de existir.

Na visão da psicanálise, para um sujeito qualquer, uma organização mínima de significantes é constitutiva de seu mundo. Essa organização não é dada de entrada, ela é dada a partir de uma estrutura mínima que Freud chamou de Complexo de Édipo. A tese de Lacan é que no psicótico essa perturbação dos sentimentos de realidade, das relações com o outro, desse delírio comum que funda o sentido comum, encontra a sua razão num acidente dessa organização significante.

Recolocando a referência ao Édipo no cerne da teoria psicanalítica das psicoses, é no acidente desse registro que Lacan designa o efeito que dá à psicose a sua condição essencial, com a estrutura que a separa das neuroses.

Freud havia identificado o inconsciente com o recalcado. Lacan, ao afirmar que havia elementos inconscientes que estariam inconscientes por efeito de um outro mecanismo diferente do mecanismo de recalque, está afirmando que há uma função do inconsciente diferente da de recalcado.

O que Lacan fez foi retomar o mecanismo que aparece esparsamente na obra de Freud e unificá-lo sob um mesmo nome proposto por ele que é: *forclusion*, traduzido para o português como *"foraclusão"*.

Esse nome se refere a um procedimento jurídico e significa que um crime não pode mais ser punido por causa da sua prescrição. A especificidade desse mecanismo jurídico, segundo Lacan, serve para esclarecer o uso que ele faz do conceito que retira de Freud.

Esse termo, toma o seu valor na medida em que se pode diferenciar de outros como recalque e recusa. O significante que falta em foraclusão é o significante do pai. Lacan introduz o pai, não como sujeito biológico, mas como significante que ele chama de Nome-do-Pai, que na teoria lacaniana é o significante da Lei no Outro.

Lacan define a causa estrutural das psicoses como a impossibilidade de que o significante pai advenha no nível do Simbólico. Dessa forma, Lacan reorganiza o campo psicanalítico das psicoses.

A psicose no ensino de Lacan tem uma estrutura, decorrente da foraclusão do Nome-do-Pai, que é o significante fundamental que estabelece a organização de significantes, e assegura a estabilidade do mundo de todos nós. A psicanálise ensina, pelo menos desde essa teoria, que a psicose expõe o sujeito no nível mesmo da sua estrutura. A ponto de Lacan dizer que a psicose é a estrutura.

Decorre da posição de Lacan que a clínica psicanalítica das psicoses não inclui uma clínica do indivíduo biológico, pois só há sujeito, pelo efeito do significante. A hipótese de Freud de que o delírio constitui uma defesa diante de impulsos homossexuais se demonstra insuficiente. A questão homossexual detectada por Freud não é a causa determinante da paranoia, senão o sintoma. Tampouco se trata de uma clínica de desenvolvimento psicossexual, a partir do ponto de vista genético. Se Freud enfatizou a regressão narcisista na psicose, não o fez para excluir a função paterna.

Diante dessas considerações é possível uma psicanálise da psicose? Se a psicose decorre de uma alteração do Simbólico, e é essa estrutura simbólica que coloca a possibilidade da existência do Outro;

no caso da psicose, ao não funcionar o registro do Simbólico, não há saber no Outro. Há uma atribuição de certeza ao Outro, não uma suposição.

Justamente é essa atribuição de certeza que caracteriza a irredutibilidade do delírio do psicótico. A característica da estrutura psicótica é a certeza. O psicótico não duvida de suas afirmações, por isso nós dizemos que ele delira. A via do Simbólico, via da análise por excelência, em que se põe em causa o discurso e seus equívocos, fica alterada. O psicótico estará fora do significado porém não fora da linguagem.

A transferência, que é a possibilidade da precipitação da verdade pelo Outro, não opera, ou opera de maneira diferente. Por isso a necessidade de Lacan colocar uma questão preliminar a todo tratamento possível de psicose. Para que o tratamento seja psicanalítico, para que não seja uma psicoterapia das psicoses, para que seja psicanálise na sua especificidade, na especificidade que a difere na prática psicoterapêutica, Lacan vê a necessidade de uma ação que ele chama *manobra de transferência*.

Só há análise quando a transferência aparece como saber. Então a ação do analista consiste em possibilitar a passagem da transferência como resistência à transferência como saber. Essa atuação é o que Lacan sugere que se chame manobra de transferência.

Essa manobra no psicótico consistiria numa mudança necessária da posição que o psicótico ocupa no início da situação analítica. Pois, em decorrência, da sua estrutura, o psicótico se coloca diante da demanda do outro como objeto. E esse é justamente o lugar em que o analista deve se colocar. Não se pode deixar de dizer que essa noção de analista como objeto é uma intuição kleiniana que Lacan recupera. E justamente quando Lacan formaliza a via do Real na análise, que é a do analista como objeto, é que se vai tornar possível efetivar a prática psicanalítica com psicóticos.

No entanto, em 1956, a posição de Lacan era a de que a psicanálise das psicoses era possível. Porém, isso introduzia a concepção a ser formulada da manobra de transferência que ele na época não tinha elementos para formalizar.

Na época, por não ter elementos para ultrapassar Freud, Lacan não foi mais longe. Seu objetivo era restaurar o acesso à experiência que Freud descobriu, colocando nesses termos o destino do praticante que desconhecesse as lições impostas pela psicanálise, ou as lições impostas pela psicose. Diz Lacan: "Utilizar a técnica que Freud instituiu fora da experiência na qual ela se aplica é tão estúpido quanto fatigar-se no remo quando o navio está na areia"[41]. Quer dizer, tentar fazer análise num psicótico

---

41) Lacan, J. De uma questão preliminar a todo tratamento possível da psicose, in *Escritos*, p. 537.

sem essa manobra da transferência, ou sem a especificação do que é psicótico, não poderia ser psicanálise porque os pré-requisitos constitutivos da estrutura da situação analítica não se efetuam.

Fica a questão da manobra da transferência que é formalizada, tal qual se entende isso hoje em dia, não a partir diretamente de Lacan. Ele nunca chegou a formalizá-la, mas seus seguidores, desde certas indicações em sua obra, pretendem fazê-lo. Ela consistiria numa inversão do lugar que o paciente ocupa em relação ao analista no início da cura. O psicótico se coloca na posição de objeto e se dirige ao analista na posição de sujeito. Nessa situação o psicótico está na posição de analista e o analista na posição do paciente. A menos que haja uma inversão dessa posição, a análise não é possível.

A indicação que se retira de Lacan é a de que o terapeuta se coloque na situação de secretário do alienado. O psicótico é aquele que não teve acesso à castração, por isso ele não tem acesso ao Simbólico. Ao não ter acesso à castração, ele é totalmente invadido pelo gozo do Outro, ele é totalmente tornado pelo Outro, nas vozes que ele escuta, nos delírios que ele constrói. São respostas a esse interlocutor que é o Outro com o qual ele conversa e pelo qual está tomado. O terapeuta nesse momento, ao se colocar como secretário do alienado, na verdade se coloca como sujeito castrado diante desse outro, marcando esses limites ao psicótico. É interessante que, atualmente, a prática de acompanhantes terapêuticos parece que cumpre exatamente essa função, embora seja uma prática totalmente desvinculada da psicanálise e bastante recente. Mas é usada porque é eficaz.

Uma consequência importante do ensino de Lacan é que a psicose e a neurose são estruturas separadas e que não se comunicam. Em contrapartida, na visão kleiniana, há continuidade entre psicose e neurose, sendo a psicose a estrutura fundamental em que neurose aparece como uma defesa em face da psicose.

Em razão dessa especificação é que se justifica a abordagem particular e única que os analistas lacanianos fazem da psicose e é importante manter-se firme na proposta de não retroceder diante da psicose, principalmente diante do que temos de aprender com ela.

Alucinação e psicanálise

Historicamente a alucinação, passível de ser verificada unicamente nos falantes, só foi nomeada separadamente de uma interpretação religiosa (em que era entendida como comunicação com os Deuses, algo próprio de visionários e profetas) a partir da intervenção iluminista, que resultou no surgimento da psiquiatria.

A alucinação recebeu seu nome e sua definição, que ainda hoje é usada pela psiquiatria, em 1817, de Esquirol, um psiquiatra francês, aluno de Pinel.

A definição da alucinação como "uma percepção sem objeto", além de ter organizado semanticamente uma série de fenômenos antes nomeados de modo diferente, implica também teoricamente uma concepção do funcionamento psíquico, quer queira ou não, há quem aceite essa definição. Essa concepção correlaciona a ideia da adequação da percepção à realidade, o que se daria unicamente pelos órgãos dos sentidos.

A alteração dessa adequação entre o objeto e a percepção produziria as alucinações, que seriam tantas quantos são os sentidos: auditivas, visuais, táteis, cinestésicas, gustativas.

A primeira incidência importante, nessa organização classificatória, foi feita por Baillerger, que ampliou a semiologia anterior das alucinações, acrescentando às descritas por Esquirol (as alucinações psicossensoriais) a observação de fenômenos que chamou de alucinações psíquicas (chamadas também de pseudoalucinações por Kandinsky, ou de alucinações aperceptivas por Kahlbaun). Com isso Baillerger ampliou a questão da alucinação, antes somente entendida como alterações exclusivas da senso-percepção, para sugeri-la como podendo ser definida pelo caráter involuntário dessas vivências, mudando assim o eixo onde antes elas estavam centradas, que era o "erro de percepção", para defini-la a partir da característica de ser uma vivência estranha à personalidade de quem a refere.

Ou seja, tanto a alucinação psicossensorial como a alucinação psíquica testemunham um automatismo, mas elas diferem entre si na medida em que as alucinações psicossensoriais possuem um caráter de espacialidade sensorial e as alucinações psíquicas se referem a um fenômeno cuja característica principal é a de ser imposta e sem objetividade espacial.

A principal consequência dessa diferenciação foi que a partir dela se tornaria possível a inclusão progressiva dos fenômenos de linguagem no campo das alucinações.

Uma terceira e última operação, que definiria definitivamente o campo "clássico" da semiologia das alucinações, seria ainda feita em 1892, por Sèglas. "*Uma pequena revolução*"[42], no dizer de Lacan, que consistiu na descrição das alucinações motrizes-verbais, o que produziria o efeito de se introduzir a pergunta sobre o "sujeito da alucinação", ou dito de outro modo, quem alucina?

Referindo-se a isso, Lacan no *Seminário III* diz que a alucinação psicomotriz-verbal trouxe à tona a constatação de que na palavra humana

---

42) Lacan, J. As psicoses, *Seminário III*, 1956.

o emissor é sempre e ao mesmo tempo receptor, já que escuta o som das próprias palavras.

Essa semiologia seria ainda completada pelo próprio Sèglas que, ao distinguir alucinações auditivas das verbais, propôs que se classificasse a última como uma patologia da linguagem, o que aproximaria o fenômeno da alucinação mais ainda ao campo da psicanálise.

Embora antes de Freud as alucinações já tivessem sido associadas aos sonhos, o que foi feito por Moreau de Tours em 1845, em decorrência de suas pesquisas com substâncias psicoativas (o que abriria caminho para a nomeação do onirismo como entidade clínica por Regis em 1900), coube no entanto ao pai da psicanálise tomar essa via de investigação e no sonho pensar ter encontrado o modelo do funcionamento psíquico que explicaria o mecanismo comum a todas as alterações psíquicas, inclusive a alucinação psicótica.

Essa proposta, que se encontra presente em Freud desde o apartado H da "Interpretação dos sonhos"[43], encontrou uma continuação no "Suplementos à teoria dos sonhos"[44], em que Freud, a partir do seu modelo "telescópico", retoma a explicação da recordação como efeito de uma atualização alucinatória de um registro mnêmico, o que se daria pelo mecanismo da regressão. Nesse texto, Freud avançou essa sua hipótese a ponto de poder propor algumas diferenças entre o trabalho do sonho e a esquizofrenia.

Para Freud, no sonho o processo primário afetaria as representações de coisa, enquanto na esquizofrenia seriam as representações de palavras as afetadas. Em segundo lugar, no sonho se produziria uma regressão tópica até a percepção, fato que não aconteceria na esquizofrenia.

Isso implicaria, para Freud, que a alucinação não seria um fenômeno central da psicose. Por isso Freud separou esquizofrenia e alucinação e criou uma nova entidade clínica que englobaria o sonho (pela sua manifestação de onirismo) e a confusão alucinatória aguda (a Amentia de Meynert), quadro que Freud batizou de "psicose alucinatória de desejo".

Não foi suficiente portanto para Freud a explicação da alucinação como simples efeito da regressão, pois se fosse assim qualquer regressão intensa poderia produzir uma alucinação. Segundo Freud, para que houvesse alucinação seria necessário, além da regressão, que ficasse suspenso o exame do critério de realidade, que é o que permitiria distinguir as percepções das representações. O que Freud deixou de explicar adequadamente foi o que faz com que esse critério de exame da realidade fique suspenso.

---

43) Freud, S. *S.E.*, v. IV, p. 1.
44) Freud, S. *S.E.*, v. XVIII, p. 14

Desde o final do século XIX até as quatro primeiras décadas do XX, as bases da psiquiatria clínica, alemã e francesa já estavam constituídas e isso sem dúvida produziu forte influência nas obras de Freud e de Lacan. Uma das consequências disso seria a de que se para Freud o fenômeno alucinatório não era o fato central na psicose, ele talvez o fosse para Lacan.

Lacan, nessa questão, seguiria o seu declarado mestre em psiquiatria, Clérambault, para quem o fenômeno alucinatório está sempre subjacente aos delírios? Se for correta a indicação que G. Lanteri-Laura faz em seu livro *Les hallucinations*[45], atribuindo a Lacan a autoria do texto publicado no número 1 da revista *Scilicet* em que a alucinação é proposta como fenômeno suficiente e necessário para o diagnóstico do estado psicótico, a resposta à pergunta anterior seria afirmativa. Também no mesmo artigo há uma afirmação que demonstrada sua pertinência, revolucionaria o campo da semiologia das alucinações: "a alucinação é sempre verbal".

Talvez encontremos uma resposta a essa polêmica (mesmo sem esclarecer a autoria do texto da *Scilicet*) no texto escrito por Lacan em 1961 para a revista *Les temps modernes*, no número dedicado a Merleau-Ponty que havia falecido recentemente.

Nesse texto, em contraponto com as posições do filósofo sobre a questão do visível, há como uma tomada de posição de Lacan em relação à alucinação (paradigma do invisível que se faz visível?). Ele o faz abordando a questão cartesiana do "Eu penso" em relação ao "Eu sou". Dito de outra maneira, tratar-se-ia de poder reunir a "extensão", *res extensa* (o "Eu sou"), e o pensamento *res cogitans* (o "Eu penso").

Se para Merleau-Ponty o corpo identifica-se à percepção e, por isso, impõe a existência de um momento pré-reflexivo, o que faz com que o sujeito, por isso mesmo, só esteja depois em seu pensamento, Lacan propõe uma solução um pouco diferente: antes de mais nada estaria a presença do Outro para o sujeito. Quer dizer, para Lacan o *sensorium* funcionaria apenas como Outro para o sujeito, e não como seu centro.

Mais ainda, para Lacan não existiria nenhuma posição que pudesse reunir o "Eu sou" e o "Eu penso", o que tem por consequência um sujeito sempre dividido.

J.A. Miller[46] propôs o seguinte modelo para o que poderia ser a estrutura normal da percepção:

---

45) Lanteri-Laura, G. *Las alucinaciones*. México, Fondo de Cultura economica, 1994.
46) Miller, J.A., Comentário sobre Maurice Marleau-Ponty. In *Analisis de las alucinaciones*, Buenos Aires, Paídos, 1995.

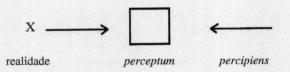

J.A. Miller, com a expressão "estrutura normal" da percepção, certamente estaria se referindo ao modelo compartido pelos teóricos da alucinação, em que o *percipiens* e o *perceptum* dependem de uma referência à realidade, ou seja, somente quando há um ajuste entre ambos com a realidade se conseguiria a objetividade.

Dessa maneira, a alucinação se daria quando a realidade não está implicada no *perceptum*. Neste momento a causa dela passa a ser imputada ao *percipiens*.

A percepção alucinatória foi assim esquematizada por Miller:

Lacan, opondo-se a essa forma de se estabelecer a compreensão do processo da percepção e ao se situar de uma maneira que questiona a base fundamental desse modelo, já trouxe de volta o debate sobre a alucinação para uma questão de ordem que seria anterior aos demais debates, e com isso se opôs a todas as outras posições existentes sobre o tema, quer fossem elas psiquiátricas ou filosóficas.

Esse confronto se deu, visto que Lacan inverteu o que era antes aceito como o mecanismo da percepção, ao conferir ao *perceptum* uma função de causa, cujo efeito de divisão recai não sobre o *percipiens*, como antes, mas sobre um Sujeito.

Eis o esquema proposto por J.A. Miller para o "modelo lacaniano" da percepção:

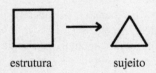

O "modelo lacaniano" da percepção, esquematizado por Miller, evidencia a subversão feita por Lacan nesse campo, que antes de mais nada foi efeito de ele reconhecer o *perceptum* como fato de linguagem, e o elevar à categoria de "causa" do sujeito. Não há portanto um sujeito ativo da percepção, mas apenas um sujeito que é efeito da divisão do significante. Conclusão maior: a percepção do mundo só se opera por meio do campo da linguagem. Está implícito na proposta de Lacan que o *perceptum* alucinatório seria anterior ao Sujeito, destituindo dessa maneira o *percipiens* do lugar central que antes ele ocupava na mentalidade ocidental. Assim, se são os significantes que condicionam a realidade, e não o contrário, como é a posição da psiquiatria, alguém poderá até sentir "cheiro de diabo", fato que poderá tanto ser uma metáfora como o retorno pelo Real do que foi *foracluído* no Simbólico.

Mas nos dois casos se tratará só de significantes, não do bulbo olfativo e das entranhas cerebrais.

A loucura depois de Lacan

Na visão de Homero, os homens não passariam de bonecos à mercê dos deuses, e por não terem o domínio de si mesmos, o seu destino seria conduzido pelas "moiras", o que criava uma aparência de estarem fora de si, de estarem tomados, possuídos por uma força maior e exterior. A isso os gregos chamaram "mania".

Segundo Sócrates, esse fato produziria várias manifestações, sendo uma delas a mania "profética", proveniente do deus Apolo e que seria um tipo de loucura em que os deuses se comunicariam com os homens, possuindo o corpo de um deles para utilizá-lo como veículo da mensagem que queriam enviar. E como os deuses falam sempre a verdade, com esse tipo de "mania", que seria a do discurso oracular, produziu-se para este signo da loucura sua face de sabedoria, mística, que até hoje permanece vigente.

Outra manifestação da loucura entre os gregos, foi a ritual ou dionisíaca. Nela o louco se via conduzido ao êxtase por meio de danças e rituais orgiásticos, ao fim dos quais seria possuído por um *daimon*. Esse tipo de mania, pelos efeitos catárticos que produzia, continha em si sua própria cura e provavelmente tenha sido a origem dos "carnavais" e de outras festas populares existentes até hoje. Não seria esse tipo de loucura também o responsável pela ideia de que seria necessário se liberar das forças "subterrâneas" ("instintivas") existentes na natureza para não enlouquecer?

Haveria ainda, no entender de Sócrates, a loucura amorosa produzida por Afrodite e também a loucura produzida pelas musas, a poética. Mas em qualquer uma delas a loucura denotava o caráter exterior desse saber que se expressava pelo sujeito, ora por oráculos, ora pelas manifestações do *daimon*, ora pela inspiração das musas. E essa manifestação do "outro", que constituiria a fonte da mania, por ser detentora de uma "verdade" que se revelaria dessa maneira, seria por isso considerada sagrada.

Uma outra postura subjetiva, determinante de uma nova significação da loucura, foi produzida pelo cristianismo. Essa outra posição subjetiva radicalizou o caráter da exterioridade da loucura, atribuindo sua causa ao *daimon* cristianizado, que é *o demônio*, e que, além disso, a valorizou negativamente, significando-a como produto do pecado, responsabilizando moralmente o sujeito acometido por ela. Foi assim que fenômenos como os das epidemias de feitiçaria, ocorridos principalmente na Idade Média, transformaram-se na origem da Inquisição, que foi o "tratamento" indicado pela Igreja para curar esta "doença" espiritual.

O demônio, signo do mal, passou a ser sinônimo e justificativa da loucura que, por meio da possessão das feiticeiras, produziu um signo da loucura ampliado, ao qual, a partir daí, juntaram-se o caráter de "ruim e de mal", embora mantendo ainda as características de "exterior" e "sagrado" que esse signo já possuía anteriormente. Para mudar essa concepção não foi suficiente nem mesmo um Erasmo de Rotterdam, que tentou restituir a esse signo, no seu livro *Elogio da loucura* seu aspecto de sabedoria.

Mas foi somente ao ser anexada à razão que a loucura sofreu sua mais radical modificação. Isso teria ocorrido pouco antes da Revolução Francesa por obra de Pinel que, ao separar o louco do criminoso, afastou o aspecto de julgamento moral que constituía até então principal parâmetro da loucura.

Apesar da importância desse fato em si mesmo, a principal consequência do ato de Pinel refletiu-se na leitura que o filósofo Hegel fez da loucura. Em 1817, Hegel afirmaria, num artigo escrito para a *Enciclopédia de filosofia*, que a alienação mental não seria a perda abstrata da razão, como até então se acreditava, mas segundo ele a loucura seria decorrente de uma contradição interior à própria razão.

Mesmo usando a palavra "alienado", Hegel afirmou que não haveria uma "outra" razão ou mesmo uma desrazão que motivasse a loucura, como se acreditava antes e pretendeu demonstrar que esta provém unicamente de algo interno a ela própria. Com isso a loucura deixaria de ser necessariamente o oposto da razão ou sua ausência, e a partir daí ela pôde ser pensada inerentemente à razão. Foi o que tornou possível a operação de pensá-la como dentro do sujeito e, portanto, possuidora de uma lógica própria.

Hegel, com essa sua intervenção, tornou possível pensar a loucura como pertinente e necessária à dimensão humana, chegando ao ponto de afirmar que só seria humano quem tivesse a virtualidade da loucura, pois a razão humana só se realizaria por intermédio dela. A loucura, com isso, passou então de uma posição em que alguém (Sócrates, por exemplo) significava esta "alguma coisa" (mania) como caracterizado por ser além-da-razão, para uma outra posição em que "alguém" (Hegel, no caso) significava esta "alguma coisa" (loucura) como interior e necessária à razão.

Passou-se dessa maneira da desrazão para a doença mental e, decorrente dessa nova postura subjetiva em relação à loucura, ela pôde ser capturada e pensada como pertinente a uma subjetividade particular. Com isso, ela deixou de ser uma loucura universal, uma loucura de tudo e de todos, uma loucura dos deuses que criariam uma loucura do mundo, e passou a ser uma loucura de cada um que, levando em conta o particular deste sujeito, passou a ser apenas loucura dos homens.

Modernamente, pela obra de Foucault, houve ainda uma outra tentativa de se estabelecer uma lógica própria da loucura, porém retirando-a radicalmente do monólogo que, segundo este autor, a razão realizaria sobre ela.

Foucault, ao situar a loucura como não sendo natural ao homem e ao negar sua origem no uso da razão, propôs de maneira radical sua causa como cultural. Nessa outra tentativa de conotar o signo loucura, este não seria o relato de um fato da natureza, mas seria a constatação de um fato próprio às culturas que a definiriam. Com isso, Foucault relativizou ainda mais a significação desse termo que, com essa modificação, só seria possível de ser definido para uma determinada época, a partir de parâmetros culturais.

A psicanálise, que sempre esteve advertida da relatividade das significações, nunca deixou de denunciar que "alguma coisa" a que se refere o signo é sempre uma referência de alguém. Por isso tentou ser uma disciplina que incorpora no seu exercício os signos (e daí a metodologia da associação livre) como só tendo sentido por serem sempre uma referência de alguém. Tanto foi assim que Freud viu a necessidade de incluir, desde o início da sua obra, a ideia de uma "realidade psíquica", para relativizar a noção de uma realidade que se assemelharia ao substrato material dos fenômenos ou, dito de outro modo, de uma significação possível de ser uniformemente compartida.

Dessa maneira, para a visão da psicanálise, cada um vive unicamente numa realidade que lhe é própria e é efeito da exclusão de sentido que o sujeito opera para garantir seu narcisismo. Porém, essa realidade única, consequência do "filtro psíquico" que constitui a causa da parcialidade das vivências que existem para cada um de nós, em que difere da parcialidade do delírio dos psicóticos? E o sentido das palavras, ao se constituir sempre pela exclusão de outras possibilidades de sentidos, cobra de quem a garantia da sua verdade? E, se não há uma realidade última, se não há uma verdade absoluta, não seria que, desde esse ponto de vista, todos são loucos ou mesmo ninguém o é? O que é então a loucura para a psicanálise?

Foi por intermédio de Freud, de Lacan e de outros psicanalistas, colocados na posição deste "alguém" para o qual se significa alguma coisa, que se determinou, não de uma maneira unívoca, mas desde várias posições diferentes, essa "alguma coisa" que seria para a psicanálise o signo loucura. Mas mesmo se tomarmos os autores psicanalíticos um por um, internamente a suas obras, também encontraremos significações e usos diferentes para esse signo.

Freud, por exemplo, utilizou-o tanto como oposto à razão quanto, tomando-o em referência à loucura, definido como objeto-médico, recebendo seu nome próprio que é o de "psicose".

O conceito de "psicose", muitas vezes tomado como sinônimo da loucura, originou-se como oposição dialética ao de neurose que literalmente quer dizer "degeneração dos nervos", definição que fala mais de uma etiologia do que de uma categoria nosográfica. A psicose, termo de data anterior ao nascimento de Freud, no início se referia às doenças mentais que não seriam decorrentes da degeneração psíquica, isto é, elas seriam os transtornos mentais por excelência. No entanto, pela subversão que a psicanálise produziu no campo das neuroses, foi formulada no final do século XIX e no início do XX uma definição desse quadro, numa tentativa "científica" feita pela psiquiatria, por uma referência à fenomenologia, como distúrbios caracterizados por "fenômenos" evidenciáveis e passíveis de serem convencionados por uma psicopatologia estabelecida.

Porém, as várias convenções para se diagnosticar a psicose, entre elas a de Kraepelin, eminentemente evolutiva; a de Bleuler, psicanaliticamente influenciada; a do DSM-III, pretensamente ateorética, sempre se valeram de signos diferentes — estes foram pretensamente reduzidos a seus mínimos, como os estabelecidos por K. Scheneider, com os sintomas de primeira ordem, ou mesmo por Clérambault, com os fenômenos elementares.

Daí a confusão existente (até hoje) nessa área, em que ainda não se conseguiu definir parâmetros eficazes para relacionar o fato clínico (inventariante fenomênica?) e o signo que o nomeia.

Talvez por isso sempre se tenha tentado definir a loucura dentro de uma versão específica à psicanálise, o que seria uma tentativa de se substituir o signo psicose, produto do discurso médico, para estabelecê-lo dentro de parâmetros próprios à psicanálise.

Foi o que Freud tentou fazer quando chamou de "neurose narcísica" a uma situação analítica particular, caracterizada pelo fato de o paciente não estabelecer transferência com o analista, pretendendo definir analiticamente dessa forma uma das consequências da psicose. A particularidade desse signo assim abordado seria a de que esta "alguma coisa" se caracterizaria por não supor que um outro, constituído pela presença do analista, nunca participaria do seu mundo, não estabelecendo nenhum tipo de relação, daí seu "autismo", nome do sintoma desse retraimento que, para Freud, era a essência da psicose.

Mas, sem dúvida, foi com Lacan que a loucura adquiriu sua maior abrangência e fecundidade. Não só Lacan a transformou no fio condutor do seu ensino, como elevou a loucura ao status de reveladora da estrutura do Sujeito, pois para ele o louco seria o único que poderia ser testemunha do Real e por meio dele seria possível saber diretamente do real, visto que o neurótico só pode ascender ao Real pelo Simbólico.

Mas essa referência não é a qualquer louco e, nesse ponto, Lacan fez questão de ser preciso. Lacan opôs ao louco "limite da liberdade humana", decorrente da lógica hegeliana, o "louco objeto-médico", definido dentro da tradição psiquiátrica francesa. E foi a partir desse referencial do signo loucura que Lacan retirou as coordenadas para estabelecer a estrutura do Sujeito.

Logo no início de suas investigações sobre a paranoia, Lacan descobriu que o sujeito é determinado pelo Outro, ou seja, que ele é causado desde o Outro, chegando a dizê-lo de uma maneira mais radical que ele só existiria a partir do Outro (uma das características da paranoia são os delírios de perseguição).

Radicalizando essa constatação e referindo-se à "personalidade" em suas relações com a psicose paranoica, Lacan elaborou a sua proposta de que o conhecimento humano seria um "conhecimento paranoico", acentuando o fato de este ser sempre uma referência à verdade no que ela é alheia a si mesmo. Pouco depois, Lacan universalizaria suas conclusões aprendidas com a paranóia e as formularia pela teoria do Estádio do Espelho.

Assim, para Lacan como para os gregos, a loucura e todo o conhecimento humano também teriam sua origem no que é exterior ao Sujeito; porém, à diferença dos gregos, o exterior não seria constituído pela vontade dos deuses, mas pelo que é exterior ao conhecimento que o Sujeito tem de si mesmo, o que é uma referência ao inconsciente.

Posteriormente, Lacan, ao colocar o Sujeito como decorrente da sua relação com o Outro, fato a que chamou de "alienação", tornou patente sua consideração do destino humano relacionado com a loucura, fazendo decorrer toda uma ética desse fato.

Se frequentemente houve uma confusão na qual a discussão sobre a loucura sempre esteve imersa, em razão da visão psicanalítica de que todos os falantes poderiam ser loucos, de que todo pensamento poderia ser delírio. Isso se deve ao fato de que cada sujeito constrói seu próprio universo por meio da sua própria realidade psíquica. A definição psicanalítica de loucura retirou seu uso restrito a "doença mental" e subverteu sua compreensão.

A definição da loucura como objeto-médico na tradição francesa (de que Lacan faz uso), a partir da correlação dos fenômenos psicopatológicos alucinação/delírio (que são correspondentes às alterações das funções psíquicas "senso-percepção"/"juízo", características como "transtorno de percepção"/"juízo falso"), foi sistematizada pelo viés analítico, tanto por Freud, que o considerou como efeito do conflito Eu/realidade ou do conflito narcisismo/castração, como por Lacan, que propôs para a psicose uma formalização revolucionária que apontaria, por meio desta manifestação, para a essência da situação humana.

O ensino de Lacan propõe que tudo parte do significante. A psicose, tal qual a neurose, também é efeito dessa estrutura (que recebeu o nome, em psicanálise, de Complexo de Édipo). A psicose, tal qual a neurose, seria decorrente de um acidente ocorrido durante a elaboração do Complexo de Édipo, o qual teria por efeito a inserção, ou não, do Sujeito na ordem Simbólica. Isso se daria por causa do fato de que o significante fundamental para a instauração da ordem simbólica, o significante do Nome-do-Pai, pudesse comparecer barrando o Desejo da Mãe. Isso pode não acontecer e esta seria, para Lacan, a causa da psicose. O sujeito não ascenderia ao Simbólico porque ficaria preso ao desejo materno, porque este não foi barrado pelo Nome-do-Pai que, por sua vez, estaria ausente mediante o fato de ter sido "foracluído".

Com esta nova maneira de entender a loucura, se fez também uma outra leitura da cultura, aqui tomada como produzida pelos efeitos do Simbólico e esclarecida a partir do seu fracasso. O louco, seria aquele que, ao não se inserir na ordem Simbólica, não faz laço social ou, dito no jargão lacaniano, está fora do discurso. O Simbólico decorre desse efeito da operação do Nome-do-Pai que, ao barrar o todo do prazer, metaforizado como o Desejo da Mãe, instaura a falta (castração), motor do desejo. O psicótico, no ponto em que o Nome-do-Pai não está, não fica aberto à falta e neste lugar, ali, ele é todo, é completo, ele é só gozo, é sem desejo, realizando assim em ato o sem-sentido do seu destino.

O psicótico, segundo Lacan, é quem nos ensina do Real, pois este é o não-simbolizado, é o gozo inútil desligado da alienação do sentido. O psicótico é o louco que, à diferença dos outros loucos, não se defende do Real pelo Simbólico e por isso não se aliena, como os outros, nas palavras. O psicótico é o louco cujo Simbólico não se separou do Real, por isso, para ele, a palavra não mata a coisa e o gozo não está interdito. Ele se torna, assim, a testemunha cruel da não-substituição do gozo pela linguagem e pelo seu triste destino, fala-nos da situação humana que é a de ser o eterno joguete entre a procura de uma completude que não existe e a estupidez de um gozo que não serve para nada.

Quatro signos da loucura

Uma primeira abordagem da loucura feita por Lacan foi o caso Aimée. Com o rótulo de paranoia, ela foi o signo de uma loucura de amor. Amor mortal por uma atriz de teatro que era tal qual ela queria ser. Amor então por si mesma, amor pelo ideal que a atriz representava e que, ao mesmo tempo, significava o que ela, Aimée, não era.

Esse caso marcou uma significação da loucura na qual o sujeito procura no outro a completude que lhe falta. A diferença que faz essa loucura ser adjetivada como psicótica ou ainda paranoica, seria o fato de procurar esta completude de si pela morte, pelo despedaçamento do outro. Por meio da realidade do corpo do outro destruído, este louco faz disso signo de união do seu próprio corpo. O paranoico precisa por isso de sua vítima, testemunha especular do seu despedaçamento e possuidor de uma completude. Isso porque ele passaria a possuir essa completude somente por roubá-la do outro.

Essa visão da constituição do psiquismo humano, precursora da teoria do Estádio do Espelho, levava em si o horror da construção do ser humano como precário e incompleto, buscando sempre o outro, como um vampiro, para ter o que julga lhe faltar e para ser só quando o outro já não é.

Outra abordagem da loucura existente na obra de Lacan é a de Schreber. O mesmo caso estudado por Freud foi retomado por Lacan, mas não desde os mesmos parâmetros com que abordou a paranoia de Aimée. Também rotulada de paranoia, o estudo desse caso feito por intermédio dos efeitos do significante, fez Lacan procurar nos meandros do Simbólico o sentido do texto de Schreber, "Memórias de um neuropata", com isso pretendendo encontrar a significação da loucura.

Para Lacan, Gottlieb, o segundo nome do pai de Daniel Schreber, que significa literalmente "amado por Deus", condicionou o delírio de Schereber em que acreditava ser a mulher de Deus e ser fecundado pelos raios do Sol-Pai-Deus. Lacan também faz referência a que a palavra em alemão para *escritor* seria quase igual ao sobrenome Schreber, determinação significante que justificaria a paródia que representaram suas "memórias".

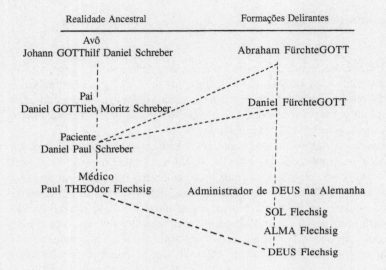

Schereber como signo da loucura mostraria a inexorabilidade da determinação Simbólica, que seria a responsável, com sua estrutura de linguagem, pela outra cena que, por sua vez, determina o palco real de nossas vidas. Essa outra maneira de se entender a determinação do ser não anularia, mas se sobreporia à anterior, pois se Aimée procurava seu ideal na atriz que tentou matar, ele não lhe pertencia, e seria nesse fato que estaria o segredo da sua busca. Já na maneira de Lacan propor o entendimento da psicose de Schreber, o ideal perseguido por ele viria do Outro, como significante.

Mas a referência da loucura como objeto-médico, precisada na sua acepção de psicose, não esgota o alcance da questão que ela impõe. E assim, se tanto Aimée como Schreber fossem indiscutivelmente loucos ou psicóticos, tanto para o senso comum como para a psiquiatria, outras psicoses diagnosticadas dentro dos critérios da convenção psiquiátrica não teriam necessariamente o mesmo diagnóstico para o psicanalista.

Pode-se dizer que o louco faz existir o impossível. Como para a psicanálise, a verdade é impossível, quem quer que julgasse ascender a ela ou torná-la apreensível poderia ser tomado por louco ou mais precisamente por psicótico.

Daí que a terceira abordagem da loucura feita por Lacan refere-se ao filósofo vienense Wittgenstein, que propôs com os seus axiomas do *Tractatus logico-philosophicus* um caminho que tornaria a verdade acessível. Talvez por isso Lacan, no *Seminário XVII*, "O avesso da psicanálise"[47], tenha falado na "psicose de Wittgenstein". Provavelmente

---

47) Lacan, J. *Seminário XVII*, 1969.

o que Lacan quis formular não foi um diagnóstico clínico deste filósofo, mas sim uma leitura, utilizando-se do signo loucura, para as pretensões teóricas dessa pessoa. Ao mesmo tempo essa referência é uma pontuação, por parte de Lacan, para qualquer posição subjetiva que pretenda alcançar por meio de recursos lógicos, o "além da razão".

Talvez também a alusão a Wittgenstein seja uma crítica a todo o movimento humano que pretendia instrumentar um único acesso à verdade que, pelo viés analítico, não existe e por isso só poderia ser alcançado pelo delírio. Talvez por isso também Lacan haveria dito de si mesmo, numa das conferências que realizou nos Estados Unidos em 1975[48], que ele próprio seria psicótico, acrescentando que a psicose seria um fato de rigor.

Finalmente, Lacan desenvolveu uma outra forma de se significar a loucura. Foi a referência que fez à pessoa e à obra de James Joyce, modelo do artista que superou padrões, estabeleceu a si mesmo como parâmetro ainda insuperado da literatura moderna e tornou-se o quarto signo da loucura em Lacan.

A obra de Joyce, marcada por subverter o sentido, não está no entanto fora do gozo e é esse o mistério que move os analistas a decifrar sua mensagem. O fora do sentido não é o sem-sentido e os dois apontam ao gozo imediato da psicose. Mas Joyce e sua obra estão dentro do laço social, estão dentro do que em psicanálise se chama discurso.

Por que se lê Joyce? Onde está a magia da sua arte que faz com que muitos se ocupem dele "por mais de trezentos anos"?

A obra de Joyce, ao subverter os parâmetros da organização pré-consciente, nos aproximaria do funcionamento do processo primário, matéria-prima para o que seria significado como produção do psicótico?

O substantivo psicose, o adjetivo psicótico apontam outros usos para a loucura. Joyce, pela pena de Lacan, exemplificou a ideia de uma estrutura psicótica, de alguém que poderia ter sido psicótico clinicamente, mas não desencadeou um surto psicótico. Segundo Lacan, uma estrutura psicótica determina-se pelos acidentes ocorridos durante a elaboração do Complexo de Édipo, durante a infância, porém o estado psicótico somente ocorre quando certas circunstâncias o desencadeiam. Assim, um sujeito com uma estrutura psicótica poderia nunca desencadear uma crise, poderia vir a ser um psicótico clínico. Já alguém sem a condição de uma estrutura psicótica nunca seria um, "mesmo que quisesse".

O caso de Joyce ensina como uma estrutura psicótica poderia se manter estabilizada pela "suplência" do Nome-do-Pai.

---

48) Lacan, J. Conferências e conversações em universidades norte-americanas, in *Scilicet*, n. 6/7, 1975.

Será que se poderia ler os efeitos dessa estabilização na obra de Joyce? Como a escrita (o mesmo ocorreu com Schreber) produziria esse efeito de estabilização? Qual então a função da arte? Foi aqui que Lacan nos deixou, não sem antes estabelecer a relação entre loucura e psicose, psicose e psicótico e a relação deles com a estrutura psicótica.

Enfim o psicótico, e sua loucura, longe de uma exaltação romântica como recebeu por parte da antipsiquiatria, foi com a psicanálise restituído à sua verdadeira função de arauto da condição humana, de porta-voz do seu Real. Também a psicanálise, à diferença de Foucault, não acusou a cultura como responsável pela sua causa, mas talvez unicamente pela sua condição.

Mais que tudo, o signo loucura revisto pela psicanálise, e particularmente por Lacan, operou um efeito de reordenamento ético, pois a loucura foi, e sempre será, pela afirmativa ou pela negativa, um questionamento global de tudo o que é humano e talvez seja a indagação mais profunda sobre a sua liberdade e o sentido da sua existência.

Análise de psicóticos

Do início ao fim da obra de Freud, o conceito de *Verwerfung* foi usado de várias formas diferentes. Lacan produziu uma condensação dos usos que Freud fez da *Verwerfung* e da *Verleugnung* para propor o termo foraclusão.

O termo *Verwerfung* quer dizer que algo foi jogado fora, ficando irrecuperável. Na psicose, o foracluído é um significante. A causa da psicose não é uma foraclusão "geral", é a foraclusão de um significante específico, o Nome-do-Pai.

E como ocorre a foraclusão do Nome-do-Pai? Quando no discurso materno houver ausência de referência à Lei, pois uma mãe que não faz referência a um Outro, será ela mesma a Lei.

Um Sujeito não é psicótico desde sempre. O que houve na infância foi a formação da estrutura psicótica; *a posteriori* poderá acontecer algo que desencadeie a psicose e que é o que se conhece como "surto psicótico".

Lacan estabeleceu tanto a condição da estrutura psicótica como a que desencadeia a psicose. Há sujeitos que podem ter estrutura psicótica e nunca se tornarem psicóticos, mas alguém que não tenha estrutura psicótica nunca se tornará um.

Esse aspecto tem importância no que diz respeito ao diagnóstico, pois Lacan afirmou que a análise seria um dos fatores que poderiam desencadear a psicose. Isso se daria porque o analista age justamente a partir do lugar do Nome-do-Pai.

Por esse motivo Lacan desenvolveu o procedimento das entrevistas preliminares, que têm por objetivo orientar o analista quanto à aplicação do método analítico. O analista lacaniano não analisa todos *a priori*. Quando ele supõe que a análise pode desencadear uma psicose, ele deve tomar precauções.

A outra ponderação em relação à estrutura psicótica se refere à fenomenologia da psicose. Como o psicótico mantém a estrutura do seu mundo organizada até determinado momento de sua vida? A clínica psiquiátrica descreve o momento inicial da psicose, chamado de "vivências primárias", em que ocorrem os "sentimentos de fim de mundo". Pode-se explicar esse fato porque o Nome-do-Pai, deixando de operar, faz com que a coerência do mundo deixe de existir para o Sujeito. O Sujeito passará primeiro pelo momento descrito como o das "vivências primárias", e em seguida surgirá o que Lacan chamou de "metáfora delirante" — que seria a tentativa de se restituir a metáfora paterna, cuja manifestação clínica são os delírios.

Os delírios são sintomas de cura. Ante a desorganização do seu mundo, o Sujeito produz um delírio. Trata-se de uma forma de reorganizar o mundo, só que com uma coerência criticável para o observador externo.

A neurose ensina a transferência ao analista, porque nessa estrutura existe "ao menos um" que sabe sobre a falta no Outro, pois o que se procura no analista é um saber sobre a falta, e a transferência surge dessa condição.

Nesse aspecto, a característica do psicótico é que um delirante não duvida de seu delírio; se ele duvidar, por definição, não se trataria de delírio. O delírio é irredutível e não haverá nenhum saber atribuído ao Outro. Assim, o que se deduz é que na psicose não existe transferência, ou que a transferência terá características diferentes.

Freud elaborou o conceito de "neurose de transferência", que é o fundamento da prática analítica. Já no caso da psicose, impõe-se um outro tipo de transferência, diferente da neurótica, pois o paciente não tem por que dizer suas coisas ao outro. O psicótico não supõe um Outro que saiba o que lhe falta, ele é ocupado pelo Outro.

Lacan propõe que a psicanálise da psicose só será possível a partir do que ele chamou de manobra de transferência (que, de alguma maneira, consiste em neurotizar o psicótico). A análise de um psicótico só será possível se, por intermédio do analista, houver a possibilidade de se fazer surgir uma demanda de saber sobre a falta.

Tratar a psicose é uma coisa, difícil é analisá-la, pois analisar implica que a partir da associação livre, se possa intervir nas produções inconscientes, isto feito dentro de uma relação transferencial. Isso é o que caracterizaria a situação analítica.

Somente estabelecer um vínculo com o psicótico não caracterizaria necessariamente uma psicanálise, mas um tratamento. Muitas vezes se começa tratando o psicótico e, depois, pode-se passar à análise — ou não.

Um último ponto a ser mencionado, é que ao mostrar um mecanismo diferente do recalque para a psicose, Lacan estava enfatizando uma função do inconsciente diferente da produzida pelo recalcado. Como Freud identificou o inconsciente com o recalcado, o inconsciente na psicose como demonstrado por Lacan seria diferente do freudiano?

Enquanto para Freud o inconsciente é o recalcado, com a explicação que Lacan propõe para a psicose, aponta-se uma função de inconsciente diferente da produzida pelo recalcado. Assim, em Lacan há uma ampliação do conceito de inconsciente, fato que deve ser levado em conta porque dessa forma impõe-se um avanço em relação à teoria freudiana.

Fetichismo e Perversão

A perversão foi definida pela psiquiatria a partir da transgressão de uma norma social, que seria a relação sexual adequada. Todas as transgressões a essa norma constituiriam perversão sexual. Freud, porém, incidiu diretamente nesse fato, subvertendo essa definição: ao estabelecer a causa das perversões, formalizou a relação do homem com suas pulsões, retirando a perversão do campo moral e colocando-a no plano científico.

Para Freud, a perversão decorria da constituição da sexualidade do sujeito. Porém, em 1925, no texto "Algumas consequências psíquicas sobre a diferença anatômica entre os sexos"[49], ele começou a falar em *Verleugnung — ou recusa da realidade* — como uma outra maneira de o sujeito negar a angústia. Nesse mesmo ano, com o artigo "Fetichismo"[50], transformou esse conceito num mecanismo equiparável ao recalque, embora diferente.

Historicamente, o termo perversão aparece mencionado desde 1444 significando inverter e, mais tardiamente, é usado na terminologia médica, por exemplo, em perversão do apetite, o que apontava na medicina um uso do termo significando uma modificação pejorativa de uma função biológica. Foi Magnan quem impôs o uso do termo perversão relacionado a condutas sexuais e o relacionava com o conceito moral de depravação por meio da tríade "anomalias", "aberrações" e "perversões sexuais".

---

49) Freud, S. Algumas consequências psíquicas sobre a diferença anatômica entre os sexos, in *S.E.*, v. XIX, p. 309.
50) Freud, S. Fetichismo, in *S.E.*, v. XXI, p. 79.

Kraff-Ebing sistematizou o campo definindo a perversão como anomalias das pulsões e da reprodução da espécie, conotando-as como condutas que permitiam atingir o orgasmo com um funcionamento fisiológico incomum e desarmônico, citando como exemplo a homossexualidade, o sadismo, o masoquismo, o exibicionismo, o fetichismo, a ninfomania etc.

Freud em um primeiro momento tomou a definição corrente de perversão como forma de conduta sexual que se desviava da norma de cópula genital heterossexual. Porém, problematizou essa definição na medida em que sugere a gênese perversa polimorfa de toda sexualidade humana — Freud, "Três ensaios sobre a teoria da sexualidade"[51].

Nesse momento Freud especificou o que aí ele chamou de aberrações sexuais a partir de uma dupla determinação: desvios relativos ao objeto da pulsão sexual e desvio relativo ao fim da pulsão sexual.

Em um segundo momento, a partir de 1908, no texto "Fantasias histéricas e sua relação com a bissexualidade"[52], Freud falou das fantasias inconscientes na neurose e nas fantasias conscientes na perversão. Um outro conjunto de textos, entre os quais teorias sexuais infantis, em que Freud demonstra a fantasia infantil de que todos os seres têm um pênis, passando pelo caso de fobia infantil e Leonardo da Vinci e uma lembrança da sua infância de 1910, além de um caso clínico de fetichismo de 1914, começa a se impor para Freud a ideia da perversão como uma recusa da ausência do pênis na mãe.

Seria em 1915, com o texto "As pulsões e suas vicissitudes"[53], que Freud relaciona o sadismo e masoquismo como uma inversão da pulsão, assim como "voyeurismo" e "exibicionismo". Mas foi em 1919, no texto "Uma criança é espancada"[54] que seria uma contribuição à gênese das perversões sexuais, que Freud estabelece de uma maneira clara a relação da perversão com uma "gramática da fantasia", em que o Sujeito é alguém que bate, bater é o verbo e criança é o objeto.

Depois, teríamos o texto "A psicogênese de um caso de homossexualidade numa mulher"[55], em que Freud elabora o Édipo feminino, propondo a criança como falo da mãe, para finalmente produzir os textos relacionados à segunda tópica.

Haveria um terceiro momento a partir do texto "O problema econômico do masoquismo"[56] para chegarmos finalmente aos textos de 1923 sobre o

---

51) Freud, S. *S.E.*, v. VII, p. 35.
52) Freud, S. *S.E.*, v. IX, p. 63.
53) Freud, S. *S.E.*, v. XIV, p. 137.
54) Freud, S. *S.E.*, v. XVII, p. 225
55) Freud, S. *S.E.*, v. XVIII, p. 135.
56) Freud, S. *S.E.*, v. XIX, p. 199.

"Fetichismo"[57], em que o fetiche, *glanz auf der nase*, é apresentado como um ser de linguagem.

Para a psicanálise lacaniana a perversão não é uma forma de conduta. É uma estrutura clínica (definida dentro do seu dispositivo). O que quer dizer que é uma leitura da condição humana como decorrente da falta introduzida por um significante, o Nome-do-Pai, o que determina a condição humana de buscar sua completude (gozo) no outro, negando sua falta. Quer dizer também que se trata das estruturas do Sujeito perverso, ou seja, os modos pelos quais esse Sujeito evita a falta no Outro.

Lacan deduz da clínica freudiana três maneiras de o Sujeito negar a falta, decorrentes de mecanismos de defesa específicos: o *recalque* para a neurose, a *foraclusão* do Nome-do-Pai para a psicose e a *Verleugung*, traduzido por Lacan como *desmentido*, para a perversão.

As consequências dessa ordenação da clínica é que Lacan vai pensar a perversão dentro da relação do Sujeito como o Outro. Para Lacan todo o problema das perversões consiste em se conceber como a criança, na sua relação com a mãe, se identifica com o objeto imaginário do desejo dela.

Isso quer dizer que na perversão o Sujeito se situa como objeto do desejo da pulsão, ou seja, como meio de gozo para o Outro. Essa situação, como nas outras estruturas clínicas, também é efeito de um acidente do Complexo de Édipo. No caso em questão ele é decorrente de um ponto de ancoramento da escolha perversa, em que o desejo da criança a conduz a se instituir como único objeto possível do desejo da mãe.

Daí que o perverso é aquele que, no seu teatro privado, não aponta ao que o outro sabe, o perverso aponta ao que o outro quer e se coloca como objeto desse gozo do Outro. O perverso complementa o outro objetalmente conforme o modelo do fetichismo, por isso o perverso assume seu desejo como vontade de gozo, diferentemente do neurótico que se defende dele. O perverso aceita o gozo do outro, e na sua fantasia, aceita ser instrumento do gozo do Outro.

Depressão e covardia moral

Para a psicanálise, a palavra *depressão* conota tantos sentidos diferentes quantos forem os Sujeitos que a significarem. Daí os usos diferentes para a palavra depressão, ainda mesmo quando tomada como conceito.

Um dos usos do termo depressão é sustentado na terminologia fenomenológica, em que ela é concebida como uma lentificação dos

---

57) Freud, S. *S.E*, v. XXI, p. 179.

processos psíquicos e estreitamento do campo da consciência. Outro uso diferente é feito pelo DSM-III, que a entende como uma reunião de sintomas, existentes durante um determinado período de tempo, que caracterizariam a *síndrome depressiva*, sem no entanto privilegiar nenhum desses sintomas nem inter-relacioná-los.

A diferença de posições entre essas duas maneiras de significar a depressão consistiria em que, ao se referir ao critério do funcionamento psíquico, como no caso da lentificação psíquica com seu consequente estreitamento do campo da consciência, estaria se apontando para um *distúrbio central*, ordenador das demais manifestações tidas como características da síndrome depressiva. Já o simples agrupamento de sintomas sem inter-relacioná-los, o que acontece no DSM-III, responderia ao único fato em comum a eles, o da resposta desses fenômenos à administração de uma mesma substância química (imipramina), e seu critério de ordenação seria apenas o estatístico.

Freud, o primeiro psicanalista a abordar a questão da depressão, tomou da psiquiatria corrente a ordenação dos fenômenos que a caracterizariam, que seriam a tristeza, o desinteresse sexual, a desmotivação, as au-toacusações, as idéias de morte e, a exemplo do que fizera com os sintomas da neurose, articulou-os entre si, procurando uma relação causal entre eles.

Freud havia proposto para as neuroses, logo no início de suas formulações, a angústia como o seu sintoma fundamental. Assim, para Freud, a angústia seria a causa de várias maneiras de o Sujeito evitá-la, constituindo os estilos defensivos, que seriam o fundamento dos tipos diferentes das neuroses e corresponderiam, segundo o ensino de Lacan, às diversas possibilidades de o Sujeito negar a falta no Outro.

Com o grupo de sintomas que, naquele momento, definia a depressão, Freud agiu da mesma maneira. Primeiro, ordenou esse grupo de sintomatologia em torno de um centro, de um fundamento que ordenaria as demais manifestações depressivas entre si, e que, para Freud, foram articuladas em torno do que para ele seria sua principal evidência: a autoacusação.

Para compreender as razões das manifestações depressivas e encontrar o seu fundamento defensivo, Freud recorreu a um paralelo clínico a ela, o luto, pois no luto o Sujeito apresentaria expressões semelhantes aos sintomas da depressão.

Logo nos primeiros textos, Freud frisou a diferença entre depressão e melancolia. Desde 1892 ele utilizou a palavra *depressão* para descrever uma nova constelação sintomática a que ele chamou de *depressão periódica branda* que: "(...) *é a única forma de neurose de angústia que, fora desta, manifesta-se em fobias e ataques de angústia".* (Rascunho A, p. 38.)[58]

Em 1893 Freud já diferenciava a depressão da melancolia e afirmava:

> (...) *essa depressão (a depressão periódica branda); em contraste com a melancolia propriamente dita, quase sempre tem uma ligação aparentemente racional com o trauma psíquico. Este, porém, é apenas uma causa provocadora. Ademais, a depressão periódica branda ocorre sem anestesia psíquica, que é a característica da melancolia.* (Rascunho B, p. 43)[59]

Em 1917, no texto definitivo sobre a questão, "Luto e melancolia", Freud definiu a melancolia como um

> *desânimo profundamente penoso, a cessação do interesse pelo mundo externo, a perda da capacidade de amar, a inibição de toda e qualquer atividade e uma diminuição dos sentimentos de autoestima a ponto de encontrar expressão em autorecriminação e autoenvelhecimento, culminando numa expectativa delirante de autopunição*[60].

Freud colocou a ênfase do quadro melancólico na dor psíquica, caracterizando-a como o "estado clínico da melancolia". A pergunta feita por Freud sobre a melancolia passou a ser então, qual a causa da dor psíquica?

A resposta, segundo Freud, seria a falta de objeto, seja por uma perda real ou por uma falta imaginária. Freud usou, então, a correlação clínica luto-melancolia para estabelecer sua sugestão de explicação psicanalítica para esta "aflição".

Tratava-se de encontrar a essência da melancolia a partir da comparação com o luto como seu equivalente normal. À definição de melancolia, ele acrescentou: *"Este quadro se nos faz mais inteligível quando refletimos que o luto mostra também estes caracteres, à exceção de um só: a perturbação do amor-próprio"*[61]. Ou seja, para Freud, tanto no luto como na melancolia encontramos aflição e dor, perda do interesse pelo mundo e pelas coisas, perda da capacidade de escolher um objeto novo, porém, o

---

58) Freud, S. *As origens da psicanálise*, v. I, p. 245.
59) Ibid.
60) Freud, S. Luto e melancolia, *S.E.*, v. XIV, p. 275.
61) Ibid.

que diferencia o luto da melancolia é que no luto não há a perda da autoestima.

Para Freud, na melancolia, não seria o mundo que estaria empobrecido, mas sim o próprio Eu, e, como no luto, também na melancolia teria havido uma perda, porém não se conseguiria distinguir claramente o que o Sujeito perdeu, e tampouco ele saberia dizê-lo.

Para o psicanalista, o designado pelo termo *depressão* ou *melancolia*, não recobre, mesmo dentro da psiquiatria, situações iguais. Com relação à psicanálise, o uso desses termos é feito por Freud pela equiparação deste "estado clínico" com o de luto normal, privilegiando a dor psíquica e diferenciando esses estados entre si pelo fato de que a melancolia, à diferença do luto, apresenta uma marcada alteração do amor-próprio, bem como uma ausência de perda real.

Foram essas considerações que levaram Freud a propor uma explicação teórica para esse quadro clínico que, ao girar em torno da perda do amor próprio, fez com que Freud o correlacionasse aos ideais do Sujeito, mais precisamente ao Ideal do Eu, o que ele viria a articular a partir da segunda tópica com a noção de Supereu, e da angústia aí localizada: a culpa.

Uma vez reformulada a questão da angústia, em 1925, num apêndice do texto "Inibição, sintonia e angústia"[62], que aparece com o título de Angústia, dor e tristeza, Freud concluiu que a *"dor seria a verdadeira reação à perda de objeto, e a angústia seria a verdadeira reação ante o perigo que ocasiona a perda de objeto"*[63].

O termo e a idéia de "substituição" foram introduzidos muito cedo por Freud. Essa idéia se deveu à constatação de que uma satisfação impossível pode ser suplantada por uma possível, o que se daria pelo viés do Simbólico, pelo que Freud chamou de deslocamento e condensação. Essa construção seria a explicação da psicanálise para todos os sintomas neuróticos, entre os quais estão os sintomas da depressão.

Lacan também situou a constituição do Sujeito nesses termos, cuja operação, porém, deixaria um resto não simbolizável, ao que Lacan chamou de objeto *a:*

A	B
$	$\cancel{A}$
a	

---

62 Freud, S. *S.E.* v. XX, p. 107.
63) Ibid.

Do encontro do Sujeito com o Outro haveria uma divisão do Sujeito e clivagem do Outro, mais a produção de um resto que é o objeto *a*. Este resto, instituinte do Sujeito, seria a causa do desejo.

Assim, segundo Lacan, o desejo não estaria prometido à completude, pois ele seria sempre decorrente de uma perda, na qual a causação do Sujeito se funda.

Seria esse o luto originário? Se esse modelo da causação do Sujeito se dá para todo falante, qual seria a especificidade dele para aquele Sujeito que apresenta manifestações melancólicas?

Segundo Eric Laurent, existe, indubitavelmente, uma teoria da melancolia no ensino de Lacan, estabelecida já em 1938 e que evoluiu durante toda sua obra.

Em 1938, no texto "Os Complexos familiares em patologia"[64], Lacan se referiu à psicose maníaco-depressiva como um transtorno do narcisismo, na medida em que ela viria remediar a *"insuficiência específica da vitalidade humana"*[65].

Em 1946, a ênfase foi posta numa referência direta à pulsão de morte, e Lacan, neste momento, correlacionou o suicídio melancólico com o assassinato imotivado do paranoico.

A partir de 1953, com a introdução da noção do inconsciente estruturado como uma linguagem, a melancolia foi pensada como sacrifício suicida, ou seja, na melancolia o Sujeito se nomeia, ao mesmo tempo em que se eterniza, e, com isso, Lacan deixou de pensar a melancolia a partir do narcisismo para pensá-la a partir dos efeitos do parasitismo da linguagem no Sujeito, estando o sacrifício narcisista subordinado ao sacrifício simbólico.

Porém, a partir de 1963, ao relacionar narcisismo e objeto[66], Lacan produziu um novo referencial para a compreensão da melancolia. Neste momento do seu ensino, Lacan considerou que o Sujeito melancólico, pelo atravessamento da imagem que efetuaria no impulso suicida, poderia ser apresentado como o exemplo do impulso de se reunir com o próprio ser. Quer dizer, na melancolia, pelo ato suicida, o Sujeito se encontra com o objeto *a*.

A partir dessa consideração, a mania será pensada como o contrário da melancolia, ou seja, ela ocorre quando o Sujeito não encontra o objeto *a*, quando nada o amarra à cadeia significante. Assim, a partir dessa visão, a mania e a melancolia seriam maneiras diferentes de separar o desejo da causa.

---

64) Lacan, J. Paris, Navarin, 1984.
65) Ibid.
66) Lacan, J. *Seminário X*, A angústia, inédito, 1962-63.

Finalmente, em 1973, no texto "Televisão"[67], Lacan, ao redefinir a mania como o retorno no Real do que foi recusado na linguagem, ampliou a questão da melancolia e da mania pela questão do "plus de vida" que o simbólico marca, com a mortificação. Isso radicalizou a orientação de Lacan sobre a melancolia: esta não se abordaria jamais por meio do afeto da tristeza, mas, unicamente, em razão do ato suicida.

Com isso, o sentimento depressivo, pensado por Lacan pelo viés freudiano da dor psíquica, se relativizou, variando desde uma referência ao budismo pela fórmula da "dor de existir", até elevação da depressão à condição de um afeto normal, decorrente do fato de que sempre estaríamos em risco de perder a vida, se pensamos em nossa vida cotidiana como uma vida que deve ser eterna. Afeto normal que remete à falha da estrutura que obriga o Sujeito ao dever de ser "todo" para o ideal, e o dever de "bem-dizer" sua relação com o gozo.

Lacan definiu então a tristeza como covardia moral, como falta moral, como pecado (no sentido spinoziano), o que quer dizer, em termos analíticos, que se trata de uma decisão sobre a perda. Porém, perda de gozo fálico.

Onde o significante marca o corpo

A psicossomática é um termo que, na sua origem, apontava a uma concepção total da medicina, e que não era usado como o é hoje, apenas para designar uma especialidade médica. Para Hipócrates, que foi quem separou a medicina da religião, não havia doenças, mas sim doentes.

Mesmo porque a distinção entre espírito e matéria, corpo e alma, *psico* e *soma* é datada. Nas civilizações antigas, num período que se estende até a época dos poemas homéricos, os estudiosos falam na existência de um "monismo arcaico", em que corpo e alma não se distinguiam um do outro.

Anaxágoras, que viveu no século V a.C., é considerado o introdutor do "dualismo", que propõe corpo e mente separados um do outro. A partir dessa tomada de posição, não cessaram de aparecer outras vertentes dessa concepção da constituição humana, variando suas posições apenas quanto ao modo desses dois aspectos do ser se relacionarem.

Assim, entre as propostas dualistas mais importantes está a que leva o nome de "hilemorfismo", sugerida por Aristóteles, em que corpo e espírito, embora diferentes, formariam uma única substância. Existe o dualismo elaborado por Descartes, que é chamado de "interacionista", ideia na qual corpo e espírito são diferentes e separados, mas apresentam uma influência

---

67) Lacan, J. Rio de Janeiro, Jorge Zahar, 1993.

recíproca. Há também o dualismo de Leibnitz, chamado de "paralelismo", em que corpo e espírito são duas substâncias que atuam de maneira diferente. Haveria inúmeras outras variantes dessas maneiras de *psico* e *soma* se relacionarem, combinatória que continua até culminar, no fim do século XIX, no "paralelismo psicofísico de Wundt", em que corpo e espírito são aspectos diferentes, mas interagem entre si, produzindo o psíquico como um "epifenômeno concomitante-dependente" do cérebro.

Há que se lembrar que esta era a posição que Freud adotava quanto à questão. Porém, a palavra "psicossomática", tal qual se usa atualmente, foi proposta por Johann Heinroth, no ano de 1818, que, por meio do trabalho com pacientes com tuberculose e câncer, pode constatar a influência que as paixões sexuais tinham na diversidade do curso destas moléstias.

Essa vetorização da influência do psíquico em direção ao corpo foi enfatizada, meio século depois, por Groddeck, contemporâneo e colaborador de Freud que propôs que todas as doenças seriam uma perturbação da mente, ou seja, todas as doenças seriam psicossomáticas.

Já a medicina "psicossomática", apareceu somente no fim da primeira metade do século XX, com F. Alexander.

O conjunto das doenças ditas "psicossomáticas" foi abordado com vários nomes diferentes, pelos diversos autores, o que contribuiu para uma confusão do campo investigado. Há vários termos usados pelos autores, como "complacência somática", usado por Freud, e que se refere às razões da escolha de determinado órgão pelo sintoma. Há o termo "neurose de órgão", utilizado por Dunbar, que é uma referência ao entendimento da manifestação psicossomática como estruturada da mesma maneira que o sintoma neurótico. Há a "neurose vegetativa", que é o termo com o qual Alexander impõe a ideologia do sistema nervoso autônomo como metáfora do inconsciente somatizado. Pouco haveria o que dizer da "conversão somática", termo usado por Melanie Klein, e que não recebeu uma definição precisa.

Será que essas imprecisões fariam a psicossomática reunir todas aquelas doenças que, por não encontrarem uma explicação suficiente nas teorias aceitas, atribuir-se a elas, portanto, uma causa psicogênica?

Freud não empregou o termo psicossomática, a não ser uma vez, em carta dirigida a Victor Von Weizsaker, em 1923. Porém, embora o pai da psicanálise distinguisse o fato psicossomático da conversão somática, ele enfatizava mais a influência do orgânico sobre o psíquico do que a determinação psíquica de uma lesão orgânica.

Assim impõe-se uma ordenação do campo, em que se propõe que a diferença entre uma conversão histérica e uma manifestação psicossomática se deve ao fato de as segundas apresentarem uma lesão de órgão, fixa ou característica, enquanto nas conversões não há uma alteração anatomofisiológica da região do corpo atingida.

Numa visão médica da psicossomática, a própria existência dessa disciplina já seria uma concessão feita ao predomínio do espírito sobre o corpo. Isso porque, na medicina, o corpo é visto apenas como um "sistema" que se autoregula homeostaticamente, operação que reduz o homem à pura presença animal, excluindo-o da palavra e, consequentemente, do desejo que ela veicula, para protegê-lo do gozo.

Para a psicanálise, o corpo é definido pela sua organização libidinal, e não pela organização anatômica. E seria o corpo erógeno e não o anatômico que aparece alterado pelo sintoma — isto foi o que Freud pôde aprender com a histeria.

Talvez por isso alguns autores, que nos primeiros anos da psicanálise abordaram as manifestações psicossomáticas, não diferenciaram suficientemente o fenômeno psicossomático das conversões histéricas e generalizaram seus resultados, por intermédio de explicações em que o fato dito psicossomático é sempre entendido pelo modelo teórico das neuroses, o que implica também dizer que essas manifestações seriam expressões de desejos, que pela "linguagem de órgão" apontariam o recalcado, como acontece com qualquer outro sintoma neurótico.

Como as evidências clínicas contradizem essas propostas teóricas, surgiu mais tarde uma outra "escola" que, ao propor as manifestações psicossomáticas como decorrentes de processos precocíssimos acontecidos no desenvolvimento do Sujeito, situando-os como anteriores à linguagem, os colocaria fora da possibilidade de compreensão.

Essa maneira de pensar, identificada como "Escola de Psicossomática de Paris", cujos principais representantes são P. Marty e M'Uzan, defende que o "estado psicossomático" opera fora da representação, o que faz com que a libido e a agressividade se confundam e se transformem em energia pulsional indiferenciada. Seria essa energia pulsional que produziria a lesão no corpo.

Vale mencionar ainda um outro autor, Valebrega, que, se bem não tome a manifestação psicossomática como o equivalente a um sintoma neurótico, também não a situa fora de toda simbolização, e, para solucionar o paradoxo da sua posição, criou a noção de "conversão emocional".

É nesse contexto teórico que Lacan fez suas poucas referências à questão, embora seja inegável seu interesse pelo tema, visto ter publicado na revista *Evolution Psyquiatrique*, ainda em 1953, um estudo com o título: "Considerações psicossomáticas sobre a hipertensão arterial"[68]. Das

---

68) Lacan, J. *Evolution Psychiatrique*, 1953, n. 3.

poucas menções que fez ao assunto, impõe-se, no entanto, que para Lacan a manifestação psicossomática não é uma conversão, e, portanto, não é equivalente ao sintoma neurótico, e assim não está comprometido com a produção de sentido. É por causa desse fato que J.A. Miller, em seu texto "Algumas reflexões sobre o fenômeno psicossomático"[69], propôs unificar a terminologia e sugere chamar a manifestação psicossomática de FPS (Fenômeno Psicossomático), com ênfase na palavra "fenômeno", para diferenciá-la de sintoma e da sua estrutura de linguagem. Para Lacan, os fenômenos psicossomáticos estariam fora das construções neuróticas, logo, fora do sentido, mas não fora da causação significante.

O FPS entendido como uma marca do significante no corpo, ou como uma "tatuagem", como sugeriu Lacan, foi pensado por este autor como passível de ser decifrado, já que estaria "cifrado" como um "hieróglifo".

Porém, a explicação teórica para esses fenômenos corporais só se tornou viável quando seu ensino passou a dispor de recursos para formalizar aspectos da prática analítica que fogem ao sentido. Isso ocorreu quando Lacan, ao introduzir a proposta da lógica da produção do Sujeito no seu texto "Posição do inconsciente"[70], submeteu a noção de inconsciente à causação do Sujeito, relativizando-o e produzindo uma noção de inconsciente diferente da noção freudiana, em que o inconsciente seria unicamente o resultado das representações recalcadas.

A formalização teórica dos FPS contém, no ensino de Lacan, uma considerável dificuldade, pois por se tratar de um efeito do significante fora do sentido, ele só se torna abordável pelo viés dos matemas.

Assim, ao se utilizar a "álgebra lacaniana", o FPS seria pensado em decorrência de que na operação de "alienação" (uma das duas operações da causação do Sujeito) não ocorre a "afânise" e, por isso, a segunda operação, a "separação", não vai ocorrer. Isso produz, no dizer de Lacan, uma "gelificação" da cadeia significante, fato que recebeu no *Seminário XI*[71] o nome de "holófrase".

Essa maneira de entender o psicossomático implica concluir que não há um Sujeito no FPS, mas mesmo assim eles ainda são efeitos da linguagem, embora estejam fora da subjetivação. Isso precipita o que seriam as considerações terapêuticas do FPS, colocando a pergunta de como agir com a palavra em um fenômeno fora da subjetivação.

---

69) Miller, J.A. Rio de Janeiro, Jorge Zahar, 1991.
70) Lacan, J. *Escritos*, p. 843.
71) Lacan, J. Os quatro conceitos fundamentais de psicanálise, *Seminário XI*, 1964.

CAPÍTULO IV
A CLÍNICA

O DISCURSO DO ANALISTA

Modelos teóricos

A psicanálise é uma ciência do particular: cada paciente é único e não se pode generalizar o que se encontra nem usar-se procedimentos universalizados. No entanto, se a psicanálise se propõe como ciência, haveria que se adequar às convencões da epistemologia. O estabelecimento de um modelo científico para a transmissibilidade da psicanálise choca-se neste obstáculo. Para contornar essa dificuldade e dar um maior rigor à transmissão, Lacan usou de gráficos, matemas, lógica simbólica, lógica quântica, etc.

Dentro dos recursos gráficos, além do esquema Lambda, há o Esquema R (que é um desenvolvimento do Esquema λ).

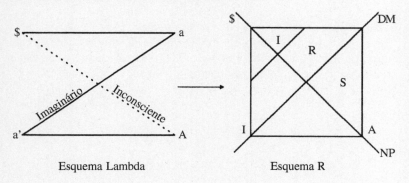

Esquema Lambda   Esquema R

Este gráfico inclui o Real na demonstração da estrutura do Sujeito, e foi útil para Lacan durante um tempo; mais tarde ele passou a utilizar o nó Borromeano:

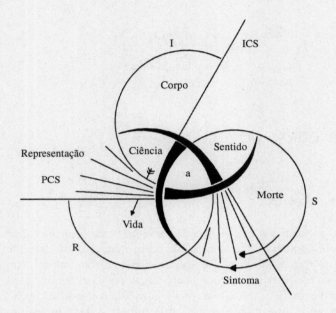

A novidade introduzida pelo nó Borromeano estaria na possibilidade de mostrar a inter-relação dos registros e situar o objeto *a*, que seria o único a pertencer a todos os registros.

A clínica de orientação lacaniana ainda dispõe de um outro recurso, que são os "quatro discursos", que consiste na formalização das diferentes possibilidades de se estabelecerem os laços sociais.

Eles são escritos a partir da permutação de lugares (agente, verdade, outro e produção), ocupados por funções (significante mestre, saber, sujeito e mais-gozar) que se combinam dentro de uma lógica própria.

DISCURSO DO MESTRE   DISCURSO DA UNIVERSIDADE

$$\frac{S_1 \xrightarrow{\text{Impossibilidade}} S_2}{\$ \longleftarrow a}$$

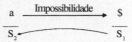

— se esclarece por regressão do: — se esclarece por "progresso" no:
   DISCURSO HISTÉRICO   DISCURSO DO ANALISTA

$$\frac{\$ \longrightarrow S_1}{a \xleftarrow{\text{Impotência}} S_2} \qquad \frac{a \xrightarrow{\text{Impossibilidade}} \$}{S_2 \longleftarrow S_1}$$

Os lugares são de:

$$\frac{\text{o agente}}{\text{a verdade}} \qquad \frac{\text{o outro}}{\text{a produção}}$$

Os termos são:

S_1, o significante mestre
S_2, o saber
$\$$, o sujeito
a, o mais-gozar

Os termos que se articulam são: o sujeito ($\$$), o objeto a, S_1 e o S_2. O S_1 é o significante mestre; o S_2, o saber; S, o sujeito; e a, o mais-gozar.

S_1 e de S_2 é a simplificação da escrita da cadeia significante $S_1, S_1, ..., S_n$, reduzida à sua unidade mínima, equiparando-se o que difere de S_1, que é $(S_2, S_3 ... S_n)$ a S_2.

O discurso é o efeito do deslizamento de uma cadeia significante, e o sujeito é produzido por essa cadeia. O sujeito não estará no centro da cadeia, será produzido por ela.

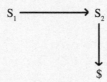

Na teoria freudiana, o que determina o percurso de uma pulsão são os "traços mnêmicos", que, por sua vez, são registros das "vivências de satisfação" que, animadas por uma quantidade de afeto, visam à recuperação de uma vivência anterior.

Lacan identificou esse registro ao conceito freudiano de traço Unário, e este, por sua vez, ao de S_1. Lacan chamou o S_1 de "significante mestre", ou "verdade", porque é ele que organiza a cadeia, e ao S_2 ele o identificou ao "saber", pois seria a referência à verdade, ou seja, o registro original de um gozo como equivalente à satisfação da pulsão.

Para a psicanálise, a verdade não existe, porque nunca pode ser alcançada. Ou seja, a partir da existência da castração, um desejo nunca se realiza; analogamente, o que existiria seria somente um saber sobre a verdade. O sujeito ao buscar um Outro completo, o identifica à "verdade absoluta", não no sentido hegeliano, mas no sentido de que para cada sujeito existiria uma última verdade, indicada pelos seus desejos.

É essa verdade que se buscaria na análise e que não pode ser alcançada. E se a verdade não pode ser alcançada, como pensar um fim da análise?

Existem várias maneiras de se abordar a clínica. Uma são os casos clínicos de Freud. Outras seriam os escritos técnicos, que na verdade são teorizações, indicando que a oposição "teoria e técnica" merece sempre uma ressalva. A tradição de Freud é propor a clínica psicanalítica como a *clínica do particular*. Por isso, não se poderá extrapolar a estrutura psíquica de um paciente independentemente da situação em que ela foi investigada, porque o analista participa do campo em sua investigação.

Então, ao propor-se o estudo de um caso clínico, o que estaria se fazendo, seria o estudo do vínculo analítico em que o analista está envolvido.

Uma outra possibilidade de refletir-se sobre os procedimentos do analista, seria pela procura de invariantes das ações, atitudes e posturas que ele toma na situação analítica, verificando-se a constância de algumas ações, independentemente das particularidades do caso, o que Lacan fez num texto de 1956, que se chama "Direção do tratamento e os princípios do seu poder"[1].

Outra questão que se impõe quando se fala da atividade do analista é quanto à sugestão, feita por Freud, de que a psicanálise é uma arte, sendo que é *arte* o que não é *técnica*, é *arte* o que supera a *técnica*. A técnica seria o estabelecimento de procedimentos únicos, invariáveis, que seriam eficazes em qualquer tipo de situação. É o que não existe na psicanálise. O analista deve ter um saber sobre os seus procedimentos, mas de maneira alguma deve utilizá-los de maneira mecânica: precisa adequá-los à particularidade de cada caso.

---

1) Lacan, J. *Escritos*, p. 591.

No horizonte de Lacan, como interlocutor epistemológico esteve Karl Popper, que estabeleceu os "critérios de cientificidade", segundo os quais uma prática, para ser científica, deveria obedecer-lhes. Seria inviável a psicanálise obedecer a esses critérios, pois a prática analítica não é falsificável, o que contradiz o critério de cientificidade fundamental. O resultado de uma análise depende da subjetivação que o paciente fez dela, não havendo meios de objetivá-la. Nesse sentido, os métodos estatísticos ou outros métodos usados nas ciências exatas seriam incompatíveis com a prática analítica.

Por isso, Lacan dirá que a psicanálise é uma retórica, ou seja, uma combinatória de formas de se usar a linguagem. Lacan afirmou que cada analista teria de reinventar a psicanálise e dar conta da própria descoberta. Freud propunha a prática da psicanálise como um jogo de xadrez, em que se pode ter uma convenção das aberturas e finais, mas o meio do jogo é impossível de ser codificado. Embora haja regras precisas do que se deve fazer, dependeria da criatividade de cada jogador superar esses programas e ultrapassar a possibilidade de ser um jogador unicamente mecânico.

Para pensar o que o analista faz, Freud usou como analogia a "tangente", que é uma reta que se aproxima de um círculo mas nunca o toca. Com esse recurso, Freud tentava definir a prática analítica, na medida em que haveria uma certa impossibilidade de se concretizar o que ela realmente faz, e preferiu a via negativa, dizendo o que ela não faz.

Respondendo à pergunta sobre o que o analista faz, Lacan disse: "Dirige o tratamento". O que o analista faz é estabelecer e administrar um vínculo discursivo, diferente do usual. O vínculo psicanalítico é um vínculo social inventado por Freud. Uma pessoa procura o analista porque supõe nele um saber, paga por isso e não recebe necessariamente uma resposta.

Ao vínculo social, Lacan chamou de *discurso*, o que na teoria lacaniana é passível de ser representado na sua estrutura. Segundo Lacan, a estrutura dos discursos supõe um agente, que é o que dentro de um vínculo social parte de alguém em direção ao Outro. Então, todo vínculo social também supõe sempre o Outro.

Na situação analítica, que é uma situação a dois, um dito parte do agente e se situa numa dimensão de verdade atribuída ao Outro, o que condiciona uma "produção".

Em qualquer situação de vinculação humana há sempre um sujeito que discursivamente age no outro ao se sustentar numa verdade, e a ação de um no Outro terá como efeito a produção de saber ou verdade etc.

Fazendo uma distribuição dos matemas nos lugares estabelecidos, Lacan ordenou quatro possibilidades de vínculo social. Ele mencionou um quinto discurso que seria o discurso capitalista. Os quatro discursos são eixos paradigmáticos, são uma forma de enunciarem-se as possibilidades das vinculações discursivas.

Lacan propôs quatro possibilidades para isso:

1. Discurso do Mestre:

$$\frac{S_1}{\$} \rightarrow \frac{S_2}{a}$$

No discurso do mestre, o significante da verdade, S_1, estará no lugar de agente, S_2, o saber no lugar do outro, o sujeito no lugar da verdade e o mais-gozar como produção.

2. Discurso Universitário:

$$\frac{S_2}{S_1} \rightarrow \frac{a}{\$}$$

No discurso universitário, no lugar do agente estará o saber. O significante mestre estará no lugar da verdade; ele terá como produção o sujeito, que estará preso ao saber.

Na universidade existem códigos estabelecidos do que é o saber, que colocados no lugar do agente produzem um sujeito do saber.

3. Discurso Histérico:

$$\frac{\$}{a} \rightarrow \frac{S_1}{S_2}$$

Outra possibilidade discursiva dá-se a partir do sujeito como agente do discurso. O sujeito ao estar no lugar do agente tem como produção S_2, o saber, e foi nesse discurso, o lugar da descoberta da psicanálise. Lacan chamou a esse discurso de discurso histérico. O sujeito no lugar do agente produz saber e foi esse saber que Freud recolheu para construir a psicanálise.

4. Discurso do Analista:

$$\frac{a}{S_2} \rightarrow \frac{\$}{S_1}$$

Neste discurso o objeto causa do desejo está no lugar de agente. Esse discurso indica o que o analista faz, pois a função do analista é estabelecer um tipo de vínculo em que ele está no lugar de agente como semblante do objeto *a*.

A finalidade da análise é produzir S_1, é fazer o sujeito produzir sua "verdade" por ele mesmo. Esse discurso é o contrário do discurso do mestre.

O discurso analítico se instalará quando o objeto causa do desejo estiver no lugar de agente, condicionando como produção uma verdade sobre o sujeito.

A única maneira de o analista instalar o discurso analítico, de dirigir a cura, é não dirigir o paciente. Ele não dá conselhos, pois os conselhos o colocariam do lado do mestre e essa é a posição do psicoterapeuta, que supõe que sabe o que falta ao outro.

Dentro dos conselhos técnicos, Freud alertou para esse ponto exigindo a neutralidade do analista. Para ele, o analista deve deixar em suspenso seus próprios valores, sua verdade, sua experiência, para poder investigar a do outro.

Um outro procedimento para o analista instalar o discurso analítico é fazer o sujeito aplicar a regra fundamental da associação livre. O analista, ao não identificar a sua verdade com a do paciente, encontra essa verdade no próprio paciente.

A psicanálise usa o método da associação livre para descobrir a verdade do paciente, e pede a ele que diga tudo o que lhe passar pela cabeça, sem que faça nenhum tipo de censura. Sem esse método de investigação seria impossível haver psicanálise, e não haveria discurso analítico.

Para uma maior eficácia nessa investigação, utiliza-se de variáveis técnicas, que são uma questão de estilo, de convenção; o divã, por exemplo. Freud dizia que usava o divã por uma questão de preferência pessoal, pois não conseguia atender dez pacientes seguidos olhando para eles todo o tempo. Freud também percebeu que, para facilitar a obediência à regra fundamental, deveria sair do campo escópico do paciente, pois suas reações certamente influiriam na concatenação de ideias do analisante.

Se o paciente observar o analista, a associação não será tão livre assim, porque qualquer reação do analista pode, inconscientemente, significar algo para esse paciente e produzir uma modificação em seu curso associativo. A técnica da exclusão do analista do campo visual do paciente é uma forma de tornar mais pura a investigação, e de aproximar-se a uma condição em que o único estímulo para a associação livre seja o próprio psiquismo do paciente.

Há conselhos técnicos que são seguidos com certo exagero em determinadas comunidades analíticas. Algumas têm por consenso que o consultório do analista deve ser impessoal, que o analista deve trajar-se discretamente e, de preferência, de um modo formal, com vestimentas que o despersonalizem, com o objetivo de poder transformá-lo num objeto sem significações.

Cada analista lidará com essas variáveis de acordo com o modelo da própria análise, visando estabelecer o discurso analítico. Certos analistas, por mais que mimetizem a prática analítica de Lacan, nunca a produzem; por outro lado, outros, mesmo tendo características particulares bastante evidenciadas, possibilitarão o discurso analítico com facilidade.

A frequência das sessões também poderia entrar nessas considerações, pois constitui uma das formas de o analista manter o discurso analítico. De qualquer forma, *a priori*, não há por que um número de sessões deva ser preestabelecido. Freud o fazia porque um de seus critérios técnicos rezava que a análise só seria análise quando houvesse transferência, e uma forma de consegui-la com maior eficácia era transformando o analista em "resto diurno". Freud afirmava que quanto maior a frequência das sessões mais facilmente o analista se instalava como resto diurno. É evidente que, estando presente na vida do paciente diariamente, o analista passaria a ser um resto diurno privilegiado.

Porém, cada analista saberá encontrar o ritmo que tiver a ver com a sua pessoa, com o seu estilo, com a sua forma de produzir a eficácia desse método, sem necessariamente recorrer a padronizações exteriores à sua própria escolha.

O ato analítico

Uma outra maneira de entender como o analista dirige o tratamento seria pensar que o analista atua pelo que faz e não pelo que é. O analista não atua por intermédio de seu ser, de suas qualidades, ou de sua sabedoria. O analista atua mediante uma ação que lhe é própria.

Não basta crer-se analista para que os efeitos da análise se produzam. É necessário produzir um ato específico à prática analítica. Quando o analista crê que cura pelo que é, está agindo de acordo com a teoria da identificação, isto é, de acordo com a teoria da "psicologia do Ego", em que o fim da análise será fazer com que o paciente se identifique ao "Ego forte" do analista.

Seria uma ideia errônea o analista crer que a cura consiste em transformar o paciente em sua imagem e semelhança. Essa forma de agir não é a finalidade da psicanálise, pois nela fica excluída uma ação específica do analista, porque ao se colocar só como modelo de identificação não atua no inconsciente. O analista deve produzir um "ato analítico", que é a modificação da "posição subjetiva" do paciente.

O analista atua no discurso e dirige a cura estabelecendo um discurso específico. O ato analítico não significa um *acting-out*. Pode até ser um *acting-out*, mas não tem o sentido neuromotor da palavra ato; haveria uma analogia com ato, à medida que produz uma mudança subjetiva em relação à forma de estabelecer o vínculo discursivo.

Se o analista atua no vínculo no qual está incluído, se ele privilegia a associação livre como método de investigação e se o único recurso para obtê-la são as palavras, o analista também participará com palavras, que são seu único meio para efetivar seu ato, pois o paradigma da intervenção do analista é a interpretação.

Porém, mesmo sem usar as palavras, o analista pode interferir no discurso do paciente. Lacan atuava às vezes dessa forma. No entanto, essa não é uma regra a seguir, pois qualquer ação não verbalizada dependerá da subjetivação do outro; e só se saberá qual foi o sentido que produziu ao fazê-la retornar por palavras.

Nunca se sai das palavras, e isso nos leva ao Simbólico — e é nele que o analista está implicado, uma vez que, no vínculo verbal que estabelece, tudo o que falar pode ser levado à categoria de interpretação.

O laço social que o analista produz é diferente do laço social comum, em que a intenção é a comunicação. Numa situação social que não seja a analítica, há sempre a necessidade de compreensão, de objetividade. Com a proposta da associação livre, o paciente pode e deve falar qualquer coisa, sem se preocupar com a coerência ou com a objetividade do que diz.

Já com o analista isso não acontece, pois ele está implicado no vínculo e paga um preço para estar nesse lugar. Ele não pode falar qualquer coisa, e tudo o que disser vai interferir no vínculo, podendo anulá-lo ou transformá-lo no discurso do mestre, universitário ou mesmo no discurso histérico.

O analista também pagará com a própria pessoa. Ele suporta a transferência, ele tem de estar presente na sessão, não pode se fazer representar por outra pessoa, ele não poderá colocar assistentes para atender seus pacientes. O analista paga um preço por estar se oferecendo de suporte ao que lhe é transferido pelo analisante.

Da mesma forma, ele paga por ter de manter seu estilo dentro de determinados parâmetros. O analista que muda frequentemente seu jeito de se apresentar, produzirá efeitos no vínculo porque estará estimulando significações.

O analista também paga com o seu ser no sentido de que terá que anular o seu julgamento mais íntimo. Como pessoa, o que o analista pensar do outro não contará. Seus próprios valores, suas próprias reações, seu próprio psiquismo se anularão em face da necessidade de deixar seu juízo em suspenso. Caso contrário, voltaríamos ao discurso do mestre.

O discurso analítico se instaura quando o analista se compromete em palavras, não como pessoa, e exclui o mais íntimo do seu ser. Isso condicionará um vínculo muito particular, e não é à toa que o analista deve cobrar, pois manter sua posição será custoso.

Para precisar melhor a atuação do analista, Lacan usou um recurso original para articular a interpretação e a transferência e fez uma analogia útil, retirada de Clausewitz, um teórico militar, autor de *Sobre a guerra*.

Lacan relacionou o momento de intervenção do analista, a interpretação, com a tática, e o que corresponderia à transferência, com a estratégia. O correspondente ao ser seria a política. A tática seria o que está relacionado à sincronia, ao momento presente. A estratégia já seria a longo prazo. Assim, dentro dessa visão, taticamente se pode perder uma batalha para ganhar a guerra, como se faz no jogo político ou na diplomacia.

Esses recursos são úteis para pensar a temporalidade na clínica, pois o que ocorre em cada sessão pode ser entendido como tática, e o que acontece na sequência de sessões seria da ordem estratégica. Já o que une a tática e a estratégia é a política. A política do analista é nunca permitir que seu ser entre em jogo. O analista jamais entra com os seus valores, senão ele encarnaria o mestre.

Há casos, como o citado no livro *Psicanálise: profissão impossível*[2], escrito pela jornalista norte-americana Janet Malcolm, em que ela relata a história de um paciente que foi atropelado ao chegar à porta do consultório de seu analista. Assim mesmo entrou, todo ensanguentado. O analista deitou-o no divã e solicitou associações. O paciente se enfureceu, justificadamente; foi embora e não voltou mais.

Essa seria uma situação em que a tática a ser empregada naquela sessão talvez fosse a de não tentar obter informações sobre o inconsciente, embora isso pudesse comprometer a estratégia, ou seja, comprometer a transferência. Fazendo isso o analista poderia perder a batalha, mas não a guerra. Mas o que aconteceu foi exatamente o contrário, pois o paciente não voltou.

É necessária uma flexibilidade para que, numa série de sessões, o discurso analítico se mantenha instalado. O que não quer dizer que esse discurso permanecerá sempre instalado. O discurso oscilará, e numa mesma sessão haverá momentos em que se imporá o discurso histérico, ou o universitário, ou o do mestre. Compete ao analista atuar nesse vínculo, fazendo-o tender para o discurso analítico.

Existe uma metáfora feita por Freud que esclarece esse ponto. Quando perguntavam a Freud o que era análise, ele respondia: "É como ouro puro". Na verdade, o "ouro puro" não existe, já que não existe pureza absoluta do ouro. O ouro pode ser até 99% puro, mas não 100%.

Da mesma forma, não é possível um procedimento 100% analítico. Haverá momentos em que se instaura o discurso analítico, em que o ato

---

2) Malcolm, J. *Psicanálise: A profissão impossível*. Rio de Janeiro, Jorge Zahar, 1983.

analítico será possível, e haverá momentos em que isso não será possível. Se o analista for muito rígido, poderá comprometer a estratégia do tratamento em razão de uma má conduta tática.

Em relação à política, as posições não se alteram. O analista nunca deverá entrar com seu julgamento íntimo, pois isso descaracterizaria a análise. Lacan disse que o analista seria mais livre em sua tática do que em sua estratégia. Numa determinada sessão, o analista pode até não instaurar o discurso analítico, se, por exemplo, estiver numa situação de transferência negativa ou numa situação em que se faz urgente uma intervenção não-analítica. Porém, não deve nunca perder de vista a estratégia, que é manutenção da transferência.

É óbvio que, se as dificuldades táticas persistirem, elas anularão a estratégia. Se em toda sessão o analista tiver de sair do enquadre analítico, isso significa que algo está acontecendo na condução da análise e o analista não consegue mantê-la, ou o paciente não é analisável. Se a situação se repete em todas as sessões, o analista terá de se perguntar sobre sua estratégia e se é válido manter tal situação. Porque se é na transferência que se processa a clínica analítica, se a clínica psicanalítica é clínica da transferência, logo, a tática deverá visar à manutenção da transferência.

Tática, estratégia e política também são aspectos temporais, e servem para se pensar o manejo do tempo na condução do tratamento, e foram um aspecto de prática de Lacan muitas vezes tido como questionável, talvez por ser este inovador em relação à prática convencional.

O problema do tempo é amplo, e não pode ser reduzido ao questionamento das sessões curtas. O tempo na análise não é só o tempo da sessão. É também o tempo do tratamento, o tempo das intervenções do analista em uma sessão e o tempo entendido como frequência das sessões.

Quanto à duração do tratamento, existe um consenso entre os analistas de que a psicanálise se caracteriza por ter duração indeterminada. Algumas escolas analíticas convencionam o mínimo, mas nunca o máximo. Predeterminar uma duração para o tratamento analítico o descaracterizaria por completo.

Não que Freud não tenha feito tentativas nesse sentido. Sabe-se que o Homem dos Lobos teve o fim de sua análise precipitado por Freud, que estabeleceu uma data para seu término. Foi depois disso que ele sonhou com os lobos, precipitando a construção da neurose infantil. Esse fato se deu no momento em que Freud recebeu influência de Ferenczi, que trabalhava no sentido de encurtar o tratamento analítico e acreditava na possibilidade técnica de uma previsão do término da análise. Mas o fim da análise não pode ser estabelecido *a priori*. Essa é uma estratégia da psicanálise.

ORIENTAÇÃO LACANIANA E DIREÇÃO DO TRATAMENTO

Transferência e desejo do analista

A concepção lacaniana da transferência (e também da interpretação psicanalítica), bem como os problemas que dela derivam, decorre diretamente do conceito do inconsciente.

No ensino de Lacan o inconsciente é pensado como "estruturado como uma linguagem" e, se extrairmos as consequências dessa definição, chegaremos a uma maneira de teorizar a relação transferencial, diferente daquelas promovidas por outros autores. Os problemas dos lacanianos não são os mesmos que os dos kleinianos, porque as concepções de inconsciente não são as mesmas, apesar da referência comum a Freud.

Na orientação lacaniana, a clínica psicanalítica é vista como clínica da transferência. A clínica, nesta orientação, também é vista como clínica do significante ou clínica do Outro.

A obra de Lacan pode ser considerada pós-freudiana, ainda que o seu recurso seja o de um retorno a Freud. É o que acontece com o exame que Lacan faz do conceito de transferência. Ele toma este conceito como um desenvolvimento feito por Freud, que se poderia esquematizar em três momentos: um primeiro identificando a transferência com a repetição, depois pensando-a como resistência, e finalmente articulando-a com a sugestão.

Sem abandonar nenhuma dessas três perspectivas, Lacan procura definir uma essência da transferência, procura encontrar um eixo que possibilite articular todas elas numa só. E encontra esse eixo no próprio dispositivo da análise ao tomar a transferência como uma consequência da associação livre.

Ou seja, o analisante, ao fazer associações, o faz para alguém: o analista fica assim colocado como um ouvinte privilegiado da busca feita pelo analisando da verdade sobre si mesmo. E o analisante busca essa verdade nos limites das suas palavras. Limite que é imposto ao analista, enquanto este encarna não qualquer ouvinte, mas um ouvinte especial, um ouvinte que decide a verdadeira significação de suas palavras.

Para Lacan, existe abertura para a transferência pelo simples fato de que o paciente se coloca em associação livre. É na submissão do analisante à regra fundamental, à regra de dizer tudo a um outro, que se pode conectar o inconsciente com o saber.

Desde esse prisma, a transferência é, em primeiro lugar, a relação com o saber. Este saber porém é, na situação analítica, atribuído ao ouvinte, "lugar" do analista, e não necessariamente à sua pessoa. Se do que se trata na transferência é do amor, o marcante é que se trata de amor, a qualquer um, na posição de analista. Este "qualquer um", peculiar da situação analítica, é o conceito de Outro. Por isso a clínica lacaniana é a clínica do Outro, ou a clínica da transferência.

Quando se fala (e esta é a forma de articular o modo de operar da psicanálise), dirige-se sempre a esse Outro. A invenção de Freud foi a do analista como representando esse Outro. O analisante, pelo simples fato de aceitar a regra fundamental que o coloca na posição de não saber o que diz, cai na dependência desse Outro. No entanto, não se trata de uma dependência real. Trata-se da dependência da relação desse sujeito com o saber (saber este que é o que esse sujeito procura numa psicanálise).

A esse elemento que define a essência, o motor da transferência, a essa relação epistêmica, é o que Lacan chamou de *Sujeito Suposto Saber* (SSS). A transferência vista no seu fundamento não é outra coisa senão a própria constituição da relação analítica. O SSS é o pivô das várias funções da transferência, ele é em outros termos uma consequência do Discurso Analítico.

O SSS, como o pivô da transferência, ou seja, como o que a fundamenta, é do nível constitutivo, e por isso transfenomênico e "estrutural". Assim não se deve confundir o efeito constituinte da transferência (que é o SSS) com os seus efeitos constituídos (fenomênicos) que derivam dele.

Ao situar a transferência dessa forma, como efeito do dispositivo do tratamento analítico, com sua estrutura particular diferente do seu aspecto espontâneo fora da situação analítica, a transferência não é entendida como um fenômeno da categoria do Real, como o é a repetição. Entendida dessa forma, em seu nível Simbólico, a transferência fica desvinculada da repetição.

Por isso Lacan separa, e difere, a transferência da repetição. A transferência assim formalizada não é nada de real no sujeito, é algo artificial. O que é da ordem do Real é a repetição. Para Freud, a repetição foi vista como uma maneira de se lembrar como ato, tanto que este ato, na análise, se desenrola no domínio da transferência. No desenvolvimento da sua obra, a repetição ficou finalmente formalizada como lembrança de um fracasso, não tendo mais o prazer como princípio.

Em Freud, então, a repetição e o surgimento da transferência como repetição permitem situar esse aspecto pontual, temporal da transferência. Com a noção de SSS, que situa o fundamento simbólico da transferência, Lacan vai diferenciar a transferência da repetição, destacando a repetição como repetição do significante (pensando como inércia do significante) da transferência imaginária (com os efeitos de amor e ódio).

No tratamento analítico é ainda necessário pensar a transferência como resistência, momento em que o analisando cria uma ficção de saber em direção ao analista. Ficção esta necessária ao processo analítico, e que se manifesta essencialmente pelo amor de transferência. Isso constitui o aspecto mais apropriado para pôr em evidência a função do analista como suporte do lugar do Outro.

É justamente nesse momento que o analista encontra seu lugar, pois em decorrência desse movimento transferencial o analista deve desaparecer como indivíduo, colocando-se assim apenas como suporte dessa função do Outro.

O analista, assujeitado a esse Outro, ocupa um lugar virtual, como o do "morto" no jogo de cartas (Bridge ou buraco), lugar este que não é explícito, porém deduzido a partir de uma lógica. O analista, ocupando este lugar, faz com que o analisando receba de volta sua própria mensagem, porém de uma forma invertida.

O amor de transferência, ao colocar em evidência a função Outro, evidencia que o que se ama numa outra pessoa é sempre um significante. Assim se ama na outra pessoa aquilo que nos falta e a outra pessoa tem. É esse o sintoma do analisante: procurar isso que lhe falta no analista.

Se os analistas de todos os tempos consideraram a transferência como condição da interpretação, foi em razão da observação do fato de que se a interpretação produz algum efeito, ela somente se deu por causa da transferência do analisando. Com a interpretação, o que o analista faz é fornecer um significante a mais, em relação a uma cadeia de significantes dita pelo analisando. Nessa lógica, o significante da transferência é um significante anterior, que sempre ressignifica a cadeia.

Nesse sentido, a transferência em Lacan é transferência de interpretação, isto é, o analisante "transfere" sua "própria" interpretação ao analista. A interpretação assim vista é a própria mensagem do analisante, porém recebida de forma invertida.

Para os analistas de orientação lacaniana, não há por isso interpretação da transferência, mas se poderia dizer: "transferência de interpretação". Por isso também a "presença" do analista na condução de uma análise, que foi classicamente pensada como "contratransferência", é tomado no ensino de Lacan de maneira diferente das outras concepções. A contratransferência, pensada como um "obstáculo" ao progresso da análise, como uma resposta emocional do analista aos estímulos do analisante, será vista, desde o prisma lacaniano, apenas como transferência do analista, não cabendo outro conceito além deste. Ou seja, a contratransferência (como obstáculo) é vista como o analista cedendo à tentação de se identificar ao saber que o analisando lhe supõe. Essa contratransferência, ou melhor, essa transferência por parte do analista deve ser removida. É conhecida a solução dada por Freud, para que o analista pudesse superar seus pontos cegos: a análise do analista.

Porém, o conceito de contratransferência adquiriu, principalmente nos anos 50, outras acepções além daquela de "obstáculo" proposta por Freud. Entre outras, as concepções de P. Heimann, pela escola inglesa, e H. Racker, pela escola argentina, ampliaram este conceito, transformando-o de obstáculo em instrumento na condução de uma análise.

Em Lacan, a questão da presença do analista é pensada com um conceito que, sem se superpor a essa noção de contratransferência como instrumento do analista, é a contrapartida desse conceito. Trata-se da noção de *desejo do analista*.

O analista é tomado, desde esse último ponto de vista, como formando parte da estrutura da relação analítica. O analista como significante forma parte da economia psíquica do analisando. Pois o que a transferência nos ensina, a partir do exemplo dos restos diurnos, é que o vínculo que o analisante estabelece é muito mais em relação a um significante do que a uma pessoa.

O desejo do analista será então situado no registro do Outro conforme a definição do desejo (pois o essencial do desejo é ser mediatizado pelo Outro). É deixando de lado o próprio desejo pessoal que esta função de desejo, como proveniente de Outro, se manifestará. Quanto mais o analista cala o seu desejo pessoal, mais a alienação do desejo do paciente no Outro se manifestará.

O desejo do analista não é então o desejo pessoal de um analista, é uma função essencial para a confissão do desejo, como exigindo reconhecimento. O desejo do analista é pois uma função significante, em tanto o analista tem sua colocação no Outro. É um desejo vazio de conteúdo e por isso ele difere do conceito de contratransferência. O desejo do analista é um lugar na experiência psicanalítica. Enfim, o desejo do analista é o nome que se dá à causa da análise, nome que se dá à causa do desejo da análise.

Não se trata então de o analista ser purificado, pela sua análise pessoal, da contratransferência. O analista assegura sua posição na análise colocando-se no lugar do Outro, e assegura a sua função por meio da mecânica significante. Sua neutralidade vem a ser a mesma do significante, que só produz significação ao ser confrontado com outro significante. Nada parte dele, a não ser o desejo que haja análise.

O apoio que o sujeito encontra para o seu desejo no Outro implica que o seu desejo tem de ser colocado na estrutura como desejo do Outro. E é aí que o analista é colocado, neste intervalo entre o desejo e o Outro, como causa do desejo.

Essas formalizações trazem muitas e importantes consequências e uma se refere à questão do fim da análise. Questão que em Freud encontra seu impasse na rocha da castração, escrevendo essa situação na relação transferencial como sendo para o homem a "rebeldia à submissão passiva" e na mulher o *penisneid*.

A castração posta na terminologia lacaniana corresponde à falta no Outro, falta esta comum tanto ao homem como à mulher. Essa falta é que origina o desejo, porém este desejo é o desejo do Outro. Pois se o desejo do Outro é um enigma, é porque o semelhante não tem um saber deste desejo, e assim tanto o analista como o analisando se veem confrontados com essa falta no Outro, pois não há uma verdade última. Nesse sentido, para Freud, não havia fim de análise.

O objetivo do tratamento é no entanto a saída da transferência que implica que o analista não fique só na função significante, e possa ser reduzido a uma função de objeto (sem significações). O tratamento analítico aponta à revelação a ser obtida pelo analisante, de que o SSS não é essencial para o seu desejo, senão o contrário, que este saber mascara a sua essência. A transferência não se liquida, mas se transforma em saber sobre a causa do desejo.

Orientação lacaniana

A história das ideias, principalmente das religiosas, nos ensina que é próprio ao humano negar seu fim. Quase todos os sistemas religiosos nos falam de uma maneira ou de outra de uma vida após a morte, isso quando não sugerem uma anterior.

Como todo ser vivo, o humano está marcado por dois momentos, nascimento e morte, início e fim, porém somente ele articula esses fatos em uma estrutura de sentido que, igual a qualquer outra produção que o envolve, como ensina a psicanálise, serve sempre ao fim de evitar a angústia.

Assim, desde a perspectiva psicanalítica, as reflexões sobre o significado da origem e do destino são sempre respostas oportunas diante do que ameaça o narcisismo. A morte, o fim, é inconcebível para o inconsciente que, segundo Freud, não tem uma representação. Por isso, os mitos de fim do mundo, como o apocalipse, prometem fins que apenas anunciam novos começos, permitindo com isso que se mantenha a ilusão de imortalidade.

Na atualidade se constata, não sem surpresa, que a antiga reflexão metafísica, no que concerne particularmente à ontologia, estaria deslocada para uma cosmologia regrada pelo discurso da física. A origem e o fim do Universo, *big-bang* e *big-crush*, substituem modernamente as antigas modalidades de questionamento sobre a origem do ser. Isso talvez se eleva ao fato de que o chamado "tempo biológico" é insuficiente para acompanhar o tempo do sujeito, fazendo-se necessário a ele se projetar nas novas concepções da física, para poder superar o tempo linear e irreversível da biologia.

Surgiram assim na física moderna novas noções de temporalidade que tiveram por efeito subverter a ideia de "tempo absoluto", tal como foi descrito por Isaac Newton, ao relacioná-lo com o espaço. Com efeito, o relógio de pêndulo, inventado no século XVII por Cristian Huyghens, tornou possível uma ciência do tempo, o que permitiria que Newton afirmasse: *"O tempo absoluto, verdadeiro e matemático por si mesmo e proveniente da sua própria natureza [...] transcorre uniformemente sem relação com nada externo"*.

O questionamento deste dogma começou com Einstein, quando ele introduziu a Teoria da Relatividade em oposição ao tempo absoluto, elevando o tempo a uma quarta dimensão. Depois disso as subversões em relação à noção de tempo na física não cessaram: tempo quântico, tempo termodinâmico e modernamente o tempo criativo de Prigogine.

Enfim, mesmo escapando à religião, o humano continua com a pergunta sobre sua origem e seu destino, seu início e seu fim, ainda que dentro de uma outra forma do discurso do mestre, a atual, que é a ciência. A humanidade, porém, continua e continuará narcísica, por isso não surpreende a tentativa recente de se relacionar ciência e religião, com o que se quis chamar de *holismo*. Nessa nova tentativa de se evitar a castração, o *big-bang* se sucede ao *big-crush* como a respiração de Brahma, e o sujeito-universo termina para apenas recomeçar, renovado.

Coube a Lacan justificar os fundamentos e demonstrar na lógica do significante o efeito *Nachträglich* apontado por Freud como regente da temporalidade própria à produção do sentido. Ou seja, para o Sujeito, o vivido — que Freud chamou de verdade histórica — está submetido à dimensão do Simbólico e de suas leis. E nela a temporalidade é Outra.

Em Lacan a formalização dessa questão foi feita inicialmente com o que ele chamou de tempo lógico, apontando a uma "heterotemporalidade", o que significa que o tempo do sujeito depende do Outro. Este tempo, impõe ao analista o uso da pressa como categoria de precipitação.

Querem alguns autores que o tempo correlativo ao registro do Simbólico seja o tempo cronológico. Outros apontam ao tempo gramatical ou heideggeriano como o pertinente a esse registro. Mas foi com a proposta da temporalidade da causação do sujeito, que Lacan chamou de "pulsação temporal", que se produziu uma precisão do tempo do sujeito em suas relações com a cadeia significante. Já o tempo próprio ao registro do Real foi apontado como o articulado pelo "tempo topológico".

Porém, na direção do tratamento, a lógica do tempo, se bem poderia ser incluída numa das propostas anteriores ou em todas, impõe uma particularidade quando se trata da questão do início e do fim do tratamento analítico.

A "teoria do fim de análise" em Lacan teve como um dos principais momentos de formalização o texto "Proposição de 9 de outubro de 1967 para o analista da Escola", escrito apenas alguns anos depois da fundação da Escola Freudiana de Paris. Nesse texto Lacan apresenta o fim da análise como articulado à transferência: *"O que ocorre em relação à transferência quando o desejo, estando resolvido quem sustentou o psicanalisante em sua operação, já não tem vontade de levantar-lhe a opção, quer dizer o resto que, como determina sua divisão, o faz cair de sua fantasia e o destitui como sujeito"*[3].

A destituição subjetiva corresponderia tanto à queda dos significantes-mestres que representam o sujeito, significantes da identificação ideal advinda do Outro, quanto ao advento do ser, pois sendo o sujeito falta a ser no final da análise, seria em relação à falta que apareceria o seu ser.

A destituição subjetiva seria portanto a destituição do sujeito Suposto Saber, daí seus efeitos na transferência. A teoria do fim de análise supõe então, nesta proposta de Lacan, uma lógica segundo a qual, no fim de análise, termina o que a fez possível no começo, que foi a instalação da transferência.

Essa lógica aponta ao momento em que o sujeito vê soçobrar a segurança que lhe dava a fantasia, momento este conceitualizado como "travessia da fantasia". Essa operação corresponderia por um lado à simbolização fálica, e por outro a um gozo não simbolizável correspondente ao objeto *a*. Assim, se a fantasia era o que permitia ao Sujeito crer ser inteiro, no momento do passe, da travessia da fantasia, este sujeito não encontra mais sua unidade ilusória no significante.

Esse momento, que se refere à localização na transferência do lugar do sujeito como objeto *a*, é o que lhe permite dar uma solução ao enigma do desejo do Outro. O Sujeito encontra dessa forma ao seu ser não mais em uma identificação idealizante ao significante, proveniente de uma unidade ilusória, mas a partir daí, por uma identificação de outra ordem instituída pelo objeto *a*. O que está em jogo num final de análise pensado com essas categorias, é que o sujeito se reconheça na sua causação objetal, portanto, fora do sentido.

O objeto *a* sobra como um resto do lado do analista, que ao deixar de ser sujeito Suposto Saber fica reduzido a um resto, um desejo desprovido de saber e de sentido. No dizer de Lacan, desprovido de valor de "agalma":

---

3) Lacan, J. Proposição de 9 de outubro de 1967 para o analista da escola, in *Scilicet*, n. 1, 1968, pp. 14-30.

"Nosso propósito (a terminação da análise) é produzir uma equação cuja constante é o agalma"[4].

O desejo do analista é sua enunciação, que só poderia operar-se se ele vem aí em posição de x. Este x mesmo, a cuja solução o psicanalisante entrega o seu ser, e cujo valor se anota (-φ), a hiância que se designa como função do falo ao isolá-lo do complexo de castração, ou (a) para aquilo que o obtura com o objeto que se reconhece sob a função aproximada de relação pré-genital.

Uma psicanálise levada a esse ponto produziria então a desarticulação do agalma, o que poderia ser escrito (-φ/a), produzindo um efeito de ruptura, de desencantamento, desmoronando a transferência.

Novamente o mesmo tema: dentro desta visão de fim de análise, supõe-se uma lógica em que ela chega a seu fim quando termina aquilo que lhe deu seu início, a transferência. Essa posição gera imediatamente uma série de questões que giram em torno de um além da análise ou de uma travessia da transferência. Como não se pode pensar em alguma coisa como uma "transferência fundamental" ou mesmo um "grau zero da transferência", é fato que há na transferência um elemento irredutível que impede de se confundir sua resolução com sua dissolução.

Por isso, o procedimento do *passe* e a Escola como essa dimensão do além da análise: *"No passe não é mais o analista que suporta a transferência de saber, é preciso que aqueles que o julgam a suportem; senão, para quê? Os que o julgam, digo, como emanação desse conjunto que chamamos Escola para enfatizar que é formado à volta de um saber, e em vista de sua transmissão."*[5].

Porém, a transferência por sua estrutura é da ordem da fala, sendo efeito do modo operatório do discurso. Essa dimensão de transferência condiciona a concepção de fim de análise que a toma por eixo e aponta a uma identificação com a fantasia (fundamental).

Voltando à analogia com a física, se é certo que ela — como paradigma do discurso científico, que é a nova roupagem do discurso do mestre —, ao substituir a religião, tomou para si, via cosmologia, o dever de responder ao humano a pergunta sobre sua origem e seu fim, com a ultrapassagem do sensível que caracterizava a física mecânica, tornou necessária novas concepções, principalmente do fator tempo, para incluir aí os paradoxos do sujeito que em última análise sustenta o observador. Também para a psicanálise foi necessário ultrapassar limites.

Lacan expressou esse fato pelo ideal de um discurso sem palavras. Conforme a este ideal, nos anos 70 ele efetuou em sua teoria uma mudança

---
4) Ibid.
5) Ibid.

de ênfase do significante para o signo, da fala para a escrita, do Outro para o Um. Em termos da direção do tratamento, pode-se dizer que está a sugestão para um recolhimento de Um dizer que se sobrepõe à dimensão do dito.

Essa nova concepção de Lacan poderia ser evocada por uma produção sua no *Seminário XIX* "Ou Pire"[6], em que ele escreve a frase *Y a d' l'Un*, que se coloca como uma escrita que carrega na dimensão da palavra a transcrição literal da contração falada: *"Existe d'Un"*.

Teria Lacan com esse avanço conceitual superado a teoria de fim da análise como estava formalizada anteriomente? Não seria, à medida que se torna necessário fazer presente o *Um*, que é da ordem da escrita, que é o início, condição necessária para se ter acesso a um fim? Também aqui o eixo do processo do fim de análise opera em relação à transferência, porém não mais no seu efeito de suposição de saber ao Outro da fala, mas agora pensado em relação ao que é sua causa, que é a letra. Pois se há um saber no Real, este só poderia ser da ordem da letra e, por conseguinte, da ordem da escrita.

A série significante que sustenta a fala é infindável e supõe sempre a possibilidade de um recomeço. Já o que o analista escuta na dimensão do dito, na dimensão da escrita, naquilo que Lacan chamou de *Um do Real*, torna possível um fim sem recomeço, torna possível um efeito, que ao contrário da fala, não remete ao Outro, mas fica em si mesmo, que é a característica da escrita.

Impõe-se aqui o *Um do Real* o *Um-todo-só* que indica que não há relação entre dois elementos (na cadeia significante, o que há é efeito de corte entre os elementos da cadeia). O que o analista escuta na dimensão do dito é o *Um dizer*, o *Um da não-relação*.

Y a d'l'Un" é uma fórmula que confronta na prática analítica o que se precipita no dizer como escrita. A escrita pode ser pensada também como um discurso sem palavras, outro nome do gozo. A fala, por estar restrita ao que Lacan chamou de "campo unário", decorrente de sua constituição a partir do traço unário, daria início à série necessariamente infinita, em vista de ela buscar sua completude numa identificação. A isso Lacan contrapôs o "campo uniano", conceito que operaria a separação entre o registro do ideal, próprio ao campo unário, e o registro do real, próprio ao campo uniano.

Porém, se o Traço Unário pode ser pensado como o "grau zero" da identificação que produz a alienação no Outro, a análise que colocasse seu fim na identificação estaria supondo um "grau zero" da transferência. Já a análise, que pensa seu final não como uma identificação ao ideal, e que também não toma a travessia da fantasia como seu fim último, pois nesse

---

6) Lacan, J. *Ou Pire...*, *Seminário XIX*, inédito, 1971.

caso, ainda que pela via negativa, seu parâmetro também é o de uma identificação a ela, busca a modificação da transferência, visto a impossibilidade do seu desaparecimento. A essa outra possibilidade de se pensar o fim de uma análise, Lacan chamou no Seminário "RSI"[7], de "identificação ao sintoma".

Aponte-se que a identificação ao sintoma adquire maior precisão com a escrita do sintoma como *sinthome*, que Lacan criou no ano seguinte ao Seminário "RSI", no Seminário "O sintoma"[8], em que com esta grafia apontou à particularidade de um sujeito produzir seu sintoma na escrita borromeana, diferindo-a do sintoma como metáfora.

De fato, o *Um* do campo do uniano, o *Um* da escritura, só toma consistência com uma escritura nodal. Lacan no *Seminário* "Encore" afirma: *"O nó Borromeano é a melhor metáfora disto: de que procedemos do Um"*[9]. Este pensamento produz uma mudança fundamental na direção do tratamento, ao produzir uma mudança da estrutura até então fundada num privilégio do Simbólico, para uma outra em que a primazia está posta no Real e nos seus efeitos, que são fora do sentido. Na proposta anterior se buscaria uma "exaustão" do Simbólico, e o sintoma era pensado a partir do seu envoltório formal, como mensagem, como metáfora. Já com as novas afirmações de Lacan, o sintoma passou a ser considerado como fazendo parte da relação entre o Simbólico e o Real. O sintoma a partir daí não tem mais seu privilégio posto na significação, mas vai depender do gozo que contém.

Assim, o fim da análise pensado como identificação ao sintoma levaria a pensar o sintoma como uma satisfação que procura a restauração, não de um novo sintoma, mas de uma suplência sintomática diferente da transferência. A identificação ao sintoma seria dessa forma uma intervenção analítica que conseguiria pôr fim à infinitude da decifração do inconsciente, apontando à ordem da escrita e não mais da fala.

Essas considerações levantam a questão da relação entre essa posição do fim da análise com identificação ao sintoma em suas relações com a travessia da fantasia. Não levaria essa concepção do sintoma, da sua abordagem como metáfora, para ser entendido como uma maneira de gozar, a uma nova abordagem da travessia da fantasia, em que o sujeito ao desprender-se da crença de que o Outro goza de seu sintoma, permitiria que o formal do sintoma se dissociasse do material de gozo que o envolve?

---

7) Lacan, J. RSI, *Seminário XXII*, in *Ornicar*, n. 4, 1975.
8) Lacan, J. Le sinthome, *Seminário XXIII*, in *Ornicar*, 6, 7, 8, 9, 10, 11, 1975-76.
9) Lacan, J. Mais ainda, *Seminário XX*, 1972.

Dessa maneira, a identificação ao sintoma, ao contrário da travessia da fantasia, não implica uma perda de gozo, mas sim uma identificação à sua singularidade.

Este *sinthome* seria irredutível por ser da ordem do *Um* e representaria o limite final ao processo analítico. Este *sinthome* ao equivaler ao *Um* da escrita é um sintoma que não pode ser interpretado como o sintoma metáfora, nem atravessado como uma fantasia.

J.A. Miller no prefácio de uma coletânea de textos que tem por título *Joyce avec Lacan*[10], ao comentar a questão do *sinthome*, referindo-se a ele como sintoma fora do discurso, e à letra fora dos seus efeitos de significado, comemora a partir da análise que Lacan fez de Joyce, tido por não alisável, que *"na medida em que o sujeito identificado a seu sintoma se fecha em seu artifício, talvez a análise não tenha melhor fim"*[11]. Retomo uma pergunta deste mesmo texto que constata que não há como dar conta do sintoma sem implicar a letra na estrutura de linguagem. Dessa maneira, o sintoma, se bem está suportado por uma estrutura de linguagem, não é articulado num processo da fala, mas se inscreve num processo de escritura.

A proposta do fim da análise como identificação ao sintoma é, portanto, o resultado dessa interrogação da psicanálise do campo da linguagem, a partir da escritura.

Os tempos da análise

A frequência às sessões é uma convenção diferente para cada grupo de analistas. Freud dizia que a técnica é como uma ferramenta que tem de se adequar à mão de quem a usa.

A frequência às sessões, convencionada por Freud, era de seis vezes por semana, mas ele a diminuiu para cinco. Vocês devem conhecer o episódio que o levou a essa mudança: Freud tinha cinco pacientes, que atendia seis vezes por semana, e numa determinada época passou a ter seis pacientes para atender, mas teria que dispensar um deles porque só tinha horário para cinco. Então, Anna Freud disse a ele que, se 5x6 equivale a 30, 6x5 também. Bastaria ele atender os seis pacientes cinco vezes por semana, e daria para atender a todos. Freud adotou essa solução.

Em Lacan, a proposta para a frequência das sessões é que ela seja variável. Lacan atendia o paciente quantas vezes o mesmo quisesse,

---

10) Lacan, J. Le sinthome, *Seminário XXIII*, in *Ornicar*, 6, 7, 8, 9, 10, 11, 1975-76.
11) Aubert, J. *Joyce avec Lacan*. Paris, Navarin, 1987.

dependendo do desejo de retornar ou não. O paciente não deveria retornar somente porque a sessão estava marcada, mas porque assim o desejava.

Então, os lacanianos podem atender uma mesma pessoa em mais de uma sessão num mesmo dia. Não há um número fixo de sessões, que numa mesma semana podem ser cinco, dez, ou até mesmo uma única. O que vai motivar a frequência das sessões será o manejo que o analista faz da tática e da estratégia do tratamento e não um parâmetro prefixado.

O aspecto anterior está ligado diretamente à noção do manejo do tempo da sessão. Numa sessão curta tem-se um procedimento diferente para pensar o processo analítico. Dentro dos outros, esse aspecto está sustentado pela proposta de que, após uma interpretação, haverá a "perlaborção", o *work-trought*, em que se elaborará o resultado da interpretação.

No estilo lacaniano, o próprio corte da sessão poderá ser uma interpretação, o que implica que o momento de concluir seria colocado fora da sessão, produzindo intensos efeitos no paciente. Assim, dentro do compromisso do analista manter a estratégia, muitas vezes não se deve esperar o horário convencionado *a priori* e, se o paciente sentir necessidade e demandar mais uma sessão, poderá ser atendido no mesmo dia, ou no dia seguinte, independentemente de um agendamento anterior.

O analista que adotar esse estilo de trabalho — com sessões de tempo variável — deverá ter critérios que sirvam de continente aos resultados dessa prática e às incidências que se produzirão no psiquismo do paciente. Então, é claro que se faz necessário um enquadre diferente. O analista não poderá misturar uma postura convencional com uma não-convencional, o que seria um desconhecimento da ação do analista, embora isso aconteça com frequência.

A ideia básica de Freud em relação ao tempo é a de que o inconsciente o ignoraria, pois para ele o inconsciente é atemporal. Essa é uma indicação importante para a utilização que o analista fará do tempo cronológico em sua prática, porque não é nesse tempo que se apreende o inconsciente. O tempo do inconsciente poderia ser formulado em Freud como o tempo da tensão da pulsão. Trata-se de uma outra noção de tempo, que não a cronológica.

Uma pulsão sempre tende para a satisfação, e é esse o tempo da pulsão, um tempo de tensão. É o que Lacan escreve como o S_2 tendendo ao S_1, e que é a tendência a reencontrar o traço unário. Por isso, um desejo infantil tende sempre a se realizar e se perpetua na história do sujeito.

Dessa noção surgiu o conceito de *Nachtraglichkeit*, traduzido em português por "posterioridade". A tradução para o francês foi *après-coup*, e em português se sugeriu, "só depois". A esse tempo Lacan chamou de tempo metonímico.

Freud pensou o tempo do Sujeito com esse conceito, mas a dificuldade de tradução diluiu a ênfase que ele deu ao termo. Freud sempre disse que o aparelho psíquico se reorganiza, e esse conceito aparece do início ao fim de sua obra. É importante demonstrar que o conteúdo do psiquismo não é estático, não é apenas a realização repetitiva de desejos infantis. E é esse tempo que Lacan chamará de tempo metonímico, apontando-o como o tempo do Sujeito, como o tempo de causação do Sujeito. É esse tempo que o analista de orientação lacaniana usa em sua clínica.

O que justifica a ação do analista é a produção do Sujeito do inconsciente. O tempo lógico mostrou a possibilidade de, dentro do processo psíquico, um Sujeito sofrer interferência de uma ação que lhe é exterior. No sofisma do tempo lógico, no exemplo dos três prisioneiros que deviam resolver o problema proposto pelo diretor da prisão apresentando uma justificativa lógica, o importante é de que forma esses processos psíquicos puderam ser escandidos por um agente exterior.

A proposta do diretor da prisão feita aos prisioneiros: "o primeiro que chegar a alguma conclusão será libertado", implica, ao dizer "o primeiro", que se apressou o raciocínio dos prisioneiros. O que se utiliza na psicanálise da lógica deste sofisma é a noção que Lacan isolou com o nome de "pressa precipitante". O analista pode atuar na subjetividade de alguém por meio da pressa, pois pode acelerar as conclusões do outro. É o que se deduz do sofisma do tempo lógico.

Então, a noção de tempo lógico, tida por alguns como a que sustenta a prática de sessões curtas de Lacan, sustenta somente que o analista possa se autorizar a intervir no tempo subjetivo do sujeito. A pressa se produz nas manifestações do discurso e incidirá no que Lacan chamou de tempo metonímico, que seria o tempo da produção do sujeito.

A produção do sujeito também recebeu o nome de *"pulsação temporal"*. Se a posição do analista é produzida pela transferência, os efeitos decorrentes dela serão vivenciados na relação de manutenção do discurso analítico. A pulsação temporal refere-se ao que Lacan chamou de *abertura* e *fechamento do inconsciente*. Quando ocorre o fechamento do inconsciente, dá-se a produção do sujeito, correlativamente ao posicionamento do analista em determinada situação transferencial, o que decorre da produção fantasmática do analisante.

Outra referência ao tempo na sessão é quanto ao momento em que se faz uma intervenção — intervenção que poderá ser elevada à categoria de interpretação, pois um analista não sabe quando interpreta. Se souber, estará dentro do discurso universitário, pois nesse caso o analista coloca o saber no lugar do agente.

O analista deve posicionar o objeto *a* no lugar do agente e, se a interpretação for exata, isso produzirá novas associações. Ele saberá do efeito de sua interpretação só depois, pelos resultados dessa intervenção.

Se a intervenção foi eficaz, no sentido analítico, no sentido de produzir verdades sobre o sujeito, ela foi uma interpretação. A intervenção será interpretação pela transferência do paciente e não pelo desejo do analista.

Entrevistas preliminares e entrada em análise

Uma análise nem sempre existe de entrada, ela apenas existirá a partir da instauração do discurso analítico, que nunca é anterior ao encontro com o analista, mas a transferência pode ser. O Sujeito Suposto Saber pode ser personificado em uma pessoa, mas a presença dela é que estabelecerá o vínculo. Não existe vínculo sem a presença, pelo menos no discurso analítico. Desse modo, a pergunta que se impõe no início do tratamento é: Que lugar o paciente atribui ao analista? Se esse lugar for o do Outro, ou o do Sujeito Suposto Saber, então pode ser que o início do tratamento coincida com o início da análise propriamente dita.

Chama-se o período prévio à análise de "entrevistas preliminares". Lacan as propõe como uma recomendação técnica que implica, antes de aceitar um paciente em análise, investigar-se em que lugar o sujeito coloca o analista.

As entrevistas preliminares se caracterizam por um tempo de localização subjetiva, localização do significante da transferência, se houver. E, se não houver, o objetivo das entrevistas preliminares seria produzi-lo.

Cito o exemplo de uma pessoa que me procurou porque julgava que eu fosse parapsicólogo. Nesse caso a situação transferencial coincidiu com o início do tratamento. Para instalar o discurso analítico não foi necessário que o paciente me nomeasse como analista; o que importava era o vínculo, no qual ela me atribuía saber de seus pensamentos por telepatia.

Assim, essa pessoa autorizou o discurso analítico, e não foi o nome dado à prática o que o possibilitou, foi o vínculo transferencial que fez desse encontro um encontro analítico.

Na peça de Shakespeare, Romeu encontra Julieta e ambos descobrem seus sobrenomes e que são sobrenomes de famílias inimigas, o que tornaria impossível o amor entre eles. Então, Romeu diz a Julieta: *"O que há num nome? Aquilo que chamamos de rosa, com qualquer outro nome cheiraria sempre igual."*.

Na situação analítica acontece o mesmo: não importa o nome que se lhe dê; se há análise, pode-se até chamá-la de parapsicologia. O que importa é que o objeto causa do desejo esteja na posição de agente e, consequentemente, a verdade, como S_1 apareça como produto. Seria diferente no caso de alguém chamar o tratamento de analítico e sugerir ou aconselhar o paciente.

Com os quatro discursos Lacan mostrou que nem todo vínculo psicoterapêutico é analítico. O que não significa que não se deva tratar um paciente, no caso de ser impossível analisá-lo. Mas o analista saberá que talvez possa fazer mais por ele. Lacan foi contra a psicoterapia, e afirmou que ela levaria ao pior.

Entre os leitores de Lacan, notam-se grandes divergências em relação ao estilo de cada um quanto à forma de se conduzir perante a clínica — o que, muitas vezes, revela atitudes até mesmo paradoxais. Não acredito que haja uma única verdade sobre o que seja a análise de orientação lacaniana; penso que existem várias versões sobre ela, portanto sempre será necessário que o analista sustente sua posição.

Adotar uma posição dogmática, religiosa, supor que há uma verdade única que perpassa toda a obra de Lacan constitui um exagero e mostra apenas a insegurança do analista quanto à própria experiência pessoal.

Nesta perspectiva, diante da não indicação de análise em pré-psicóticos, existem posições diferentes, assim como quanto ao uso das entrevistas preliminares com a utilidade de identificar o paciente pré-psicótico. Em 1914, numa de suas modificações da nosografia, Freud definiu a neurose de transferência como a situação em que há vínculo transferencial, e a neurose narcísica quando não se consegue vínculo. Então, existiria a neurose de transferência e uma outra possibilidade, aquela em que não é possível vínculo. A essa situação ele denominou psicose. Freud abandonou esse ponto de vista rapidamente e retomou a utilização do parâmetro psiquiátrico. Porém já estava apontada a existência de situações na psicanálise em que o vínculo transferencial não seria possível.

Lacan acrescentou a constatação de que, se o sujeito tem uma estrutura psicótica, se em seu Édipo houve um acidente em que se deu a foraclusão do Nome-do-Pai, esse momento não seria ainda o momento de desencadeamento da psicose.

Lacan propõe ao analista um cuidado para identificar se o sujeito que o procura teria uma estrutura psicótica. Pois, se a tiver, a análise poderá desencadear a psicose. Esse desencadeamento se daria porque o analista age a partir do lugar do Nome-do-Pai, que é o que falta ao psicótico; e o elemento desencadeador do surto psicótico aconteceria quando "Um pai fosse chamado ali onde nunca esteve", pois é dentro da cadeia significante que opera a foraclusão do Nome-do-Pai.

Hoje em dia essa consideração é mais teórica que prática, pois raramente um analista recua na indicação de uma análise diante do temor de que o paciente seja psicótico. Tudo dependerá do que a psicose signifique para o analista e dos meios que ele tiver para lidar com ela.

Uma vez superada a situação das entrevistas preliminares, o analista constataria a existência do significante da transferência na escuta do discurso do analisando. Nessa situação, o paciente não fala ao analista como a um semelhante, como a outro igual a ele, como a um amigo, mas se dirige ao saber que ele suporta.

É no surgimento da transferência que se dá a instalação do vínculo analítico. A instalação da transferência é uma posta em ato de uma suposição de saber ao analista por parte do paciente: ele acredita que o analista detém a verdade sobre ele. O paciente supõe que o analista sabe sobre a sua falta, que o analista sabe sobre o que o faz sofrer, que tem a significação de seu sintoma.

São esses os motivos de toda análise, e se o paciente chega dizendo que a análise não funciona, mesmo que o faça, já estará na transferência, ainda que negativa. Lacan dizia que o ateu é a pessoa que mais acredita em Deus, pois a necessidade de negar sempre implica um comprometimento do Sujeito com a verdade que está negando. O mesmo vale para um sujeito que procura um analista para negar a validez da análise, pois a transferência supera a pessoa do analista, indo além dele.

Relendo o desenvolvimento da noção de transferência em Freud, Lacan propôs um eixo que articulasse todas as noções nele contidas com o nome de Sujeito Suposto Saber. Para Lacan, a transferência seria uma transferência de saber ao Outro, suportada numa pessoa. Não que o analista saiba o que falta ao Outro — esse seria o discurso do mestre —, ele é colocado nesse lugar, embora saiba que não sabe a verdade do Outro. Essa é a diferença entre o analista e o mestre.

O analista usará o "não-saber" e, quando como objeto causa do desejo estiver no lugar do agente, haverá o discurso analítico. O aparecimento do Sujeito Suposto Saber automaticamente estará posicionando o analista no lugar do Outro. O analista facilita a transferência aplicando a regra fundamental, não dirigindo o paciente e não se propondo como modelo de identificação pois se o analista identifica-se com o Sujeito Suposto Saber e se coloca no lugar do mestre, aparecerá a contratransferência. A contratransferência indica que o analista cedeu à tentação de se identificar com o que falta no Outro e de colocar a representação da falta que é sua como sendo do Outro.

As entrevistas preliminares também são o momento em que se faz o diagnóstico. O analista fará o diagnóstico na transferência, mas não fará um diagnóstico objetivo como o do psiquiatra. Se certos sintomas e sinais, segundo a medicina, caracterizariam determinadas síndromes, isso corresponde ao discurso do mestre, o que, nesse caso, viria da importação do saber médico pela psiquiatria ou da importação do saber psiquiátrico pela psicanálise. A proposta seria manter o diagnóstico dentro da especificidade analítica: o diagnóstico feito pelo lado do Sujeito, pela posição que o Sujeito assume perante o Outro, como fala de seu sintoma para o Outro.

Isso não implica que o paciente tenha consciência do que está falando, o que se dá numa variação entre o dito e o dizer. Então será aí que o analista escutará. Se um paciente fala para o analista: "Não que minha gagueira me incomode...", e dá várias explicações sobre o motivo de sua gagueira não incomodá-lo, o diagnóstico não seria sobre a gagueira, e sim como o Sujeito elabora o sofrimento que a gagueira lhe traz. Então o analista saberá de que forma o paciente lhe supõe um saber sobre a gagueira. Não será o sintoma que proporcionará o diagnóstico, mas a relação transferencial, o posicionamento subjetivo do paciente ante o seu sintoma.

Destituição subjetiva e fim da análise

Quando o Sujeito segue as regras analíticas, ele fala tudo o que lhe vem à cabeça, e tudo o que falar estará sobredeterminado. O analista, assim, terá acesso ao Simbólico, já que o Imaginário em si é inacessível.

Por esse motivo, Freud privilegiou a via das palavras, embora o sujeito tenha muitas formas de se expressar, porque é o meio que propicia maior profundidade à investigação do ser. Por isso Lacan disse que a via do analista era a via do Simbólico.

Existem inúmeras outras práticas que tomam a via do Imaginário como eixo. A que está mais estritamente nessa via é a junguiana, que supõe a possibilidade da complementação da falta do Sujeito pela imagem, os "arquétipos", que seriam o que faltam ao Sujeito.

Também há sugestões de que a análise kleiniana privilegiaria a via do Imaginário. Embora na teoria kleiniana não existam construções sobre a função paterna, isso não quer dizer que o eixo Simbólico não estaria incluído nas suas elaborações.

No *Seminário I*, "Os escritos técnicos de Freud"[12], Lacan trabalhou o caso Dick, de Melanie Klein, em que as interpretações foram entendidas como "enxerto simbólico". Então o Simbólico estaria presente, embora não a elaboração teórica da função paterna. Mas isso é muito diferente da prática junguiana, em que se visa unicamente o Imaginário, e pretende-se resolver tudo pelo universal — que é o inconsciente coletivo.

Dentro da via do Simbólico, que seria a via do analista por excelência, num determinado momento de sua obra, Lacan pensava que o fim da análise coincidiria com a finalidade da análise. Isso seria a promessa de que o Sujeito pudesse alcançar a verdade pelo processo dialético da fala. A verdade particular, não a verdade universal, não a verdade absoluta, hegeliana; mas

---

12) Lacan, J. *Seminário I*, 1953-54.

a sua verdade, como o encontro com suas vivências de satisfação, com seus desejos, com os fatos que condicionam a sua história.

Se esse fim de análise fosse a finalidade da análise, buscar a verdade já alteraria a visão da psicanálise como terapêutica, que em Freud sem dúvida estava presente.

A princípio, a psicanálise foi uma psicoterapia das histerias. Mas depois, com as descobertas freudianas, a finalidade da análise foi mudando. No último momento do desenvolvimento da teoria freudiana, que se inicia com "Além do princípio do prazer"[13], em que aparecem as ideias de masoquismo primordial, pulsão de morte e Superego, o fim da análise passou a ser metaforizado como consequência da intransponibilidade da "rocha da castração". Não haveria uma última verdade do sujeito sobre si mesmo, porque sempre faltaria alguma coisa.

Mesmo com essa ideia, Lacan supõe que talvez houvesse a possibilidade de, privilegiando a via do Simbólico, o sujeito enunciar toda a verdade sobre si mesmo. A ética da psicanálise nesse momento seria a ética do "bem-dizer": a produção da verdade sobre o sujeito. A verdade do sujeito é um "bem-dizer", dizer aquilo que o completa. É a verdade, a palavra que exclui toda a falta.

Ninguém nega que a psicanálise tenha um efeito terapêutico. Mas, o analista não se orienta por ele e obtém um resultado terapêutico como *plus*, como adendo, e não como objetivo principal.

Assim, na via do Simbólico, Lacan pretendia o surgimento total do Sujeito. Isso equivaleria à ideia de subjetivação da morte, tirada de Heidegger. Lacan avançou em relação a Freud, com a ideia de que haveria uma postura existencial do sujeito ante a própria morte, postura que possibilitaria completá-lo.

Porém, essa não é uma ideia analítica, é existencialista. E a prática de Lacan rapidamente chegou à sua impossibilidade. O sujeito poderia chegar até o extremo do dizível, mas nunca se completaria, nunca se realizaria totalmente nas palavras, nunca poderia dizer tudo.

Sistematizando a prática lacaniana em termos de *vias* do analista, uma delas seria a do Imaginário — da qual Jung é paradigma —, que Lacan exclui de saída, pois o Imaginário só alcançaria o sentido pelo Simbólico, e não poderia consistir por si mesmo.

Privilegio a palavra "via"; vocês a encontrarão em Lacan, pois não é ingênua. Lacan pouco falou de si e, quando falou de religião, confessou como notória sua preferência pelo taoísmo. O taoísmo é uma antiga religião chinesa, em que a palavra tao quer dizer *caminho*. Taoísmo seria o caminho da realização da vida. Então, a via seria o próprio tao. Quando Lacan

---

13) Freud, S. *S.E*, v. XVIII, p. 324.

introduziu os matemas, disse que o primeiro "matema" da humanidade seria o símbolo taoísta da harmonia, o Yang e o Yin.

Este símbolo é um matema, pois produz efeito de sentido, é uma escrita e permite uma transmissão.

Seguindo-se Lacan, convencionou-se três vias possíveis para uma análise. A via imaginária, descartada por encontrar seu sentido somente no Simbólico; a do Simbólico, que implica um impasse, porque não é possível o ser falante completar-se na fala, pois sempre haverá um resto que faz obstáculo a essa completude — é a noção de falta, presente o tempo todo, e que é um dos nomes do Real, e que é a terceira via.

O Real seria o Real como falta, o Real da incompletude do Sujeito, um resto fundamental e não subjetivável. Então, a ideia de subjetivar a morte funcionaria se a morte fosse subjetivável, mas não se pode subjetivar o que é o constitutivo da subjetividade, e o que constitui a subjetividade é a falta. Assim, a subjetividade não pode subjetivar a própria falta, pois se assim fosse, seria um paradoxo.

Freud chegou a esse impasse figurando-o como "rocha da castração", que seria o que determina o fim de uma análise, que ele diferenciava no homem e na mulher. Para o homem, o que precipitaria a interrupção de uma análise seria uma "rebeldia à submissão passiva", e na mulher o *penisneid*.

Uma forma de entender isso é referir-se às propriedades da ordem simbólica, em que a combinatória dos significantes é infinita. Por mais que se possa analisar e mostrar a correlação dos significantes, sempre serão possíveis outras combinações — e, nesse sentido, não haverá um fim de análise possível.

A via do Real, que começou a ser formalizada nos anos 60, foi a resposta de Lacan ao impasse colocado pela impossibilidade de o Sujeito subjetivar a falta. Já que o Sujeito não pode advir completamente na palavra, mesmo porque a falta não é subjetivável, Lacan inovou a experiência analítica, produzindo um avanço inventando o procedimento do passe.

A experiência de Lacan levou-o a propor uma resolução do impasse da castração, da impossibilidade da subjetivação da falta por intermédio da ideia de uma dessubjetivação, a que chamou de "destituição subjetiva", que é o que Lacan fez equivaler ao efeito da "travessia da fantasia".

A fantasia é o que faz o Sujeito crer que a subjetivação total é possível. A escritura da fantasia é feita por Lacan pelo matema $\$ \Diamond a$, em que o sujeito aparece numa relação com o objeto *a*, em que ele estaria completo.

Todos temos fantasias. É isso o que se trabalha numa análise, como cada um se conta um conto de ilusão, onde nos vemos num mundo pleno de sentido, completo, onde há razão para existir, onde há razão para todas as ações. E será nisso que a psicanálise irá intervir, produzindo a disjunção do que condiciona essa completude ilusória do Sujeito.

No psicótico pode-se questionar se haveria fantasia. Se não há falta no Outro, não haveria por que completar a falta. O perverso completa essa falta com um objeto Real, o que elimina a angústia — não havendo, portanto, motivo para que procure o analista. Então, a fantasia que encontramos na clínica é, fundamentalmente, a fantasia neurótica.

A partir dos anos 70, Lacan afirmou que o analista entraria no discurso analítico apenas como objeto *a*. Só que o analista estaria apenas fazendo "semblante" do objeto *a*, ao encarnar alguma coisa que não é, a partir dessa atribuição de saber. Mas seria esse objeto que operaria na subjetividade do paciente. O analista não estará no lugar do objeto da fantasia de uma maneira passiva, estará como representante da causa do desejo do Outro, que é o agente do discurso analítico.

O fim da análise seria o resultado de uma experiência de saber, de um trabalho significante que culminaria numa assimilação, numa assunção da falta em ser, numa disjunção do Sujeito com esse objeto que o completa.

Na proposta lacaniana, o fim da análise implicará que o sujeito subjetive essa incompletude radical e não suponha que ela possa ser completada por alguma coisa. Isso tem efeito na transferência, produzindo o que já era clássico chamar-se de "liquidação da transferência". Lacan precisa essa situação transferencial como uma "dessuposição de saber". Não que um dia o paciente saberá a sua verdade por meio do Outro; ele saberá que o Outro é faltante, e continuará faltante, e que ninguém sabe sobre o que falta ao Outro.

Essa seria a posição do Sujeito num fim de análise. Não é demais dizer que não é a felicidade que a psicanálise aponta, pois o analista não a promete; e o analisando ficará entre a felicidade e seu desejo. A ingenuidade, a inocência do analisando seria supor que, buscando o seu desejo, encontraria a felicidade. E nesse ponto entram as considerações éticas clássicas. Se para Kant a felicidade era um acordo sem ruptura do Sujeito com a vida, que ele denominava de Boa Fortuna, no sentido analítico a felicidade compreende a relação do Sujeito com o seu sintoma.

A saída da análise consistirá em estabelecer um acordo do Sujeito com o seu sintoma. O que não é um compromisso porque, à diferença do conformismo, o Sujeito se assumirá como incompleto e não se iludirá de que um dia possa se completar.

Lacan formalizou suas ideias sobre a formação do analista no texto "Proposição de 9 de outubro de 1967 sobre o psicanalista da Escola". Este foi o título de um projeto elaborado para *"fundamentar, num estatuto duradouro o bastante para ser submetido à experiência, as garantias mediante as quais a nossa Escola poderá autorizar um psicanalista por sua formação — e, por conseguinte, responder por ela"*[14].

Existem duas versões deste texto, uma publicada em *Scilicet* em 1968, que é uma nova redação da inicialmente apresentada na Escola Freudiana de Paris em outubro de 1967, e a original, somente publicada em 1978 na revista *Analytica*.

Ao fazer constar uma data, 9 de outubro de 1967, no título desse escrito, Lacan estabeleceu definitivamente uma relação desse seu texto com os acontecimentos daquele momento que o fizeram necessário.

Quase um quarto de século depois da "Proposição...", a psicanálise de orientação lacaniana é, não só no contexto francês mas em muitos países do mundo, uma realidade insofismável. Ela também o é mesmo para aqueles que não tiveram Lacan diretamente como mestre e foram apenas seus leitores. Realidade esta particular dos psicanalistas brasileiros, que fazem referência ao seu ensino via sua prática clínica.

A especificidade da relação da Escola com seu ensino assim foi enfatizada por Lacan:

> *É então a um grupo para o qual meu ensino era suficientemente precioso, inclusive essencial a ponto de que cada um, deliberando, tenha marcado preferir sua manutenção à vantagem oferecida — isto sem ver além, da mesma forma que, sem ver além, eu interrompia meu seminário depois de mencionado voto — é a este grupo com dificuldades; de encontrar uma saída que eu ofereci a fundação da Escola. Esta escolha, decisiva para os que estão aqui, assinala o valor da aposta. Pode haver aqui uma aposta que para alguns tenha o valor suficiente, a ponto de ser-lhes essencial, e que é o meu ensino. Se o dito ensino é sem rival para eles, o é para todos, como demonstram aqueles que se lançam aí sem ter pago o seu preço, ficando-lhes suspensa a questão do lucro que lhes é permitido. Sem rival aqui não quer dizer sem estimativa, mas um fato: nenhum ensino fala do que é a psicanálise*[15].

---

14) Lacan, J. *Scilicet*, n. 1, 1968.
15) Ibid.

Essa formulação deve levar em consideração o momento particular da elaboração de Lacan, o que não pode ser feito sem se referir aos *Seminários* contemporâneos deste texto, que são "A lógica da fantasia"[16] e "O ato analítico"[17].

Como os psicanalistas se fazem um a um, isso implica a série produzida pelo conjunto deles, sempre um primeiro. Fato este que impôs para Freud, dentro de questões similares, a necessidade de se referir à noção de originário", tradução do *Ur* alemão, como as fantasias originárias, recalque originário etc. Para os psicanalistas, poderíamos chamar, chistosamente, o primeiro, de *Ur-psicanalista?* Este primeiro é o que faz Escola, desde que o ensino deste primeiro seja "sem rival" e "diga o que é a psicanálise", tornando-se "essencial".

Assim, numa Escola, os que seguem o primeiro devem dar provas de que são fiéis aos princípios estabelecidos por este sobre o que é psicanálise. Ou seja, os segundos devem dar provas de que são da Escola do primeiro.

Se antes de Lacan um psicanalista podia ser nomeado como tal, somente o era por ter sido aprovado por uma instituição, no caso as afiliadas da IPA, em razão do reconhecimento de ter o candidato cumprido as normas estabelecidas pelos critérios convencionados, o que colocava principalmente em questão o valor do conceito das psicanálises ditas didáticas.

Ressalte-se que nenhuma instituição escapa ao procedimento de convencionar critérios. Porém o que se operou com a intervenção de Lacan na problemática da formação psicanalítica foi o deslocamento da questão dos produtores autorizados de psicanálises, os chamados *didatas*, para os seus produtos, as *didáticas*.

Esse deslocamento da questão operado poderia ser, dentro de um ordenamento lógico da "Proposição...", um primeiro axioma, fundamental, e que foi assim enunciado: *"O analista se autoriza por si mesmo"*[18]. Ao que Lacan acrescenta: *"Isso não exclui que um psicanalista depende de sua formação"*[19].

Esta afirmação *"O analista se autoriza por si mesmo"*, elevada à categoria de princípio, aponta no seu contexto de ruptura com os modelos tradicionais que uma psicanálise didática não garante necessariamente um psicanalista, ou melhor, que uma psicanálise não é didática pelo fato de ter sido operada por um didata, ou, o psicanalista não se autoriza pelo seu psicanalista.

16) Lacan, J. *Seminário XIV*, inédito, 1967.
17) Lacan, J. *Seminário XV*, inédito, 1968.
18) Lacan. J. *Scilicet*, n. 1, 1968.
19) Ibid.

O psicanalista autoriza-se por si mesmo. Daí podemos acrescentar, não há didatas, mas pode haver análise didática. Ou ainda, deverá haver psicanálise, não necessariamente psicanalista.

O que é, então, nessa perspectiva, um psicanalista? Diz a "Proposição...": *"Com o que chamei o fim da partida (análise) nos encontramos enfim no coração da fala dessa noite. A terminação da psicanálise chamada redundantemente de didática é a passagem, com efeito, do psicanalisante a psicanalista"*[20].

Assim Lacan resolve a questão do que é um psicanalista: é o que se produz numa psicanálise mediante uma passagem. Deduz-se que não se pode verificar psicanalistas, mas somente psicanálises, e é aí que se encontra o psicanalista.

Essa posição implica a necessidade de uma proposta de como se proceder para se verificar esta passagem de psicanalisante a psicanalista, visto ser esta a única garantia de que ele o é, o que torna também necessário formalizar teoricamente no que consiste essa passagem.

A proposta com que Lacan solucionou esse avanço foi vista como um dos atos mais inovadores da história da psicanálise em matéria de formação. Com o princípio "o psicanalista se autoriza por si mesmo", afasta-se o domínio da didática, *"preferindo um título que decorra exclusivamente da formação, isto é, da passagem de psicanalisando a psicanalista"*[21].

Autorizar-se por si mesmo é a *"conseqüência lógica da supressão da hierarquia em benefício do grau"*[22]. Em outras palavras, repensa-se a ordem institucional em função de uma primazia atribuída à ordem teórica. Isso é feito teorizando-se o que se deduz da experiência clínica, formalizada como passagem pela castração e na referência ao mito edipiano.

À questão de como verificar a passagem do psicanalisante a psicanalista, Lacan responde com a formulação do que foi concebido depois como *"procedimento do passe"*, que seria a tradução institucionalizada de uma experiência concreta.

Na "Proposição..." Lacan refere-se a esta solução:

> *De qualquer lugar poderia então ser esperado um testemunho justo sobre aquele que franqueia este passe, senão de um outro que, como ele, o é, ainda, este passe quer dizer – em que está presente nesse momento o des-ser onde seu psicanalista guarda a essência do que lhe passou como um luto, sabendo*

---

20) Ibid.
21) Ibid.
22) Ibid.

assim, como qualquer outro em função de didata, que também a ele isto já vai passar. (...)
É isto que lhes proporei de imediato como o ofício a confiar para a demanda de tornar-se psicanalista da Escola a alguns que nela denominaremos passadores.
É a eles que um psicanalisante, para fazer-se autorizar como analista da Escola, falará da sua análise — e o testemunho que, saberão colher do núcleo mesmo do próprio passado, será daqueles que nunca recolhe nenhum júri de aprovação. A decisão de tal júri se veria assim esclarecida, ficando entendido, no entanto, que estas testemunhas não são juízes[23].

O procedimento do passe não foi tornado obrigatório, e aqueles que se submeteram a ele, quando aprovados pelo júri, receberam o título de AE (Analista da Escola), um dos graus instituídos por Lacan.

O princípio destes procedimentos foi articulado dentro de uma lógica em que o "passante" pudesse fornecer testemunho de sua análise a dois "passadores" escolhidos por sorteio, transmitindo estes sua escuta a um júri, a quem caberia a aprovação desse pedido.

Esse dispositivo, organizado segundo essa concepção, viria sofrer modificações na forma de sua efetivação, principalmente a partir de 1983 dentro da Escola da Causa Freudiana.

Na "Proposição..." essa questão foi articulada em consequência da passagem do psicanalisante a psicanalista, e seu efeito descrito em relação à transferência:

A estrutura assim abreviada lhes permite fazer uma ideia do que ocorre em termos da relação de transferência, ou seja, quando o desejo, estando resolvido quem sustentou o psicanalisante em sua operação, já não tem vontade de levantar-lhe sua opção, quer dizer, o resto que, como determinando sua divisão, o faz cair de sua fantasia e o destitui como sujeito[24].

A *destituição subjetiva* corresponderia tanto à queda dos significantes mestres que representavam o Sujeito, significantes da identificação ideal advindo do Outro, quanto ao advento do ser, pois, sendo o Sujeito, falta a ser, no final da análise seria em $(-\varphi)$ ou em (a) que apareceria seu ser. É o que nos diz Lacan na primeira versão da "Proposição...":

---

23) Ibid.
24) Ibid.

Sua significação de Sujeito não exclui o advento do desejo, fim aparente da psicanálise, senão que ali continua sendo a diferença do significante ao significado o que cairá sob a forma de (-φ) ou do objeto (a), entre eles e o psicanalista, na medida em que este vai reduzir-se ao significante qualquer. Por isso digo que é nesse (-φ) ou esse (a) onde aparece o seu ser. O ser de agalma do Sujeito Suposto Saber completa o processo do psicanalisante, numa destituição subjetiva. Não temos aqui o que somente entre nós poderíamos enunciar? Não é bastante para semear o pânico, o horror, a maldição e até o atentado?[25].

A *destituição subjetiva*, portanto, também seria destituição do Sujeito Suposto Saber, daí seus efeitos na transferência. A teoria do "fim de análise" supõe, então, uma lógica segundo a qual no fim da análise termina aquilo que a fez possível no começo, que foi a instalação da transferência.

Essa lógica aponta seu eixo no momento "em que o Sujeito vê soçobrar a segurança que lhe dava a fantasia"[26], operação esta conceitualizada como "travessia da fantasia". Essa travessia corresponderia, por um lado, à simbolização fálica, e, por outro, ao gozo não simbolizável do objeto pequeno *a*, pois se a fantasia era o que permitia ao sujeito crer-se um, inteiro, no momento do passe, da travessia dessa fantasia, esse sujeito não encontraria mais sua unidade no significante. Esse momento se refere à localização na transferência, no desejo do analista, do lugar do sujeito como objeto *a*, sendo isso que permite dar uma solução ao "x" do desejo do Outro. O sujeito encontra aí ao seu ser não uma identificação idealizante ao significante, provindo de uma unidade ilusória, senão na identificação instituída pelo objeto *a*. O que está em jogo, então, no final da análise, é que o Sujeito se reconheça como objeto.

Na "Proposição..." esse momento seria correlato a uma perda, que se realizaria no nível do des-ser do Sujeito Suposto Saber, *des-ser* do analista. O objeto pequeno *a* resta, portanto, do lado do analista, que ao cair como Sujeito Suposto Saber fica reduzido a um resto desprovido de todo valor de agalma. Lacan refere-se a este fato assim: *"Nosso propósito acerca dela (terminação da análise) é produzir uma equação cuja constante é o agalma. O desejo do analista é sua enunciação, que só poderia operar-se se ele vem aí em posição do x"*[27].

Este x mesmo, a cuja solução o psicanalisante entrega seu ser, e cujo valor se anota (-φ), a hiância que se designa como função do falo

---

25) Ibid.
26) Ibid.
27) Ibid.

ao isolá-la no complexo de castração, ou (a) para aquilo que a obtura com o objeto que se reconhece sob a função aproximada da relação pré-genital.

Uma psicanálise levada a esse ponto produz, então, a desarticulação do agalma, o que poderia ser escrito (a/-φ). Produzindo um efeito de ruptura, desencantamento, enfim de desmoronamento da transferência.

Lacan, em 1974, dizia na "Nota aos italianos":

> *O psicanalista só se autoriza por si mesmo, isso é evidente. Pouco lhe adianta uma garantia que minha Escola lhe dá, sem dúvida, sob a cifra irônica do AME não é com isso que ele opera (...). É por isso que ele deve zelar; para que, autorizando-se por si mesmo, só haja o psicanalista. Pois minha tese, inaugural por romper com a prática pela qual pretensas sociedades fazem da psicanálise uma agregação, não implica, no entanto, que qualquer um seja psicanalista*[28].

Quer dizer, o princípio de que é a análise pessoal que autoriza o psicanalista continua válido, o que viria a ser modificado seriam os instrumentos de sua verificação. Considerando-se correta a opinião de Lacan, em Deauville em 1978, de que o passe na Escola Freudiana de Paris foi um fracasso, autorizou-se no entanto sua retomada a partir de 1983, com modificações que convergem na sua concepção atual.

Mas, embora o procedimento do passe tenha sido modificado em alguns de seus aspectos, permanece inalterada a fidelidade à lógica da "Proposição..." que infere a análise como condição do psicanalista, e o passe como seu instrumento de verificação.

Para essa perspectiva, o psicanalista é o instrumento de uma operação ao fim da qual será refugado. O sujeito, chegado a este ponto, de destituição subjetiva — *des-ser,* "*conquistou uma verdade, não sem sabê-lo — uma verdade incurável*"[29].

Aqui se poderia falar numa Escola de Lacan, uma Escola avançada à de Freud, pois se o fundador da psicanálise colocou o impasse da resolução da análise na "rocha da castração", Lacan formulando-a em um sentido lógico (inexistência da relação sexual) propõe um passe a esse impasse. Para Freud, a castração foi postulada como um impasse de ordem biológica. Lacan elaborou-o logicamente e considerava-o atravessável.

---

28) Lacan, J. *Note italienne*, 1973, Le tripode, abr. 1974.
29) Lacan, J. Proposição de 9 de outubro sobre o analista da Escola, in *Scilicet*, n. 1, 1968.

O "não existe relação sexual" resume a impossibilidade lógica de uma complementaridade entre os universais. Só existe um significante, falo, e a relação ao outro sexo é sempre mediada por este, implicando uma falta no significante, pois o Outro é incompleto. É essa perspectiva única, que formaliza procedimentos e concepções, que, por sua coerência, consiste numa Escola.

CAPÍTULO V
A CULTURA

O LUGAR DA PSICANÁLISE NA CULTURA

Todo Lacan?

Uma obra tem fim? Se entendermos por "obra" a produção intelectual de uma pessoa, como é o caso de Freud e de Lacan, seu fim só pode ocorrer com a morte do autor, que sempre, até o último momento, pode produzir uma ressignificação total de suas ideias. Muito mais quando o autor reconhece na sua produção um ensino, o que quer dizer que ele se responsabiliza pela coerência lógica que a evolução desta impõe no tempo.

Foi na busca de uma coerência para a obra de Freud, ou seja, da lógica decorrente da evolução da investigação deste autor, que Lacan sugeriu um retorno a Freud, um retorno "ao sentido e não à letra" dos textos que compõem esta obra. Daí a leitura que Lacan fez de Freud em que, por exemplo, a "viragem dos anos 20" — com a conceitualização de pulsão de morte — ressignifica e reordena o produzido anteriormente; ou em que o texto de Freud "Três ensaios de uma teoria sexual"[1], escrito em 1905, tem de ser lido obrigatoriamente desde outro texto posterior "A organização genital infantil"[2] (1923) etc.

Fala-se do Lacan dos anos 70. A significação dessa particularização de um período de seu ensino apontaria justamente à introdução de considerações, por parte de Lacan, que modificariam aspectos da lógica anterior que até então sustentavam seu ensino, já outros autores falam no "giro" de 1975.

Quais seriam os motivos que justificariam a localização desses pontos de ressignificação na obra de Lacan?

---
1) Freud, S. *S.E.*, v. VII, p. 135.
2) Freud, S. *S.E.* v. XIX, p. 179.

Poder-se-ia sugerir que em 1970, numa das aulas do *Seminário* "D'un discours qui ne serait pas du semblant"[3], a de 20 de janeiro 1971, e que depois seria escrita com o título "Lituraterre"[4], encontra-se o início de uma modificação das posições anteriores de Lacan. Este texto, além de fazer considerações sobre a escritura, afasta a hipótese de que ela fosse anterior à fala. Usando uma metáfora de Saussure, Lacan fez referência às *nuven*s que, ao se liquefazerem, mudam de forma, de "semblante", precipitando-se em significantes e que fazem sulco no "real" da carne. Este precipitado é "matéria" em suspensão e é o que faz a erosão do significado. É isso o que vai constituir a "letra", entre o "litoral" e o "literal". Quer dizer, a partir dessas articulações de Lacan, o Simbólico — em que um significante sempre requer outro significante, caracterizando um sistema binário que apontava a um inesgotável do saber — passou a ser revisto. Em 1971 Lacan começou a admitir que existe o Um, o que de fato formalizou pouco depois no *Seminário* "Ou Pire"[5], com "*il Ya de l'Un*". Com isso mudou a possibilidade de um esgotamento do Simbólico, pois este, desde essas novas considerações, passou a estar sempre condicionado pela letra, que é da ordem do redutível, isto é, produz fim.

A letra, assim formalizada, é então fonte de dois efeitos: um em relação ao saber e outro em relação ao gozo. Ou, dito de outro modo, um em relação à ordem do Simbólico e outro em relação à ordem do Real. Talvez por isso em 1972, no texto "L'Etourdit"[6], Lacan tenha apontado a impossibilidade de se encontrar o nó da significação e sugeriu que se procurasse apreendê-lo com recursos diferentes do Simbólico, utilizando-se elementos que tivessem características do próprio Real, que seriam a letra e a escritura. Já o "giro" de 1975 é referido, pelo autor que o sugere, como efeito do Simbólico ter sido refutado em sua especificidade e unicidade, não pelas razões que apontamos acima, mas pela ressignificação que este teria recebido, na medida em que a tríade "Imaginário, Simbólico e Real" havia deixado de ser "axiomática" para ser "problemática", fato que teria ocorrido em 1975 durante o seminário "RSI"[7] e teria como consequência a dissociação do Simbólico em símbolo e sintoma.

Porém, seguindo as indicações anteriores, já nos anos 70 teria havido por parte de Lacan um desenvolvimento da noção de letra como fora do Simbólico. Embora essa noção — "suporte material do significante" — já

---

3) Lacan, J. De um discurso que não seria do semblante, *Seminário XVIII*, inédito, 1970.
4) Lacan. J. *Literature*, n. 3, 1971.
5) Lacan, J. *Seminário XIX*, inédito, 1971.
6) Lacan, J. *Scilicet*, n. 4, 1973.
7) Lacan, J. RSI, in *Ornicar?*, n. 2, 3, 4, 5, 1975-76.

estivesse presente em seu ensino desde 1956 (quando a introduziu no texto "A carta roubada"[8]) e encontremos ecos de sua categorização no conceito de "traço unário" (retomado de Freud em 1961 no Seminário "A identificação"[9]), assim como também no debate sobre a lógica do nome próprio (acontecido no mesmo *Seminário*), foi com a introdução do objeto *a* que Lacan começou a colocar em questão os limites do Simbólico e a apontar a possibilidade de um Real "fora do Simbólico".

Entre as várias possibilidades de se apontar qual o principal conceito reformulado nos anos 70, poder-se-ia dizer que seria o conceito de Real. Real com a assinatura de Lacan, sustentado na noção de letra, de gozo, de *alíngua*, de *parletre*, de objeto *a*, cuja maior consequência seria a separação entre saber e gozo.

Depois de 1971, porém, mudou a abordagem dessas questões que começaram a ser feitas principalmente a partir da inter-relação dos registros, com o recurso da topologia — a partir do nó Borromeano, em especial. O nó apresentado neste *Seminário* como uma escritura fez com que essa noção estivesse sempre presente, a ponto de Lacan dizer: *"No discurso analítico, só se trata disso, do que se lê..."*.

O esforço em elaborar a lógica da inter-relação dos registros tornou-se cada vez mais patente: na conferência pronunciada em 1974 por Lacan em Roma, que recebeu por título "A terceira"[10], no *Seminário* de 1974-75, culminando nos desenvolvimentos do *Seminário* de 1975-76 ("O sintoma"[11]), assim como nas conferências feitas em 1975 nos Estados Unidos[12].

Se antes dos anos 70 a relação entre o Simbólico e o Imaginário era entendida como o que produz o sentido, a partir da nova noção de "letra" constituiu-se uma noção de Real própria a esse momento do ensino de Lacan, que ressignificou as relações entre esse registro e os demais.

Se com a formalização do objeto *a* Lacan introduziu o sem-sentido na prática analítica, foi porém com essa nova especificação de real que pôde precisá-lo e o fez a partir do estabelecimento das relações deste novo Real com o Simbólico e com o Imaginário. Modificações estas a tal ponto importantes que no texto "L'Etourdit" formalizou uma separação entre sentido e significação, sustentada nas inter-relações entre os registros e que produziu a fórmula: "*a interpretação é sentido e vai contra a significação*"[13].

---

8) Lacan, J. O seminário sobre a carta roubada, in *Escritos*, p. 13.
9) Lacan, J. A identificação, *Seminário IX*, inédito, 1961.
10) Lacan, J. *Lettres de l'ecole Freudienne*, n. 16, 1974.
11) Lacan, J. Seminário XXII, in *Ornicar?*, n. 6, 7, 8, 9, 10, 11.
12) Lacan, J. Conferências e conversações em universidades norte-americanas, in *Scilicet*, n. 6/7.
13) Lacan, J. L'Etourdit, in *Scilicet*, n. 4, 1973.

Uma teoria lacaniana da cultura?

O analista é um sintoma da cultura. Para que se entenda esta frase, primeiro é necessário definir cultura. Sem entrar no mérito das definições antropológicas de cultura e civilização, seguindo a Freud que sugeria entender-se a cultura como "superação da vida animal", pode-se resumir a interpretação que Freud faz da cultura com uma outra frase: "A cultura é o estilo do recalque de um determinado grupo humano".

Tese esta que decorre do fato de a psicanálise pensar que a socialização humana se daria unicamente em razão da possibilidade de o homem postergar seus estímulos sexuais e agressivos, pela renúncia pulsional. A cultura vista assim se apresenta então como um sistema de interdições.

O que implica também a concepção de que a cultura tem um custo, custo este que Freud chamou de mal-estar, e que, segundo Freud, faz de todos nós inimigos da civilização.

A cultura é vista então por Freud como análoga ao Supereu, e a psicanálise mostra que o mal-estar na civilização consiste em se obter uma satisfação da renúncia pulsional mesma, quer dizer, a psicanálise mostra que a condição humana leva o Sujeito a obter gozo pela renúncia do próprio gozo.

Assim o sofrimento do Sujeito, ao que Freud chamava de "infelicidade interna", é ele mesmo uma forma de gozo, e, por essa razão, o homem quanto mais virtuoso for, quanto mais gozar de sua renúncia pulsional, mais severamente será tratado por seu Supereu. Assim, se a psicanálise ensina que o sofrimento é um dos nomes do gozo pulsional, também ensina que o sintoma neurótico é o que se insurge contra a exigência cultural de recalque.

Temos aqui o segundo termo da frase o "analista é o sintoma da cultura", que é o termo sintoma, entendido como a expressão da rebeldia do Sujeito diante da tirania da cultura.

Finalmente, o último termo da frase, que se refere ao analista. Lacan, na lógica de seu ensino, deduz que o analista é consequência do conceito de inconsciente, o que quer dizer que se há cultura, é porque há recalque, se há inconsciente, é então porque há cultura. E se há analista, é porque há inconsciente.

Analista é um sintoma da cultura porque ele também é uma expressão da rebeldia do Sujeito diante da tirania da civilização, o analista é sintoma, porque ele é uma consequência do Sujeito diante do recalque.

Lacan diz que a formação do analista são as formações do inconsciente, inconsciente que é consequência do estilo do recalque próprio à cultura. Poder-se-ia perguntar qual o modelo do recalque em uma cultura caracterizada pelo predomínio da ciência e pela dominância do capitalismo. Nesse sentido poderemos falar de um mal-estar na civilização contemporânea, mal-estar que Lacan chamou de modos de gozo do mundo moderno.

E seria possível também se falar num sujeito moderno? Não é que nós, psicanalistas, temos justamente de lidar com o Sujeito que não consegue afirmar-se conforme o modelo moderno que não é mais o de um ideal, como foi na época de Freud, mas o modelo de um mercado comum, quer dizer, de um mercado que promete a realização de qualquer desejo a qualquer consumidor financeiramente habilitado?

Por isso a teoria da cultura não deveria ser mais vista só como uma realização substitutiva de desejos como sugeriu Freud, mas como efeito de uma complementação objetal por meio do consumo desenfreado de bens inúteis, conforme sugere Lacan.

Pois não seria que nosso tempo, chamado de pós-modernidade, se caracterizaria pelo desaparecimento de valores, e atualmente, o que decide as escolhas do Sujeito, seria somente a lei do mercado regido por uma ética do lucro?

Por isso existem sempre sintomas novos, que serão tantos quantas forem as estratégias da linguagem em criar novas ilusões narcísicas de completude, conforme a ditadura do mercado.

Foi por isso que Lacan propôs uma relação da psicanálise com as descobertas de Marx, pois, na visão de Lacan, a renúncia ao gozo que seria específica do trabalho, se articularia com a produção da mais-valia em um discurso.

Isso implicaria que um sujeito, a partir do particular do seu gozo, encontrasse na mais-valia, entendida por Lacan como equivalente ao objeto pequeno *a*, ou objeto mais gozar, a razão da sua entrada no mercado. Por isso Lacan reformulou a noção freudiana de um mal-estar próprio à cultura, visto como efeito do recalque, entendendo que seja próprio da civilização, caracterizada pela ciência e pelo capitalismo, que um dos aspectos do gozo se encontre no consumo de bens.

É aqui que a clínica psicanalítica aponta para a emergência de novas formas do sujeito fugir ao mal-estar, pois dentro da linguagem, intensificada pelo poder da mídia, há sempre novos dispositivos identificatórios que oferecem ao sujeito novos modelos de evitar a angústia, por intermédio de ideais *ready-made* oferecidos em massa, para sujeitos cada vez menos diferentes.

Será que a globalização da cultura, os sonhos de um fim da história e o apelo a uma nova ordem mundial reformulariam o lugar do Sujeito nos novos espaços regidos pelo mercado?

É esse o debate no qual o analista está convocado pela cultura e que acontece não só por ser o analista ele também um sintoma da cultura que interpreta, mas, mais ainda talvez, por ser o analista a única esperança de modificação dessa cultura. Pois a própria formação do analista o leva continuamente a questionar que, se não há uma cura para o mal-estar na cultura, o analista sendo ele mesmo um objeto do mercado situa assim uma ética que vai além do terapêutico e de um consumismo de bens que prometa uma completude que não há.

O analista, ao se comprometer com a causa do inconsciente, quase sempre se contrapõe à causa do mercado, já que, para cada um de nós, o que conta é somente uma verdade particular, ficção fabricada para responder ao mal-estar.

Por isso o analista é um sintoma da cultura, porque ao mesmo tempo em que ele é sua mais refinada produção, representa uma expressão da rebeldia à tirania desta civilização, que, por causa das características da condição humana, faz o homem procurar a completude que não existe na religião, no consumo de bens, no amor, no saber, ou em termos freudianos, na ilusão.

A psicanálise da cultura é a denúncia de que a completude é uma ilusão, e aponta a uma posição em que o Bem supremo já não é mais a ausência da falta, porém a verdade particular de cada um que, por mais dolorosa e faltosa que possa ser, ainda assim cifra o destino de cada Sujeito.

QUESTÕES PARA A PSICANÁLISE EM EXTENSÃO

O caso Joyce

No *Seminário* "O sintoma"[14] — contrastando com o anterior, "RSI"[15], e com o posterior, "L'insu que sait de l'une bevue s'aille à mourre"[16] — há uma referência que se poderia chamar de clínica: a referência que Lacan faz à pessoa e à obra de James Joyce.

Por que Joyce? Porque a obra do irlandês James Joyce inaugurou a era literária moderna e se constituiu em referência obrigatória na literatura —

---

14) Op. cit.
15) Op. cit.
16) Lacan, J. *Seminário XXIV*, inédito, 1976.

frequentemente comparada à de Shakespeare, Dante ou Homero — produzindo, tanto quanto as destes autores, debates não somente no plano literário, mas também no filosófico, estético, e teológico, entre muitos outros.

O livro mais conhecido de Joyce, muito citado e pouco lido, *Ulisses*, já foi comparado aos livros proféticos de Blake; e seu último livro, o hermético *Finnegans Wake*, comparado aos de Milton. Segundo Burgess "obras pintadas no vácuo do seio divino". Ao lançar mão do mito — como em Ulisses, que é uma referência ao mito de Aquiles cantado por Homero na *Odisseia* (interpretação que Lacan rejeita) —, Joyce estabeleceu um paralelo contínuo entre a atualidade e a Antiguidade e com isso inventou um método, fazendo com que depois dele a literatura de ficção o imitasse.

Além disso, os livros de Joyce são uma contínua referência à sua vida e paixões. Joyce conseguiu juntar vida e arte, e o assunto central dos seus escritos é um debate sobre o sentido da arte e o sentido da vida, o que ele realizou colocando na boca de seus personagens as mais diversas discussões sobre temas do nosso tempo.

No esforço de eliminar o velho e criar o novo, Joyce tomou-se a si mesmo como material de observação, pois, acima de todos os sentimentos, queria ser um artista impessoal e paradoxalmente tentou fazer isso usando como referência unicamente sua própria biografia. Mas mesmo assim os livros de Joyce, e aí está sua arte, são sobre toda a sociedade humana, e por isso mesmo usam a linguagem comum, a despeito das regras semânticas, sintáticas e ortográficas. E Joyce fez isso de tal maneira que a linguagem acabou sendo o principal, senão o único, personagem de seus romances.

Joyce tentou com sua genialidade, pelo viés da linguagem como único instrumento, pelo viés da linguagem levada a seu extremo, apresentar uma completa recriação da vida em seu processo de ser vivida, uma recriação, pela linguagem, das relações dos seres humanos entre si e da percepção do seu íntimo.

O intuito de Joyce era testemunhar o homem comum, e a melhor maneira de conseguir esse objetivo foi deixa-lo falar por si mesmo. E fez isso desde sua própria vida, num percurso que foi de *Dublinenses* até *Um retrato do artista quando jovem*, de *Ulisses* até *Finnegans Wake*, demonstrando que a literatura não é apenas um comentário sobre a vida, mas ela pode ser, e é, parte integral da vida.

Os personagens dos romances de Joyce, como o homem comum, não podem pensar o que querem pensar, nem fazer o que querem fazer, pois estão presos a uma lei externa, estão sujeitos à linguagem. E isso tudo feito dentro de uma pretensão universalizante, havendo por parte de Joyce uma intenção de produzir uma sinopse completa das artes e das ciências, um modelo do corpo humano, e ainda, como se não bastasse, um manual de todas as técnicas literárias.

Joyce, que não ignorava a etimologia do seu nome derivado da palavra inglesa *joy*, que significa alegria (o mesmo se dando com Freud, na língua alemã), fez de seus romances, romances cômicos. Joyce escreveu para entreter, para celebrar a vida, para dar júbilo.

Para Joyce a história é uma desordem, uma imposição dos mortos sobre os vivos (tema de um de seu contos, que tem o título de "Os mortos"). A história é para Joyce um pesadelo do qual se está sempre tentando acordar, *to wake*, como *Finnegans*, querendo fazer entender que a vida é como um sonho.

Este homem tão pretensioso, tão ousado, tão exitoso, tão sintomático, conseguiu se superar usando a linguagem como instrumento de transcendência, e por esse caminho mostrou que a linguagem, sendo comum aos homens, faz deles iguais.

Joyce gênio, Joyce santo, Joyce artista foi chamado por Lacan de "Joyce, o sintoma". Sintoma de alguém parasitado pela linguagem. Nesse sentido, Joyce é cada um de nós.

Lacan com Joyce

A obra de Joyce apresenta uma sequência que marca uma retroação significativa, quer dizer, pode-se encontrar nos primeiros textos justificativas dos últimos ou, a partir dos últimos, pode-se ressignificar os primeiros.

Assim, *Finnegans Wake*, que leva a linguagem às suas últimas consequências, talvez já pudesse ser previsto em *Ulisses* e certamente o reordena. O mesmo com *Ulisses*, que deve seu entendimento a *Retrato do artista quando jovem*, e este ao nunca publicado *Stephen Hero*.

A mesma coisa quanto à lógica interna de cada obra de Joyce, na qual vai havendo uma ruptura progressiva com os padrões clássicos da escrita e uma transgressão progressiva da semântica, da ortografia, enfim, de todos os parâmetros que antes de Joyce regiam a produção literária. O que o levou a isso? O que pode Joyce ensinar a um psicanalista?

Lacan, em 1975, no *Seminário* "O sintoma"[17], apontou que Joyce ilustra de maneira exemplar o funcionamento do Nome-do-Pai, que neste momento de seu ensino está no plural, ou seja, "os" Nomes-do-Pai, e que no *Seminário* daquele ano referem-se a tudo o que efetiva a função de "amarração" topológica do quarto termo do nó Borromeano, tal como havia introduzido na última aula do *Seminário* anterior — "RSI"[18].

---

17) Op. cit.
18) Op. cit.

Desde que introduziu os nós Borromeanos — como maneira de investigar a lógica da inter-relação entre os registros — até o *Seminário* "RSI", Lacan trabalhou com o nó Borromeano de três termos. Mas no decorrer deste *Seminário* começou a formalizar o nó Borromeano de quatro termos. A razão dessa substituição foi em decorrência do fato de que não existiria maneira de se estabelecer topologicamente diferenças entre os registros. Somente ao nomear de maneira diferente cada um dos elementos do nó, pode-se sustentar as diferenças entre eles. Lacan introduziu então o termo "nomeação" como o quarto elemento, que então permitiria a amarração dos demais.

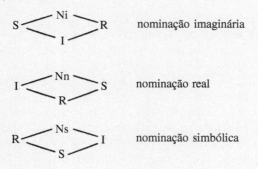

O que Lacan pretendeu demonstrar em seu *Seminário* sobre Joyce é de que maneira este quarto termo do nó, que estava então neste momento identificado ao Nome-do-Pai, pode ser "suprido". Lacan tenta demonstrar por intermédio de Joyce de que maneira essa suplência do Nome-do-Pai pode realizar-se, e que no caso particular de Joyce se realizou mediante três operações: o "sinthoma", o "fazer se um nome" e o "Ego de Joyce".

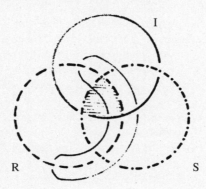

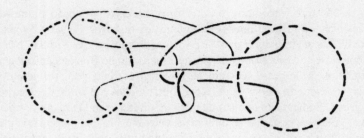

Há a suposição de Lacan de que a obra de Joyce evitou que ele se tornasse clinicamente psicótico. Se no texto "Questão preliminar..."[19] Lacan havia colocado o mecanismo fundamental da psicose na "foraclusão" do Nome-do-Pai, no *Seminário* "O sintoma", ao deslocar os Nomes-do-Pai para a função de amarração, assimila-o ao quarto termo do nó, e aponta que a ausência deste permite delimitar o lugar em que algo possa ser colocado no seu lugar (Deve-se considerar o mecanismo kleiniano da "reparação" como similar?).

No começo do *Seminário* sobre Joyce, Lacan abordou primeiro a questão do quarto termo do nó Borromeano, para só depois falar em Joyce. Começou por Stephen, personagem central do "Retrato de um artista quando jovem"; porém o fez suprimindo a distância que poderia haver entre Joyce e seu personagem, tomando-os como se fossem um só, chegando a dizer: "Joyce, quer dizer, não Joyce, senão Stephen", o que coloca a questão da psicanálise aplicada e da sua validez.

Por outro lado, Lacan deixou de aprofundar a questão das *Epifanias*, central na compreensão da obra de Joyce; soube delas por meio de Jacques Aubert, eminente joyciano presente em seu *Seminário*. De importância fundamental, as Epifanias — que receberam de Joyce este título litúrgico — eram pequenas composições, diálogos triviais que o escritor recolheu em sua juventude nas ruas de Dublin, que tinham um caráter de claridade e de revelação e que permaneciam, porém, como enigma. As Epifanias eram testemunhos de uma experiência interior qualificada pelo próprio Joyce como de êxtase, mas que em sua trivialidade chegavam perto do sem-sentido. Para o psicanalista, sem dúvida, estas "formações do inconsciente" seriam da mais alta relevância.

Lacan privilegiou, porém, a ideia de que os textos de Joyce, tomados como documentos psicopatológicos, seriam efeitos de uma carência paterna — causa de sua psicose (Será que a pouca importância de John Joyce, o pai

---

19) Lacan, J. De uma questão preliminar a todo tratamento possível da psicose, in *Escritos*, p. 537.

fracassado de Joyce, pode levar à conclusão sobre seu caráter foraclusivo em James, justificando um diagnóstico de psicose?). O mesmo se dá em relação a Lucia, filha de Joyce, esta sim clinicamente psicótica (foi paciente de Jung). O fato de James Joyce supor que ela fosse telepata fez com que Lacan invocasse, como uma das justificativas de seu diagnóstico de psicose para o escritor, a existência do fenômeno psiquiatricamente descrito como "palavras impostas".

Também a descrição que Joyce faz de uma surra que levou de uns amigos, presente no romance *Retrato de um artista quando jovem*, retomada na última aula do *Seminário* "O sintoma", é articulada por Lacan como determinando a relação de Joyce com seu corpo. Esse episódio da vida de Joyce foi por ele descrito como tendo o efeito de fazê-lo "sentir que seu corpo caía como uma casca". Lacan deu uma importância fundamental a esse acontecimento e sugeriu que ele produzira em Joyce uma relação alterada com o próprio corpo, fazendo com que ele sentisse seu corpo como alheio.

Se Lacan define o Eu como a "ideia de si mesmo como corpo", precisamente o Eu de Joyce caracterizava-se por uma alteração deste funcionamento, o que Lacan formalizou (utilizando-se do nó Borromeano) como o anel do Imaginário escapando, isto é, não se articulando aos outros anéis (Real e Simbólico). Por isso haveria no caso de Joyce a necessidade de produzir uma "nominação imaginária" do Eu.

Esta nominação imaginária do Eu de Joyce seria aquilo que faz "suplência" à ausência de um "*moi*", o qual depende do Nome-do-Pai e da função fálica, e que é suprido mediante este ego (não é "*moi*") particular, que escapa como tal à dimensão imaginária. É o que se convencionou chamar de "Ego de Joyce", e para Lacan é o que faz de Joyce um "desabonado do inconsciente", pois permitiu a ele realizar algo novo no nível da língua na sua articulação com a linguagem, produzindo uma escritura que, carecendo de significação, a liberou do imaginário.

Dentre os vários nós com que Lacan escreve, no *Seminário* "O sintoma", a estrutura de Joyce, o nó que exemplifica a liberação do Imaginário decorre de um "erro": o anel do Simbólico, que deveria ter passado por baixo do anel do Real para que o nó fosse Borromeano, passa por cima deixando solto o anel do Imaginário. Lacan demonstra a possibilidade de se restaurar a amarração Borromeana por uma quarta corda que, ao reparar o "erro", impede que o Imaginário fique solto.

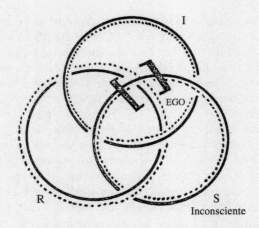

Em Joyce a escritura mostra uma dimensão além do Imaginário, solidária com a falta particular da nomeação imaginária, na medida em que o Nome-do-Pai foi suprido de uma maneira particular.

Nas conferências que realizou no mesmo ano nos Estados Unidos, Lacan disse: É suspeito fazer do inconsciente a chave da explicação da arte; mas no *Seminário* "O sintoma", referindo-se à arte, e ele o disse também nos Estados Unidos, propôs: "é mais adequado explicá-la através do *sinthome*".

O sintoma escrito como *sinthome* difere do anterior, formação do inconsciente, e opera como suplemento. O *sinthome* aponta ao Real do sintoma, Real este constituído pela sua exclusão do Simbólico e que aponta o gozo, fora do sentido. O sintoma, além de mensagem cifrada, é efeito do *sinthome*, meio do sujeito organizar seu gozo.

Para Lacan, Joyce é o sinthoma, o santo-homem e outras coisas mais. Se no Lacan anterior aos anos 70 a psicose podia ser entendida como a ausência da distância entre os significantes — o que ele no *Seminário XI*, "Os quatro conceitos fundamentais da psicanálise"[20], chamou de holófrase —, ela é causada pela foraclusão, que impede a instauração da falta, que por sua vez é a causa da separação dos significantes, produzindo o Um da psicose.

Com a formalização da letra como fora do Simbólico, sobredeterminando-o, o que começou a ser elaborado com a fórmula *Y a d'l'Un*, impõe-se a ideia de que haveria uma "universalização" da holófrase e por consequência da psicose? Com isso, não haveria uma dimensão universal para a função da foraclusão que seria própria à ordem do significante como tal?

---

20) Lacan, J. *Seminário XI*, 1964.

A aposta de Lacan em Joyce gira em torno da procura da resposta do sintoma como real, como fora do sentido, como gozo. A obra de Joyce testemunha o que já foi considerado como fundamental das elaborações de Lacan dos anos 70: a separação entre o Outro e o gozo. Ou, dito de outro modo, a relação entre o Simbólico e o Real.

Santo Joyce

Em alemão, a palavra *Schuld* significa, ao mesmo tempo, culpa e dívida. Essa imbricação de significados, própria às línguas germânicas, repercute na clínica psicanalítica ao permitir articular fatos como remorso e autorrecriminação, juntando-os com o que Freud chamou de "infelicidade interior contínua". Esses acontecimentos encontrariam uma explicação na metapsicologia freudiana, no momento da formalização da culpa como um tipo especial de angústia, aquela perante o Supereu.

Supereu que, por cumprir a função de integrar as diversas instâncias psíquicas com o mundo externo, é o elo do Sujeito com a cultura e seus avatares, constituindo o modelo de um ideal para o Eu, e que deve ser levado em conta em todas as situações psíquicas. A angústia diante dessa instância, que conhecemos com o nome de culpa, tem portanto um lugar central em qualquer manifestação do espírito.

Por isso Freud generalizou que o destino humano é influenciado pela culpa, ou melhor, pela dívida, tema desenvolvido por Freud no texto "Mal-estar na civilização"[21].

Lacan, por sua vez, formalizou esta "dívida fundamental" como consequência da causação do Sujeito, e a denominou "falta no Outro". Esta falta, que é decorrente da estrutura do significante, faz com que o Sujeito não a tenha contraído ativamente, embora, mesmo assim, tenha de pagá-la.

Por isso, essa dívida, que foi articulada por Freud como o custo da civilização, é cobrada na forma do "mal-estar". E essa situação, destino de todo humano, é inerente à cultura e, em última análise, decorre do desejo proibido ao falante, do incesto e do parricídio.

E é esta Lei originária, a da proibição ao incesto e ao parricídio, que origina a transgressão, a qual, no dizer de São Paulo, "faz o pecado".

É o universal do desejo do incesto que, pela sua proibição, está na origem da angústia, que se expressa como consciência moral, a qual é herdeira do Complexo de Édipo.

---

21) Freud, S. *S.E.*, v. XXI, p. 81.

Por isso essa angústia, na sua face de culpa, diferindo da angústia causada por uma ameaça Real, é simbólica por excelência. Fato este que, dentro do referencial teórico lacaniano, se expressa como consequência do processo de constituição do Sujeito pelo Outro.

E, como o Outro é o lugar dos significantes, será na fala que se procurará uma saída para a repetição infinita da dívida simbólica. E como a fala implica a relação do Sujeito com o Outro, é nela que se mostra sua função, que é a de tentar permanentemente redimir a falta, efeito da dívida.

E esse fato, efeito da escravidão do humano à linguagem, se impõe com ainda mais evidência quando se trata da escrita. Diante da pergunta sobre o porquê dessa expressão humana, entende-se, pela psicanálise, que são pelas palavras escritas, dirigidas sempre ao Outro, que o autor tenta redimir sua dívida.

Desde sua origem, a escrita, principalmente nos textos de caráter religioso, do qual a *Bíblia* é um exemplo, serviu para que os autores, explorando a relação do Sujeito com o Outro que o determina, ao utilizar o recurso de negar o próprio gozo, louvassem o de Deus, redimindo dessa forma sua dívida.

Há textos também que, situados numa posição avessa à anterior, como foi o caso de Schreber, em que o autor se deixou invadir não pela angústia diante do Supereu, mas pela própria realização dos seus ideais, o que ocorreu por meio do delírio, e por isso escreveu, não para dar testemunho do gozo do Outro, mas se deixou invadir pelo gozo de Deus, substituindo com isso a ausência do próprio desejo.

E entre estes dois extremos está todo um exército de escritores, pagando com o trabalho de sua pena a pena de existir, procurando por intermédio desse recurso evocar, no leitor, o testemunho do seu próprio gozo.

Pois quem, ao escrever, não tenta quitar sua dívida para com o Outro? Não seria que o escritor escreve para um Grande Leitor, que abate a cada letra de seu escrito uma parcela de sua dívida, tanto maior quanto mais vasta e profunda for sua obra?

E, se assim fosse, o que dizer da dívida que motiva um texto como o de James Joyce? Que dizer deste texto em que o gozo da escrita se esgota em si mesmo, sem que o autor procure o reconhecimento do sentido da sua obra no leitor, que colocado usualmente no lugar de guardião da significação decide o valor da dívida?

É Lacan o culpado por Joyce ser Stephen. Ou seja, foi Lacan quem afirmou que Stephen, criação artística de Joyce em *Stephen Hero*, e que depois se consagra como Stephen Dedalus em *Retrato do artista quando jovem*, é o alter ego de Joyce.

Isso faz da obra de Joyce uma autobiografia, o que é um fato discutível, mas, para Lacan, Stephen é o Joyce que Joyce imagina ser, e do qual ele mesmo não gosta. E Stephen, também segundo Lacan, é Joyce decifrando o seu próprio enigma, com dificuldades, pois, ainda segundo Lacan, Joyce acredita em todos os seus sintomas.

Ao se entender a fala de Stephen no relato feito em o *Retrato*... como sendo a de Joyce, deduz-se que a culpa foi uma das características mais marcantes na sua formação como artista. Desde o início dessa possível autobiografia, há um pedido de perdão sempre presente, correspondido com o relato de infinitos castigos, sendo que em um deles, exemplo paradigmático, Stephen teria seus olhos arrancados por uma águia (alusão ao Prometeu do mito grego, que se associa ao segundo nome de Stephen, Dedalus), caso não pedisse perdão.

Continua em todos os capítulos de o *Retrato*... uma referência constante à culpa, sempre aparentemente causada por motivos banais, como em uma situação relatada por Stephen, em que por discordar de um professor que afirmava que Byron foi o maior dos poetas, viu-se invadido por uma forma muito intensa de culpa, experimentando sentimentos de inferioridade e sensações de indignidade por "*sua fraqueza física e entusiasmo fútil, o fazendo ter aversão a si mesmo...*".

Pode-se ainda incluir a culpa que Joyce apresentava pela vergonha que sentia em relação a seu pai e suas bebedeiras, porém, naquela época de sua vida, Stephen relata principalmente as culpas ligadas ao sexo que, perante o rígido código da Igreja Católica, expunha Joyce à possibilidade da "condenação eterna". Daí a indicação constante feita por ele ao medo do inferno, exemplificando a clássica relação da culpa com o castigo.

Mas Joyce não foi Dostoievsky, e não pagou sua dívida romantizando a culpa, mas tentando escapar dela. Para isso propôs uma salvação pela arte, e sua pretensão foi "forjar na forja da sua alma a consciência incriada de sua raça". Foi no decorrer de sua produção que essa pretensão tomou forma.

No texto que segue ao *Retrato*..., o polêmico *Ulisses*, mesmo ainda fazendo referência a situações em que se podem deduzir sentimentos de culpa objetivos, transgredindo a linguagem, Joyce começou a cumprir sua promessa, e pode-se dizer que aí começa a cometer incesto com a língua e parricídio com a semântica.

No capítulo de *Ulisses*, "Circe", Joyce-Stephen, assediado pelo fantasma da mãe, que pede para ele se arrepender e se reconciliar com Deus, depois de pedir para ser deixado em paz e não ser atendido, despedaça o candelabro do bordel onde se encontrava, produzindo uma escuridão, símbolo da cegueira, e que não mais será resultado do castigo de quem teve seus olhos arrancados pela águia, como na ameaça relatada em o *Retrato*..., mas símbolo de um renascimento sem culpa.

Esse crescente abuso da metáfora, esse exagero do Simbólico levado ao extremo, esse cúmulo do sentido, derivou, na sequência da produção de Joyce, em um sem-sentido significativo produzido em sua obra final *Finnegans Wake*.

E foi aqui que Lacan encontrou Joyce. Com o Joyce de depois de *Ulisses*, que após *Finnegans*... não deixou mais língua para escrever.

E por isso não haveria mais culpa para ser expressa? Ou esse texto seria a forma particular de Joyce elaborar sua culpa?

O que Lacan apontará, tomando a produção joyciana como sintoma, é que há uma falha na estrutura de Joyce que acomete seu *parletre*. Para Lacan seriam as epifanias (nome que Joyce deu a uma série de vivências inefáveis que dominaram um período da sua vida, e que estão na base de seus contos e livros) a prova clínica dessa falha na estrutura. Desde já, conta com a presença de enigmas excluindo o sentido, sendo as epifanias enunciações elevadas à potência do Real.

Joyce, com *Finnegans*..., abusa desse sintoma, demonstrando o inconsciente fora do sentido. Sua arte responderá ao desejo de "fazer-se ser um livro", porém o que fez Joyce ser diferente de Dostoievsky, foi que ele introduziu o gozo da letra na literatura, ultrapassando o sentido como única maneira de remissão da dívida, ao passo que Dostoievsky buscou o sentido como o gozo, moeda com que pagou a sua.

Não que na literatura antes de Joyce não houvesse gozo da letra, mas é só a partir de Joyce que a literatura transgride o sentido como regra da produção do artista. O Outro que faz o texto de Joyce não é o Outro regulado pela razão e pela significação lógica, é um Outro do corpo do significante, que se regula pela sua materialidade, bem como pelo aluvião de significações, tantas quantas forem possíveis pelos códigos que registram suas possibilidades, todos eles transformados por Joyce em cômicos joguetes polissemânticos.

Daí que Lacan diga, ao justificar o título de seu *Seminário* dedicado ao estudo do autor, "dou a Joyce, ao formular este título, Joyce o sintoma, nada menos que seu nome próprio", querendo dizer com isso que o nome de Joyce, graças à sua arte, se transformou no de um inventor em literatura.

Se, seguindo a Lacan, o Supereu pode ser pensado como mandato de gozo, vertente do Supereu materno arcaico, em vez da proposta freudiana de pensá-lo como imperativo categórico de proibição, essa leitura lacaniana do Supereu talvez encontre em Joyce sua melhor exemplificação.

A psicanálise ensina que a dívida é fundante da subjetividade, e por isso faz da culpa um universal. E é tentando completar essa falta no Outro que se elaboram respostas, se criam as ilusões, e os recursos literários que permitem nomeá-las.

Diante desse pecado da estrutura, que é o do Outro não ser completo, a literatura dá nomes ao gozo, para que ilustre a miragem de que o ser pode ser sem falta, porque eles podem ser escritos.

Culpa, sendo este chamado que sinaliza que o Outro deve ser completado, faz da literatura a testemunha mais antiga dos modos de exercer essa ilusão. Joyce é a desilusão do modo de gozo da literatura condicionado unicamente pelo sentido, nome do inferno, segundo suas razões, pois o sentido é um modo de gozo que reduz a potencialidade de outros gozos, produzindo uma limitação da língua e do dizer.

Na opinião de Lacan, a arte de Joyce é o que poderia libertar a literatura do sentido. E por que ele pode fazê-lo?

Se, para Freud, a literatura era apenas um tipo de sonho, *Finnegans Wake* é o despertar do sonho do sentido. Na sua escritura se trata unicamente da matéria da letra, fazendo jogos de palavra que saem do terreno do chiste. Joyce escreve de uma maneira que realiza o Simbólico, tirando a linguagem do seu campo específico, deixando do sentido apenas um vestígio, sempre como enigma.

E por quê? A explicação que Lacan sugere é que o Eu de Joyce, no caso nomeado explicitamente como Ego, equivalente do registro do Imaginário, não comparece à amarração Borromeana. Condição esta que é uma dedução de Lacan a partir do relato da reação de Stephen a uma surra que levou de seus companheiros, no qual Joyce conta que, em vez de sentir raiva, sentiu sua pele cair como se fosse a casca de uma fruta madura.

Daí que a arte de Joyce seria a suplência a esse não-anodamento original que, por comprometer a articulação do Imaginário e do Simbólico, expulsa o sentido.

A arte de Joyce é então o que Lacan chamou de seu *sinthome*, ou seja, seu gozo condicionando o sentido como sintoma. Daí que sua obra, mesmo que biográfica, menos vale pelo sentido do que pela letra.

Haveria culpa na letra, ou a culpa serve apenas para o desejo colocar obstáculo ao gozo?

Lacan, no *Seminário XVIII*, "De um Outro a um outro"[22], redefine a noção freudiana de "mal-estar" como sendo a renúncia ao gozo. E é essa a função da culpa, e da razão de ela se perpetuar: a culpa goza de si mesma. A culpa implica procurar um sentido que limite a possibilidade do gozo imediato, ou seja, da letra.

O leitor de Joyce, horrorizado pelo gozo que a imediatez da letra pode evocar, busca no sentido uma referência ao Outro que limite seu gozo. Assim, Joyce, como um psicanalista, fez de seu texto um produtor de

---

22) Lacan, J. *Seminário XVI*, inédito, 1968.

sintomas no leitor, fazendo emergir a verdade singular de cada sujeito, seu próprio sintoma. Verdade tanto maior por ser o sintoma a maneira pela qual cada um goza de seu inconsciente.

Psicanálise em extensão: arte e interpretação

A relação da psicanálise com a literatura, o cinema e outras manifestações artísticas, compromete o analista diante da especificidade da psicanálise em relação a outros objetos, que não a clínica analítica.

Na orientação lacaniana, só há uma aplicação para a psicanálise, que é a clínica, não se considerando a possibilidade de uma psicanálise aplicada, que seria próprio a uma hermenêutica. Isso não quer dizer que não se possa fazê-lo, o próprio Lacan o fez, porém subvertendo a noção de psicanálise aplicada e propondo dividi-la em "psicanálise em intenção", que seria a prática clínica, e "psicanálise em extensão" que seria o equivalente à psicanálise aplicada.

Para a obra de arte não há uma escuta possível, podendo-se porém identificar padrões, e aplicar-se o saber analítico a eles, ato este que nos aproxima do discurso universitário e do discurso do mestre, mas jamais do discurso analítico.

Tomando-se um filme como exemplo de arte, deve-se indagar de que forma a orientação lacaniana impõe, dentro do que se convencionou chamar de "retorno a Freud", o que a arte significa para a psicanálise. Foi pela obra de Joyce que Lacan aprofundou a questão, e o fez no *Seminário XXIII*, "O Sintoma"[23], de 1976.

Freud inaugurou a abordagem da arte pela psicanálise com um estudo sobre o conto de Jensen, "Gradiva"[24], continuando depois sempre manifestando interesse pelo homem de gênio, e com a arte, na medida em que ela se relaciona com as produções do inconsciente.

Na interpretação que Freud faz da produção artística, o artista, pela sua obra, facilitaria ao leitor realizar fantasias, que sem a intermediação da arte não conseguiria. O leitor, ao se identificar com o personagem de um romance, efetuaria também os mesmos atos que o herói, conseguindo uma realização fantasmática dos seus desejos, intermediado pela técnica do autor.

Em "Escritores criativos e devaneio"[25], Freud desenvolveu a ideia de que o artista seduziria o leitor com sua própria fantasia. A proposta de uma

---
23) Op. cit.
24) Freud, S. Delírios e sonhos na Gradiva de Jensen, *S.E.*, v. IX, p. 17.
25) Freud, S. Escritores criativos e devaneio, *S.E.*, v. IX, p. 49.

estética psicanalítica estaria na ideia de que o escritor ao seduzir o leitor, excitando-o, abaixaria suas resistências em relação àquelas fantasias que normalmente produziriam angústia.

O leitor identificando-se com o protagonista conseguiria realizar suas fantasias, produzindo com isso um ganho libidinal, que seria a motivação da leitura.

A literatura teria evoluído superando o recalque social, por isso houve um D.H. Lawrence, um Henry Miller etc., que seriam os escritores ditos pornográficos, todos eles proibidos no início de suas carreiras por confrontarem seus leitores com a realização de fantasias sexuais proibidas.

Mas não só os autores permitiram a realização de fantasias sexuais, como também das agressivas. No caso de Dostoievsky, um dos autores analisados por Freud, a fantasia era o parricídio, e no de Sófocles, outro autor citado por Freud, Édipo realizaria as duas fantasias proibidas.

O modelo psicanalítico da interpretação da arte aponta que a função da arte seria facilitar o levantamento do recalque, sendo a concepção de Freud da arte simples mas eficaz, embora centrada somente na literatura.

Seria possível estender essa lógica à arte pictórica, como Freud fez com a escultura de Moisés feita por Michelangelo. Para Freud, nesta escultura, está claro a expressão do poder e da ira contida de Moisés, com o que a pessoa se identificaria na contemplação da escultura, realizando inconscientemente um gozo, que de outra forma não conseguiria.

Pode-se também fazer uma comparação entre as diversas manifestações artísticas, e sugerir que as artes plásticas se antecipam em relação à literatura. Com o Impressionismo, por exemplo, houve uma ruptura, produzindo a possibilidade de uma suportabilidade da angústia causada pelas diferenças da captação da realidade. Imagine-se um pintor impressionista na Grécia antiga pintando um Apolo desfocado. Naquela época havia a necessidade de reproduzir-se o modelo perfeição, sendo esse o critério da arte da época.

Já no Impressionismo, há uma suportabilidade maior da angústia, em que cada um pode manter sua própria idiossincrasia de percepção da realidade. Com Picasso, essa possibilidade atingiu o ápice, podendo-se pintar sem respeitar até mesmo as dimensões, pois nos quadros de Picasso é possível uma mesma pessoa olhar para dois lados diferentes ao mesmo tempo.

Picasso, ao não respeitar a dimensão espacial, impõe ao observador a vivência do corpo despedaçado. Articulando a arte pictórica ao Estádio do Espelho, é possível pensar-se a arte como possibilidade de o sujeito suportar a angústia do corpo despedaçado, o que pode ser um guia para se pensar a articulação das manifestações artísticas entre si.

Trazendo essa ideia para a literatura, pode-se fazer um paralelo com o anterior, pois nela também há um classicismo inicial, em que o estilo de escrever responde às leis da gramática e da semântica, havendo uma coerência lógica e uma ordenação temporal que respondem às normas convencionadas.

O autor que rompeu com isso, foi Joyce. Por isso pode-se dizer que Joyce é o Picasso da literatura, pois é como se Joyce também colocasse o leitor olhando para dois lados ao mesmo tempo.

Quanto ao cinema, se o pensarmos freudianamente, ele pode ser interpretado do mesmo modo que um sonho, em que a interpretação aponta ao desejo recalcado, que se expressa simbolicamente. A interpretação que se faz de um filme seria a do desejo que se expressa nele, e a interpretação visaria estabelecer a relação entre o manifesto e o latente.

O estudo da interpretação não se iniciou com a psicanálise. A interpretação surgiu como comentário dos livros religiosos com o nome de hermenêutica, ao se fazer a pergunta sobre qual o sentido das escrituras sagradas, sendo que os modelos de interpretação serviam apenas para garantir a verdade de uma doutrina. A hermenêutica hoje se faz presente pelo viés da filosofia, como a ciência, do "sentido", estabelecendo uma relação "fixa" entre "a" e "b", ou entre o latente e o manifesto.

Freud foi um escritor que abusou desse procedimento, chegando mesmo a estabelecer um simbolismo fixo, que ele chamou de "a simbólica", que estabelecia relações fixas entre certos símbolos e seu significado. Por exemplo, guarda-chuva simbolizando sempre o pênis, túnel significando sempre vagina.

Ao se tomar uma obra de arte pictórica, fica a questão sobre o que significa interpretá-la. Como trabalhar uma produção artística sem passá-la pela fonetização?

Esse problema mobilizou Freud, e o segundo retorno a Freud seria neste ponto útil, pois indaga da passagem da imagem para a palavra. Freud inicialmente respondeu a essa questão sugerindo a interpretação do sonho como "rebus", como uma montagem de figuras e palavras a ser decifrada. Num segundo momento propôs que sonho fosse interpretado como um hieróglifo, que não são ideogramas, mas sim ligados à fonetização da imagem.

Lacan também privilegiou a escrita em detrimento da língua perguntando-se qual a estrutura da linguagem, ao que respondeu que a linguagem tem estrutura de *"alíngua"*. Nesse momento do ensino de Lacan modificou-se o modelo da interpretação que produzia sentido, pois ao se dar um sentido, ele remete necessariamente a um outro, produzindo efeitos infinitos de linguagem.

Esse abandono da interpretação centrada no sentido foi substituído por uma interpretação cujo modelo não é a significação e possibilitou a Lacan propor o fim de uma análise.

Com essa noção de interpretação, como interpretar uma obra de arte? Como interpretar o gozo da arte sem cair no sentido?

Lacan em nenhum momento se furtou a interpretar a arte, porém seu modelo de interpretação é diferente da interpretação freudiana. Por exemplo, no texto: "Mito individual do neurótico"[26], Lacan recupera algumas recordações infantis de Goethe, que estão na sua autobiografia *Poesia e verdade*, e as analisa como se fosse a produção de um paciente e, diante das associações que se seguem às recordações evocadas pelo autor, propõe uma interpretação.

Outro autor sempre presente nos textos de Lacan é Shakespeare. Lacan não interpreta, como Freud o fez, o desejo de Hamlet e da mesma maneira como fez no *Seminário* "A carta roubada"[27] mostra como funciona a lógica da produção da significação.

Lacan utilizou esse recurso porque tal qual Freud pensava que o artista se antecipa ao analista, e por isso ele percebe coisas que somente depois o analista pode estabelecer. Nesse sentido Poe teria se adiantado a Lacan na percepção de que "lettre", letra em francês, ou carta, só adquire sua significação nas relações com os personagens que fazem referências a ela, porque ela não tem significação em si mesma.

Outro autor interpretado por Lacan é Gide[28], também não entrando no mérito de sua produção e sim deduzindo de sua autobiografia as relações conformativas da sua subjetividade.

Se Freud no estudo da *Gradiva* de Jensen entrou dentro da lógica do texto e correlacionou o desejo de Jensen com sua biografia, ele apenas tomou uma produção fantasmática do autor, sem entrar na relação dessa fantasia com a sua história infantil.

No entanto, com Dostoievsky, Freud faz isso, abordando-o tanto pela sua produção como pela sua biografia, em que a repetição do tema do parricídio é correlacionado com suas crises de epilepsia, que segundo Freud equivaleria ao desejo recalcado de matar o pai. Freud ainda diria que Dostoievsky se cura dessas crises quando consegue escrever, ou seja, quando passa para a literatura a fantasia de matar o pai.

Porém Lacan abandona a interpretação do significado e o analista na posição de objeto "*a*", não mais aponta o sentido dos sintomas. É dessa época o texto de Lacan sobre o livro de Marguerite Duras, *O deslumbramento de Lol V. Stein*[29], abordado desde a noção de objeto causa do desejo, ou

---

26) Lacan, J. *O mito individual do neurótico ou poesia e verdade*, 1953.
27) Op. cit.
28) Lacan, J. Juventude de Gide ou a letra e o desejo, in *Escritos*, p. 749
29) Lacan, J. *Homenagem feita a Marguerite Duras do Êxtase de Lol V. Stein*, 1965.

objeto pequeno *a*, já não havendo mais busca do sentido. Lacan diz que Marguerite Duras, como todo artista, se antecipa ao analista, e que ela havia deduzido a função do objeto *a*.

Lacan faz o mesmo com um texto de Wedekind, no caso, uma obra de teatro, a *Sagração da primavera*[30], porém foi quando abordou a Joyce que as ideias sobre a produção artística amadureceram e o centro da questão da arte passou a ser a de Joyce.

Joyce sempre se achou predestinado a ser alguém que ia modificar a língua inglesa, alguém que ia redimir a sua raça, alguém que ia modificar a situação da Irlanda no mundo. Como exemplo, aos vinte anos, Joyce vivenciou certas manifestações que ele denominou de "Epifanias", termo religioso que se refere a uma manifestação divina, existindo epifanias em todas as religiões, particularmente na tradição cristã, como mostra a festa dos reis magos.

Joyce tinha tanta certeza de que aquilo teria tanto valor para ele, que aos 24 anos decidiu depositar as Epifanias na biblioteca de Alexandria, para que elas pudessem ser lidas daqui a mil anos, mas se contentou em deixá-las na biblioteca de Dublin, onde estão até hoje.

Como exemplo da interpretação literária, situam-se a dos contos de *Dublinenses* e a dos livros que se seguiram, *Ulisses*, e *Finnegans Wake*.

Segundo algumas das interpretações, *Ulisses* seria uma paródia da *Odisseia* de Homero, e cada capítulo de *Ulisses* corresponderia a um capítulo da *Odisseia*. Desde este ponto de vista a arte de Joyce consiste em trazer o épico, o mítico para a vida comum, e desde essa interpretação, todos somos Ulisses que tentamos retornar à pátria. O mito do Ulisses é o mito do retorno, no qual o herói tenta retornar à pátria — onde Penélope lhe espera — mas encontra percalços no caminho.

Todos, depois de nascermos, também estaríamos retornando à pátria, e Penélope nos espera, no percurso encontramos percalços, porém mais parecidos com os que Joyce translada de Homero para seu *Ulisses*, que são tavernas, bares, prostíbulos, lugares que o homem comum frequenta. Joyce sempre escreveu a vida como um todo e aí entra sua arte, uma arte da condensação, em que fugindo ao sentido encontra o cúmulo do sentido.

Interpretar é dar sentido? *Finnegans Wake* é uma obra que foge ao sentido e é composta por neologismos. Ao mesmo tempo é uma obra que é o cúmulo do sentido e resgata a história universal inteira. Pode-se encontrar de tudo nessa obra colocado como enigma. Esse é o desejo de Joyce: me decifrem, ele é a esfinge em vez de ser o Édipo.

---

30) Lacan, J. L'eveil du printemps, in *Ornicar?*, n. 39, 1986.

Finnegans Wake tem todos os sentidos, ao mesmo tempo em que não tem nenhum. Dessa maneira como interpretá-lo?
Existem temas que se repetem, como o do exílio. Por exemplo no conto "Os mortos", Joyce introduz o tema do exílio, que se repetirá nos seus livros posteriores, apontando a uma materialidade significante que vai além dos fatos em que eles estão incluídos.

"Os mortos" refere-se à uma reunião familiar, em que duas professoras de música solteiras recebem pessoas da família e convidados, para uma festa, e o conto não tem nada além disso; pessoas comuns, coisas banais, que tanto podem entediar, como elevar, dependendo do estado de espírito com que se receba isso.

Em seguida há um baile, um jantar, um discurso, e ao terminar a festa, no momento em que está descendo a escada, ouve-se uma melodia. Conroe, o protagonista do conto (o próprio Joyce, segundo os intérpretes), pessoa sensível, percebe que a esposa está diferente, a acompanha até o hotel e pergunta a ela o que está acontecendo. E ela conta a recordação sobre a pessoa que tinha se deixado morrer em relação a ela. Termina aí a história. Qual o significado do conto?

Segundo algumas interpretações, o símbolo central do conto é a neve, pois ele começa e termina com a neve. Os comentadores dizem que este conto é uma contraposição de frio e calor, do fogo da recepção e da cordialidade irlandesa contrapostos ao frio, contrapondo-se então vida e morte, frio e calor, fogo e neve. A frase seguinte, por exemplo, recebeu várias interpretações diferentes:

"A neve tornara a cair, olhou sonolento os flocos prateados e negros que despencavam obliquamente à luz do lampião. Era tempo de preparar a viagem para o oeste"[31].

O que quer dizer preparar a viagem para o oeste? Seria a morte, o poente, ou o oeste é onde fica Galway, de onde veio Nora? Só Joyce sabe o que ele quis dizer. Nós só podemos interpretar em razão de significantes contrapostos dentro de um sistema de linguagem.

Ellmann[32], o biógrafo oficial de Joyce, interpreta a metáfora "oeste" como não tendo nada de morte. Outros não, dizem que é uma metáfora da morte. Nós nos divertimos com isso, e na verdade essa foi uma das previsões de Joyce, que os críticos iriam se ocupar dele pelos próximos trezentos anos.

---

31) In *Dublinenses*. Rio de Janeiro, Civilização Brasileira, 1984.
32) Ellmann, R. *James Joyce*. São Paulo, Globo, 1989.

Joyce brinca com a intencionalidade do sentido, fugindo da possibilidade de que todos entendam que o oeste é a morte, ou que Greta é sua mulher, produzindo o efeito de que um sentido pode ter vários e nenhum ao mesmo tempo. Por isso que *Finnegans Wake* será o coração da sua obra, porque nele eleva-se o mal-entendido à enésima potência. Neste livro tudo significa muitas coisas ao mesmo tempo. Molly, por exemplo, em *Finnegans Wake* é o rio que de fato cruza Dublin, é ao mesmo tempo a mãe dele, é Molly, é o rio, é o mar, é a morte, é o eterno, é o que sempre volta.

Joyce faz essa superposição de significações porque, segundo Lacan, ele tinha um saber da letra, e nesse sentido Joyce é que demonstra Lacan, sem Joyce Lacan não seria demonstrado, seria uma prática a ser verificada só na experiência analítica.

O encontro de Lacan com Joyce era necessário, na medida em que Joyce conseguiu fazer uma produção universalmente aceita, que nos coloca o enigma do sentido.

Joyce desde os primeiros textos condensa vários personagens. Um suporta signos do outro, a ponto de confundi-los. Na última obra de Joyce, toda palavra é uma condensação de vários signos, em que a única coisa que sobra é a materialidade da palavra. *Finnegans Wake* é como um caleidoscópio, lê-se uma página, entende-se uma coisa, mas, ao ler de novo, lê-se outra coisa, depende do estado mental daquele momento, porque pode-se atribuir à materialidade daquelas letras inúmeras significações. A habilidade de Joyce, sua arte, esteve em construir pistas de significações, cujas chaves os especialistas sempre acham que encontraram, mas há muitas chaves de leitura de Joyce, e o leitor ao não entender, pode achar que sabe o que o Joyce está dizendo. O leitor, na transferência com Joyce, produz um sentido, e coloca sua fantasia na materialidade do texto.

Interpreta-se o *Retrato do artista...* como uma profissão de fé de Joyce, em face do seu pessimismo diante do exílio como destino de todo homem. Neste livro Joyce se apresenta como Stefen Dedalus, o nome que dá a si mesmo no livro. Dedalo foi o arquiteto do labirinto do Palácio de Creta, e a ideia de Joyce é que todos nós vivemos num labirinto, e nesse livro Joyce nos mostra como sair dele. No mito, quem sai do labirinto é Prometeu. Ele constrói asas e sai voando. Justamente o livro termina nessa cena. Representa o momento que Dedalus-Joyce sai do colégio, o que equivaleria ao momento em que Ícaro cai no mar, porém ele não vê o labirinto como uma queda, mas como uma saída.

Nessa interpretação, o *Retrato do artista...* representaria o ponto de vista de Joyce de que pela arte o sujeito humano pode se redimir; daí o interesse clínico de Lacan por Joyce, que se deve ao fato de ele nunca haver desencadeado uma psicose. Isso faz com que se possa ver a psicose de uma forma diferente, e surge a possibilidade de pensar-se uma "estabilização" da psicose que ocorra fora do delírio.

Lacan, no *Seminário* "O sintoma", tentou teorizar de que forma a arte de Joyce produziu esse efeito, e para isso introduziu a noção de suplência, perguntando-se de que maneira a obra escrita de Joyce fez suplência do Nome-do-Pai, sem o que Joyce teria se psicotizado.

Arte e psicose

Não há nenhuma definição de arte da qual se possa dizer que tenha sido de aceitação universal. A reflexão sobre a beleza e as Belas-Artes existe desde os pensadores helênicos, na época de Sócrates, senão com outro sentido em filósofos anteriores.

Até a metade do século XVIII não se adotou o termo estética com o significado que agora tem, de designar a filosofia do Belo. Porém, até hoje, qualquer tentativa de se estabelecerem os critérios do que é artístico é sempre insatisfatória.

Modernamente, a questão trazida pela produção artística passou a contar com um outro importante instrumento de investigação, a psicanálise, que, por sua particular metodologia, permite conhecer e aprofundar as causas da produção artística.

Esse foi um tema que nunca deixou de atrair Freud, que sobre isso escreveu intermitentemente, e muitas vezes contraditoriamente, durante toda a evolução da sua obra.

Os críticos de Freud, baseando-se em geral na conhecida "Conferências introdutórias à psicanálise"[33], de 1917, sustentam que ele considerava o artista como um quase-neurótico, cujas pulsões o levavam a buscar fama, fortuna, honra, poder e o amor das mulheres, mas que lhe faltaria capacidade para obtê-los.

Ao não alcançar sua meta na realidade, o artista desenvolve outros interesses, com frequência afastando-se da realidade para expressar seus desejos, principalmente os sexuais, criando fantasias. A partir dessa posição, um freudiano deveria, presumivelmente, buscar no trabalho do artista as marcas da sua motivação neurótica ou sexual e ignorar as qualidades essenciais de forma e técnica, que gravitam em torno do valor da obra de arte.

Esta posição simplista provém das primeiras especulações de Freud que, por exemplo, colocava numa carta a um amigo em 1897: *"mecanismo de criação literário é idêntico ao das fantasias histéricas"*.

---
33) Freud, S. *S.E.*, v. XVII, p. 171.

Em outros textos, Freud reconhece, porém, a necessidade que o artista tem de manter o contato com a realidade, e chegar a uma síntese de sua experiência com o seu desejo e fantasias neuróticas. Isso quer dizer que Freud retoma a diferenciação de uma produção sem valor de outra realmente "artística". Isso talvez explique a frequente falta de coerência nas posições de Freud sobre a arte, pois ele, sem dizê-lo, traçava uma diferença entre o artista comum e o gênio.

O neurótico não criador, o homem que se entrega às suas fantasias, o mal artista, segundo a opinião de Freud, evita a realidade ou a inclui numa proporção muito pequena na sua produção. Aliás, é famosa a fórmula exposta em *Totem e tabu*[34], livro escrito por Freud em 1913, em que ele abarca as principais expressões da cultura, dizendo que: "a histeria é uma caricatura da criação artística; a neurose obsessiva uma caricatura da religião, e o delírio paranoico uma caricatura dos sistemas filosóficos".

Segundo a psicanálise, a inspiração criadora depende da atitude do artista poder entrar em contato com as suas imagens perdidas e com os sentimentos de seu passado infantil por meio de recordações e fantasias.

Essa seria a vantagem dos artistas plásticos e dos poetas que, por estarem menos submetidos que a maioria dos homens a fatores repressivos da cultura, teriam maior facilidade de acesso às suas fontes inconscientes. Esse material, no entanto, sofre as mesmas modificações que o material onírico, havendo mesmo uma estreita correlação entre a produção artística e o sonho.

A possibilidade de se ter um acesso fácil ao material inconsciente, sem se deixar dominar por ele, mantendo um controle sobre o processo primário, é o que caracteriza o psiquismo do artista. A isso Freud chamou de "flexibilidade de recalque" por parte do artista. Assim, o recalque sexual como fator de criação e apreciação das artes é uma ideia chave da estética de Freud.

Porém, essa única concepção não satisfaz, pois o conceito de libido ampliou também a ideia de sexualidade, de modo que incluísse aí também a atividade cultural, além da atividade biológica sexual.

Desde este ponto de vista, a noção de beleza deriva de sensações sexuais e o amor à beleza aparece como exemplo perfeito de uma pulsão inibida quanto a seu fim: é a ideia de sublimação que viria trazer um novo avanço nas posições de Freud em relação à produção artística.

Esta seria vista como uma maneira de se conduzir impulsos inconscientes elevando-os à categoria de expressão artística. Ou seja, para um impulso inconsciente chegar a se transformar em expressão artística, as ideias

---

34) Freud, S. *S.E.*, v. XIII, p. 17.

recalcadas se servem de símbolos não inibidos conscientemente e socialmente aceitos. O que será que motiva o artista a produzir constantemente essas sublimações? A resposta de Freud é que o artista tem exigências inusualmente poderosas, as quais se veem impedidas de satisfação pela disposição do Sujeito, que passa a viver num mundo fantasioso, limítrofe com a neurose.

Assim o artista não sucumbe à neurose, pois representa como satisfeitas suas fantasias por intermédio da obra de arte. Esta suaviza os aspectos angustiosos dos desejos recalcados, oculta suas origens no artista e, mediante a observação de regras estéticas, suborna o apreciador da obra com uma recompensa de prazer.

Em resumo, as hipóteses de Freud sobre a arte poderiam ser expressas como uma defesa diante de ideias e impulsos perturbadores, que encontrariam sua expressão sublimada na expressão artística, porém, essa função defensiva, na maioria das pessoas, somente superficialmente se assemelha à produção artística, e geralmente desaparece junto com a angústia, de modo que a enfermidade e a arte se curam ao mesmo tempo. Resta a questão do gênio artístico, que, enfim, a psicanálise não pode explicar. Para Freud, o prazer que se pode obter com a defesa que decorre na produção artística repousa sobre uma base precária e representa um momento da evolução neurótica.

Toda a questão, do ponto de vista psicopatológico, está ligada à natureza do processo de defesa que Freud descreve como uma aversão a dirigir a energia psíquica, de modo tal que dê por resultado o desprazer.

A estética freudiana teria, então, de encontrar um modo de abordar o gozo contemplativo do espectador e o gozo do criador, para passar de uma psicanálise de arte, para uma estética da arte.

Como vimos, Freud identifica a expressão artística a mecanismos neuróticos. Porém, já desde o século passado, o estudo das expressões de pacientes psicóticos na pintura, escultura, literatura e teatro tem atraído a atenção dos psiquiatras e, mais recentemente, dos psicanalistas.

À luz dessa investigação, tornam-se mais patentes as diferenças conceituais entre os processos neuróticos e os psicóticos. Haverá uma especificidade da arte psicótica? Quais suas diferenças com a produção dos neuróticos?

Do ponto de vista da estética, há uma marcada semelhança da produção artística, principalmente plástica, dos psicóticos com a produção artística das crianças e de certas sociedades primitivas. Do ponto de vista psicopatológico, a especificidade da arte psicótica depende da delimitação do conceito de psicose e da delimitação da sua tipologia, pois não é a mesma coisa a interpretação de um texto literário de um paranoico da de um quadro de um paciente esquizofrênico. É conhecida a análise que Freud faz do texto de Schreber[35].

É também conhecida a função curativa que a escrita produz em certos pacientes paranoicos. O impulso de pintar pode ocorrer em pacientes nos quais a fala e a escrita permanecem intatas ou, então, em pacientes em que há muito existem alterações nestas possibilidades de expressão.

Como nos neuróticos, também nos psicóticos a atividade expressiva, qualquer que seja, tem uma significação dinâmica. A experiência psicanalítica sugere que se considerem essas expressões como parte e sintoma de uma tentativa de cura.

No entanto, se a arte foi para Freud uma via de acesso ao inconsciente, como o era para o neurótico, a criança e o primitivo; no psicótico o inconsciente, ao contrário, é uma forma de abertura para a arte.

O inconsciente é criador, e proporciona espontaneamente suas próprias formas. A tendência que determina o sentido do mundo se manifesta em imagens simbólicas e espirituais que expressam sua relação do homem com o inconsciente. A arte representa, pois, uma visão de mundo sintética determinada pela estrutura do inconsciente. Ali se pode buscar a origem da arte.

Os sinais sintomáticos do processo esquizofrênico referem-se a uma desorganização dessa estrutura psíquica. A atividade criadora, nesses pacientes, é o caminho inverso ao processo do enfermar; é uma tentativa de reorganizar, de reintegrar as funções perdidas.

Durante a evolução dos processos psicóticos, a produção artística desses pacientes evidencia uma predominância do "processo primário". A característica desse processo é a perda de algumas funções do Ego, que permite o estabelecimento de alguns parâmetros estabelecidos, como as leis da lógica aristotélica, por exemplo.

Daí a aparência caótica, louca, não compreensível da produção das pessoas nesse processo. Também se constata na produção plástica desses doentes a quase total ausência de figuras humanas. Quando representam o rosto humano, é característica a rigidez com que desenham estas figuras. É característico o vazio da expressão do rosto, o que revela um esfriamento da afetividade, um desligamento do mundo humano e do contato com o semelhante.

Nas criações visuais dos esquizofrênicos, encontramos raramente rostos representados de forma que possamos compreendê-los. E quando isso ocorre, significa um avanço na cura do paciente, pois a expressão humana é dirigida aos outros, e sua intenção é a de estabelecer contato.

---

35) Freud, S. Notas psicanalíticas sobre o relato autobiográfico de um caso de paranoia, S.E., v. XII, p. 23.

Alguns autores (Kris)[36] atribuem a dificuldade de representar a expressão facial, observada nas obras de esquizofrênicos como decorrente de um distúrbio de seus próprios movimentos fisionômicos e da impossibilidade de decodificar a mímica facial do interlocutor.

As teorias freudianas sobre a arte se limitam à estrutura neurótica, em que operam os mesmos mecanismos dos sonhos, ou seja, deslocamento e condensação, tendo como resultado a simbolização como possibilidade sublimada da realização socialmente aceita de desejos recalcados.

Porém, na observação da produção plástica de pacientes esquizofrênicos, se colocam outras questões que ultrapassam a explicação freudiana.

Na produção plástica desses pacientes, se impõe uma desorganização representacional, uma ausência da figura humana coerentemente organizada e, quando esta existe, há uma ausência de expressividade do rosto humano.

Na terminologia psicanalítica, isso ocorre por causa do predomínio do processo primário, havendo falta de organização, de submetimento às leis da lógica clássica, uma falta de adaptação aos critérios de realidade.

A própria evolução dos estilos artísticos tende para esse tipo de representação da realidade vivida pelo artista, rompendo com os padrões clássicos (reais?). É o que mostra o impressionismo etc., atingindo seu apogeu no surrealismo, cubismo e, principalmente, no abstracionismo.

Seria coerente designar esses estilos de arte moderna, ou moderna seria a aceitação pública de produções mais próximas de nossos padrões inconscientes? O que a clínica nos ensina é que, desde o ponto de vista psicopatológico, a expressão criativa nos pacientes esquizofrênicos é uma tentativa de reestruturação, de reorganização do seu mundo, e isso se faz, progressivamente, a partir da possibilidade de representação da figura humana, da imagem do outro e de si próprio.

À diferença do neurótico, no psicótico a simbolização está submissa a uma dificuldade da captação espacial, em que se situa o lugar da organização corporal.

No neurótico, o corpo organizado se simboliza no que lhe falta em termos de sexualidade e morte. Ao esquizofrênico lhe falta o próprio corpo, que aparece despedaçado, perdido. A sua tentativa expressiva é uma tentativa de reunificação, de reintegração, de reencontro com sua unidade perdida.

Daí a importância das atividades de terapia ocupacional, não só as atividades de expressão plástica, pois, muito mais do que pela psicofarmacoterapia, é no âmbito do ser e suas relações com o mundo que a cura do esquizofrênico tem jogado suas chances.

---

36) Kris, E. *Psicanálise da arte*. São Paulo, Brasiliense, 1968.

Teoricamente, poderíamos encontrar uma possibilidade de formalizar essas observações clínicas da produção de pacientes esquizofrênicos, que fogem ao referencial freudiano, tomando a proposta implícita na teoria de Lacan, sobre o Estádio do Espelho.

Esta teoria, além de dar conta do momento constitutivo da função do Eu na subjetividade humana, também organiza a questão da captação espacial e suas consequências para esta subjetividade. Ela parte da observação de que o bebê humano nasce com seu sistema nervoso imaturo, pois este ainda não está mielinizado, ocorrendo tal fato numa orientação cétalo caudal no período de até aproximadamente dezoito meses após o nascimento.

A decorrência desse fato é a incapacidade de organização motora do bebê, a qual se dá progressivamente. Porém, o que se observa é que antes de haver uma possibilidade orgânica da criança, mediante a coordenação motora, ela já se reconhece a si mesma no espelho. Isso quer dizer que há uma antecipação do psicológico ao biológico, e esse fato é o que irá orientar a conformação da estrutura psíquica do sujeito humano.

Na espécie humana, a visão da própria imagem, ou a de um semelhante, tem um efeito constitutivo. Decorre disso que o sujeito humano é estruturado por um elemento que lhe é exterior, lançando-o numa alienação que decide do seu desejo.

O que se observa na produção artística dos pacientes psicóticos é justamente uma regressão a esse estado anterior ao Estádio do Espelho, em que o corpo aparece não organizado, despedaçado. A produção plástica dos pacientes esquizofrênicos mostra, justamente, esse distúrbio da captação espacial que é organizada a partir da captação da estrutura do próprio corpo. Os diversos níveis de organização do espaço ou da imagem corporal, representados na atividade plástica culminando na representação do rosto humano, significam a evolução da reintegração do esquizofrênico no processo de cura.

Essa organização, porém, não se dá pelos critérios anátomo-fisiológicos, mas pela organização da estrutura significante que se ordena segundo a história única de cada paciente.

Nesse sentido, não há uma ética da estética, não há arte psicótica, existem sujeitos se buscando num outro incompleto, sujeitos perdidos num açougue infernal que é o próprio corpo.

A arte estará na sensação de prazer do observador, identificado com o esforço heroico desse sujeito em reorganizar o universo a partir da sua própria perdição. Esforço que superamos na infância e que este igual luta por reencontrar.

A caracterização das correntes de psicanálise pode ser feita pela teoria dos símbolos. Freud, Jung, Lacan representam várias formas de encarar o problema conformando uma ideologia psicológica da arte.

Para Freud, o símbolo é alguma coisa que se tem de decifrar. Ele o opõe à razão, ainda que o explique em forma causal e determinista.

Jung se ocupa dos elementos arquetípicos da formação do símbolo. Vê, no símbolo, um substituto de algo e acentua seu caráter conformador a partir de si mesmo.

Lacan relaciona o Imaginário com o Simbólico e destaca a supremacia do símbolo sobre a imagem, mas o Imaginário não é ilusório, é o resultado da própria estruturação do Sujeito pela sua imagem corporal no Estádio do Espelho. Lacan apresenta o acesso ao Simbólico como superando a relação imaginária, e somente ao sair dela. A ordem simbólica se estabelece como constituindo o Sujeito e o inconsciente.

Assim, em Freud, se trata de decifrar os conteúdos simbólicos. Os símbolos não são fixos, mas uma simbólica é possível e ele a estabelece.

Em Jung, o simbolismo parte das formas e imagens de uma experiência numínica. Os símbolos são fixos e existe uma única simbologia universal.

Para Lacan, os símbolos provêm de um jogo único para cada Sujeito, sendo particular apenas para aquele inconsciente. Não há simbologia que não seja particular; não há relações simbólicas universais.

Desde este ponto de vista só é possível a interpretação da produção de um paciente a partir das associações produzidas por este paciente em torno da sua expressão artística. Ou seja, há uma soberania da palavra sobre o simbolismo, e ela, a palavra, é que vai dar valor às suas produções plásticas, que só aí adquirem sentido.

Moda e discurso capitalista

A modernidade impõe novos pontos de vista sobre questões da cultura que antes foram explicadas por meio de ideias demasiado simplistas ou teorias exageradamente reducionistas.

Gilles Lipovetsky, em seu livro *O império do efêmero*[37], alerta para esse fato ao dizer que a moda *"deixa impassíveis aqueles que têm a vocação de elucidar as forças e o funcionamento das sociedades modernas"*[38] e acrescenta que

> *a moda é celebrada no museu, é relegada à antecâmara das preocupações intelectuais reais; está por toda parte na rua, na*

---
37) Lipovetsky. *O império do efêmero*. São Paulo, Companhia das Letras, 1989.
38) Ibid.

indústria e na mídia, e quase não aparece no questionamento teórico das camadas pensantes. Esfera ontológica e socialmente inferior, não merece a investigação problemática: questão superficial, desencoraja a abordagem conceitual; a moda suscita o reflexo crítico antes do estudo objetivo, é principalmente para ser fustigada, para marcar sua distância, para deplorar o embotamento dos homens e o vício dos negócios[39].

Lipovetsky aponta em seu livro o fato de que a explicação da moda, como sendo unicamente uma expressão das rivalidades de classes, já não é atualmente satisfatória e então este autor propõe um *liffing* teórico para tirar a análise da moda dessa explicação simplista, o que ele pretendeu realizar pela construção de uma história da moda conceitual, que levasse em conta não a "*história cronológica dos estilos e das mundanidades elegantes, mas os grandes momentos, as grandes estruturas, os pontos de inflexão organizacionais, estéticos, sociológicos, que determinariam o percurso plurissecular da moda*"[40].

Também é a esse desafio da abordagem da moda que o livro *Moda divina decadência*[41] responde, porém com outras categorias teóricas, as da psicanálise. Ao abordar a moda como expressão do sujeito, este autor recorreu à opção de não tomá-la pela sua face evolutivo-histórica, mas sim de formalizá-la mediante os recursos teóricos que o ensino de Lacan oferece, o que lhe permitiu propor que se pense a moda como discurso, e também a teorizou como uma atividade ligada à questão da imagem própria, pois a característica de discurso da moda está ligada à condição do ser, por princípio uma atividade para seres falantes, seres da linguagem. Os animais, por exemplo, não se problematizam quanto à imagem própria pela vestimenta.

Acompanhando o pensamento de Lacan a moda é um discurso, que coloca em funcionamento determinadas posições para o sujeito. O que implicará modos diferentes de relação do sujeito com o sentido. Isso permite pensar a moda como um conjunto de relações estáveis mantidas pela linguagem, havendo ainda uma sugestão de aproximar o discurso que consiste a moda a um discurso sem palavras, ou seja, ao discurso entendido como uma estrutura necessária, conforme sugere Lacan no *Seminário* "O avesso da psicanálise"[42].

Com relação à questão da evolução temporal da moda, nem todos os historiadores acham que ela tenha existido em todas as épocas e em todas

---

39) Ibid.
40) Ibid.
41) Dias, M. *Moda divina decadência.* São Paulo, Hacker, 1997.
42) Lacan, J. *Seminário XVII*, 1969-70.

as civilizações, mas nenhum nega sua relação fundamental com o tempo e sua função de referencial cronológico.

Por exemplo, Lipovetsky, no livro supracitado, afirma, contra uma pretensa universalidade trans-histórica da moda, que ela seria localizável historicamente, e que ela não seria "consubstancial" à vida humana-social, sendo que somente a partir da Idade Média teria sido possível reconhecer a ordem própria da moda, ou seja, a moda como sistema.

Outros autores, como Gilda de Mello e Souza[43], entende que a maior dificuldade para se tratar um "assunto complexo como a moda" seria a escolha do "ponto de vista" para se abordar a questão, mas também não nega seu fundamento temporal.

Para esta autora, se há o ponto de vista do sociólogo, do psicólogo, do esteta, no entanto para todos eles se fez necessário um método. Gilda de Mello e Souza, no seu livro *O espírito das roupas*, afirma que a moda "*é um todo harmonioso e mais ou menos indissolúvel, serve à estrutura social, acentuando a divisão em classe, reconcilia o impulso individualizador de cada um de nós e o socializador, exprime ideias e sentimentos, pois é uma linguagem que se traduz em termos artísticos*"[44]. Porém cita G. Tarde em *Les lois de imitation*[45] para lembrar que há uma concordância em situar a moda opondo-se aos costumes, residindo a diferença entre eles na questão temporal, em que os costumes, ao cultuarem o passado, impediriam o novo, e a moda ao cultuar o presente, proporciona a novidade.

Também houve uma tentativa da explicação da moda pelas suas ligações com a arte, ou mais precisamente com as artes do espaço, feita por Gerald Heard, no seu ensaio *Narcisism: an anatomy of clothes*[46], em que ele tentou demonstrar a relação entre as formas arquitetônicas de uma determinada época e as relações que se expressavam pela moda do mesmo período. Estas seriam derivadas do *Zeitgeist*, espírito da época, que segundo este autor determinava todos os aspectos da vida da pessoa. O *Zeitgeist*, que é uma referência temporal, determinaria tanto os costumes como a moda.

Desses entendimentos para o fenômeno da moda, até a conclusão a que chega Lipovetsky no livro *O império do efêmero*[47], de que a moda estaria no comando de sociedades, e de que o efêmero tornou-se o princípio organizador da vida coletiva moderna, não é apenas uma questão de opinião, mas, como bem colocou Gilda de Mello Souza, de método.

---

43) Souza, G.M. *O espírito das roupas*. São Paulo, Companhia das Letras, 1989.
44) Ibid.
45) Tarde, G. *Les lois de imitacion*. Op. cit.
46) Heard, G. *Narcisism: an anatomy of clothes*. Op. cit.
47) Op. cit.

Também é de Lipovetsky a afirmação de que viveríamos em sociedades de dominante frívola, último fio da plurissecular aventura capitalista-democrática individualista. Talvez por isso, de acordo com Lipovetsky, eis a ameaça que nos espreita: "*Abram então os olhos para a imensa miséria da modernidade: estamos destinados ao aviamento da existência midiática; um totalitarismo de tipo soft instalou-se nas democracias, conseguiu semear ódio pela cultura, generalizar a regressão e a confusão mental*".

Já para o autor de *Moda divina decadência*[48], o homem nasce vestido por linguagem, o que quer dizer que a moda vai vestir o sujeito mediante sua condição simbólica. E seria portanto a partir do Simbólico, da moda como simbólica, que ela demarcaria uma posição para o ser sexuado. Posição que seria uma referência ao tempo em que tudo começou, o que implicaria, então, tanto a sexualidade como a moda e a roupa. Ou como diz, apontando à razão do título de seu livro "*...se preferirmos, queda do paraíso, cosimento de folhas de figueira, cintas e túnicas. Nesse sentido a operação da moda é divina, é pura criação. Criação essa que decai em produto, sob a forma de roupa, a ser usada com o semelhante. Nada mais adequado que nomear seu processo como divina decadência*"[49].

As articulações da moda com a moral, com o desejo e com a proibição, se impuseram necessariamente, então, para uma investigação orientada analiticamente, e este é o rumo seguido nesse livro sobre a divina decadência.

"*Ser causado pela moda como invenção é homólogo a ser causado por desejo*"[50], diz o autor, e daí, segundo ele, se deduziriam as relações da moda com a produção e o mercado, assim como com o fenômeno das grifes e das etiquetas.

Mas dentre as várias possibilidades de articulações que o estudo da moda proporciona, a mais instigante para a psicanálise é relacioná-la ao feminino. A relação da moda com o feminino pode ser feita a partir do exame do feminino e sua relação com a nudez, o que "*situa o feminino enquanto um campo que é suposto não ser vestido inteiramente por linguagem. Daí que a moda possa ser caracterizada como uma atividade que produz a vestimenta simbólica para dar conta da nudez, obtendo, como efeito, uma nova posição do ser*"[51].

Que essas considerações possam ser articuladas com o uso do véu como roupa, recurso secular de masculinização, se transforma numa tese das mais instigantes e promove um novo horizonte para o entendimento da moda, revista a partir do seu enriquecimento pelo saber psicanalítico. Do véu,

---

48) Op. cit.
49) Ibid.
50) Ibid.
51) Ibid.

passa-se para a máscara, único recurso para falar da falta na linguagem, de dentro da linguagem e completa um percurso, em que, pelas expressões da moda, se aborda a falta, nesse seu estilo de inscrição.

As conclusões dessa investigação psicanalítica pioneira sobre a moda são inúmeras e extremamente fecundas: a moda como uma tentativa de definir "A" mulher. A moda como uma ruptura cronológica, como antecipação. A moda como uma atividade provocada pelas mulheres, que encontra na tentativa de vestir a nudez, sua ligação com o masculino. Ou seja, a moda vem mostrar uma total irredutibilidade do ser falante em ser vestido por inteiro na sua condição de castrado.

Cumpre ainda aproveitar essa abertura proporcionada pelo estudo da moda, e estendê-la ao fenômeno moderno do consumo, símbolo da economia frívola, o que Lipovetsky, ainda no mesmo livro já citado, chama de "loucura tecnológica". Os *gadgets*.

Para este autor estaríamos mergulhados no excesso dos automatismos, deslumbrados por instrumentos inúteis, que a economia *neokitsch*, consagrada ao desperdício e ao fútil, produziria incessantemente.

Os discursos, segundo Lacan, são modos de tratar o gozo, existindo o modo universitário, o do mestre, o da histérica e o do analista. O objeto, para Lacan, objeto causa do desejo, objeto pequeno *a*, circula nessas várias posições discursivas.

Porém há uma particularidade dos discursos, que é a sua rotatividade. Por isso, ao se modificar a vetorização dos elementos que circulam nos lugares, isso faz com que a circulação do objeto pequeno *a* fique comprometido, que segundo Lacan, condiciona o discurso do capitalista.

Para Lacan o discurso capitalista seria ordenado por uma nova referência ao saber. Este saber, que tem sempre seu fundamento no sexual, seria amputado pela ciência, que o devolveria com todas as suas produções com um "Mais de gozo", mediante *gadgets* que coletivizariam um gozo massivo. Este seria o ideal de gozo do mundo capitalista.

A função da psicanálise seria então interrogar o desenvolvimento desse gozo, e propor uma experiência subjetiva, pela qual se possa separar o Sujeito deste gozo. Em "Televisão"[52], Lacan sugeriu que a "mais-valia" (referência a Marx) é a causa do desejo na qual uma economia faz princípio". No seminário "De um Outro a um outro"[53], ele já havia aproximado o objeto pequeno *a*, objeto causa do desejo, à "mais-valia" de Marx.

Então, para Lacan, a extensão ilimitada da falta de gozo se articularia sempre com a captação do "mais-gozar" da mercadoria, relacionando dessa

---

52) Lacan, J. Rio de Janeiro, Jorge Zahar, 1993.
53) Lacan, J. De um Outro a um outro, *Seminário XVI*, inédito, 1968.

forma "mais-valia" com "gozo" e objeto pequeno a. Por isso, ainda em "Televisão", Lacan afirmou: "*A produção capitalista se vê assegurada pela revolução propícia que permite fazer durar seu duro desejo*"[54].

Em 1972, numa conferência realizada em Milão[55], Lacan sugeriu a escrita de um quinto discurso, o discurso capitalista.

Discurso do mestre
$$\frac{S_1}{\$} \rightarrow \frac{S_2}{a}$$

Discurso do histérico
$$\frac{\$}{a} \rightarrow \frac{S_1}{S_2}$$

Discurso da universidade
$$\frac{S_2}{S_1} \rightarrow \frac{a}{\$}$$

Discurso do analista
$$\frac{a}{S_2} \rightarrow \frac{\$}{S_1}$$

Discurso capitalista
$$\downarrow \frac{\$}{S_1} \underset{a}{\overset{S_2}{\times}} \uparrow$$

O discurso capitalista se caracteriza pela ausência de um movimento circular, em que o "mais-gozar" não está obstaculizado por nenhuma barreira. Na mesma época, nas conferências do que constitui o que foi publicado com o nome de "O saber do analista"[56], Lacan, referindo-se a Max Weber, em relação à ética protestante e o capitalismo, disse: "*O deslizamento calvinista que nos últimos séculos introduz o capitalismo se caracteriza por distinguir o discurso capitalista pela recusa da castração*"[57] e mais: "*Toda ordem, todo discurso que se entronca no capitalismo deixa de lado a castração*"[58].

O discurso capitalista, segundo Lacan, é derivado do discurso do mestre. Porém onde antes estava o lugar do significante mestre, S_1, no lugar de agente, há uma inversão com o que o suporta, que no caso do discurso do mestre é o Sujeito barrado.

Isso quer dizer que há uma recusa da verdade do discurso, ao se inverter o vetor que conecta a verdade como lugar do semblante. O Sujeito então, no discurso capitalista, colocado como agente opera sobre o significante mestre colocado no lugar da verdade. Aí está a recusada castração, o que constitui o discurso capitalista numa circularidade.

---

54) Lacan, J. Rio de Janeiro, Jorge Zahar, 1993.
55) Lacan, J. *Do discurso do psicanalista*. Conferência em 12 de maio de 1972 na Universita degli Studio, Milão, inédita.
56) Lacan, J. *O saber do psicanalista*. Seminário em Ste. Anne, inédito, 1971.
57) Ibid.
58) Ibid.

Por isso, como disse Lacan no momento em que formulou esta sua proposta de leitura da cultura, na conferência em Milão, "*...a crise, não do discurso do mestre, a do discurso capitalista, que é o que o substitui, está aberta*"[59].

Mauro Dias, ao situar a moda em relação à castração, necessariamente a articula em relação à sua negação e isso aponta a moda como um modelo do que Lacan chamou de "respostas do Real". Fato este que permitiria uma recuperação da alienação do sujeito, o que se traduz na constatação de que o sujeito "*...só veste a roupa do outro depois de ter sido vestido primeiramente por linguagem*"[60].

O autor nos adverte: "*Através da moda pode-se inclusive pensar a constituição dos grupos humanos, numa perspectiva diferente da que Freud nos deixou*"[61]. Essa perspectiva diferente da de Freud para a constituição dos grupos seria efeito da consequência da alienação do falante, que decorreria do desdobramento do ideal como identificação ao significante, e no seu caráter imaginário, como alienação vinda da imagem do outro.

A moda então, no seu viés de roupa, de objeto (como *gadget*), é o que causaria essa ilusão de completude que o sujeito buscaria para seu gozo impossível.

A constituição dos grupos humanos, pensada pelo viés do Ideal, tanto em Freud como em Lacan aponta a uma ética. A moda, pelo seu viés roupa, aponta a um uso social da exploração dessa condição do sujeito, visto que a roupa como "mais-valia" de gozo se presta ao discurso capitalista, que para Lacan é "*O discurso mais astuto que se haja jamais tido*"[62], e acrescenta: "*destinado a arrebentar. Porque é insustentável (...) ele não poderia correr melhor, mas é justamente que isso caminha assim velozmente para sua consumação, isso se consome, isto se consome, até sua consunção*"[63].

Mas, na mesma conferência, em Milão, Lacan havia dito:

> "*Se houvesse existido um trabalho, um certo trabalho realizado oportunamente na linha de Freud, haveria talvez estado no lugar que ele designa esse suporte fundamental sustentado pelos termos: semblante, verdade, gozo, mais-gozar, haveriam estado no nível da produção, porque o mais-gozar é aquilo que se produz por efeito de linguagem*" e continua "*(Se houvesse existido um trabalho.) (...)*

---

59) Conferência de Milão, op. cit.
60) Dias, M., op. cit.
61) Ibid.
62) Conferência de Milão, op. cit.
63) Ibid.

existiria aquilo que implica o discurso analítico: quer dizer um uso melhor do significante como Uno. Talvez existisse, mas já não existirá, porque agora é demasiado tarde..."[64].

O pessimismo de Lacan, neste trecho de sua conferência em Milão, pode ser relativo à psicanálise, como um antídoto não usado em relação ao capitalismo?

---

64) Ibid.

BIBLIOGRAFIA

ALEMÁN, Jorge. *La experiencia del fin: psicoanalisis y metafisica*. Málaga: Miguel Gomez Ediciones, 1996.
ALLOUCH, Jean. La conjectura de Lacan sobre el origem de la escritura. In *LITTORAL 5*. Cordoba: Ed. La Torre Abolida, 1988.
_____. El sueno a prueba del gabarato. In *LITTORAL 14*. Cordoba: Ed. E.D.E.L.P., 1993.
_____. *Freud et puis Lacan*. Paris: Ed. E.P.E.L., 1993.
_____. *Lettre pour lettre, transcrire, traduire, translitterer*. Paris: Ed. Eres, 1994.
_____. *Marguerite ou l'Aimée de Lacan*. Paris: Ed. Eres, 1984.
ANDERSON, Chester. *James Joyce*. Londres: Thames and Hudson, 1986.
APARICIO, Sol. La interpretacion segun Lacan en 1958, Seminário Hispanohablante. Paris: 1994, Escuela del Campo Freudiano de Caracas, 1995.
ARAMBURU, Javier. La interpretacion que no interpreta, in *El Caldero de la Escuela*, Publicacion de la E.O.L., n. 47, nov. 1996.
_____. Nuevo nudo amor, in *Joyce o la travessia del lenguage*: psicoanalisis y literatura. Buenos Aires: Fondo de Cultura Economico de Argentina, 1993.
ARNOUX, Daniele. Un concepto de Freud: Die Rucksicht auf Darstellbarkeit, *in LITTORAL 5*. Cordoba: Ed. La Torre Abolida, 1988.
ARRIBAS, O. *Composicion y decomposicion*, in El cuerpo y el psicoanalisis. Buenos Aires: Ed. Kliné, 1992.
ARRIVÉ, Michel. *Linguística e Psicanálise:* Freud, Saussure, Hjelmslev, Lacan e outros. São Paulo: Edusp, 1994.
AUBERT, Jacques. James Joyce: nota biográfica, in *Retratura de James Joyce, Letra Freudiana*, Publicação da Escola Letra Freudiana, Rio de Janeiro, ano XII, n. 13, s/d.
_____. Retrato do artista quando jovem: uma introdução, in *Letra Freudiana*, Publicação da Escola Letra Freudiana, Rio de Janeiro, ano XII, n. 13, s/d.
_____. *Joyce avec Lacan*. Paris: Ed. Navarin, 1987.
BARTUCCI, Giovanna. *Borges:* a realidade da construção — Literatura e Psicanálise, São Paulo: Ed. Imago, 1996.
BASSOLS, Miguel. Lógica y clinica de las suplencias, in *Locura*: la clinica de las suplencias, Madrid: Ed. Eolia Dr, 1994.
BASZ, Gabriela. El sujeto de la etica y la interpretacion en Freud, in *El Tiempo de Interpretar*, Colecion Orientacion Lacaniana, Buenos Aires: Ed. EOL, 1996.
BEAUCHOT, M. & BLANCO, R. *Hermeneutica, psicanalisis y literatura*. México: Ed. Universidad Nacional Autonoma de Mexico, 1990.
_____. *Hermeneutica, lenguage e inconsciente*. México: Ed. Universidad Autonoma de Puebla, 1989.

BIRMAN, Joel. *Freud e a interpretação psicanalítica*. Rio de Janeiro: Ed. Relume-Dumará, 1991.
BLOOM, Harold. *O cânone ocidental:* os livros e a escola do tempo. Rio de Janeiro: Ed. Objetiva, 1995.
BOTTERO, Jean. *Façons décrire, façons de penser*. Paris: Ed. Galimard, 1990.
BRANCION, M. Madagleine. Dialogo con el sintoma, in *LITTORAL 20*. Cordoba: E.D.E.L.P., oct. 1995.
BRANDÃO, R. & BRANCO, L. *Literaterras:* as bordas do corpo literário. São Paulo: Ed. Annablume, 1995.
BRASIL, Assis. *Joyce e Faulker:* o romance de vanguarda. São Paulo: Ed. Imago, 1992.
BRAUSTEIN, Nestor. *Goce*. México: Siglo Veinteuno Editores, 1990.
_____. (org.). *Constancia del psicoanalisis*. México: Siglo Veinteuno Ed., 1996.
_____. (org.). *El lenguage y el inconsciente freudiano*. México: Siglo Veinteuno Ed, 1992.
BRODSKY, Graciela. Hacia lo real del sintoma, in *El Caldero de la Escuela*, Publicacion de la EOL, n. 49, enero/feb., 1997.
_____. Enigma Y interpretacion, in *Imagenes y Semblantes*, Colecion Orientacion Lacaneana. Cordoba: Ed. EOL, 1995.
_____. Juego de palavras, in *La interpretacion en los casos del psicanalisis*, Colecion Orientacion Lacaneana. Buenos Aires: Ed. EOL, 1995.
BROUSSE, M. H. El fin del psicoanalisis mas alla del Edipo, in *FREUDIANA*, Publicacion de la Escuela Europea de Psicoanalisis de Catalunya, n. 14, 1995.
BRUNO, Pierre. Marx, inventor del sintoma, in *CURINGA*, Periódico da Escola Brasileira de Psicanálise, Seção Minas Gerais, nov. 1994.
BURGESS, Anthony. *Homem comum enfim:* Uma introdução de James Joyce para o leitor comum. São Paulo: Ed. Companhia das Letras, 1994.
CAMPOS, A. & CAMPOS, H. *Paronama do Finnegans Wake*. São Paulo: Ed. Perspectiva, 1971.
CASTILHO, Claudio. El sintoma en el fin del analisis, in *El Caldero de la Escuela*, Publicacion de la EOL, n. 47, enero/feb., 1997.
GAZENAVE, Liliana. La escritura del sintoma, in *Diversidad del Sintoma*, Colecion Orientacion Lacaneana. Buenos Aires: Ed. EOL, 1996.
CARLINSKY, Nestor et al. *Vivir sin proyeto*. Buenos Aires: Lumen, 1998.
CIXOUS, Helene. A doutrina da epifania e seu contexto, in *Retratura de James Joyce, Letra Freudiana*, Publicação da Escola Letra Freudiana, Rio de Janeiro, ano XII, n. 13, s.d.
_____. A evolução da noção de epifania, in *Retratura de James Joyce, Letra Freudiana*, Publicação da Escola Letra Freudiana, Rio de Janeiro, ano XII, n. 13, s/d.
CHATEL, Marie-Magdalene. *O mal-estar na procriação*. Rio de Janeiro: Editora Campo Matemico, 1995
CHAYES, Irene. As epifanias de Joyce, in *Retratura de James Joyce, Letra Freudiana*, Publicação da Escola Letra Freudiana, Rio de Janeiro, ano XII, n. 13, s/d.

CHEMAMA, Roland. *Diccionaire de la psychanalys et diccionaire acctuel des signifiants, concepts et mathemes de la psychanalyse*. Paris: Larousse, 1993.
_____. A referência ao pai na psicanálise: passes e impasses, in *O pai e a mãe*, Coleção Psicanálise da Criança, Salvador, v. 1, n. 4/5, 1993.
CHNAIDERMAN, Miriam. *O hiato e o convexo: literatura e psicanálise*. São Paulo: Ed. Brasiliense, 1989.
CHORNE, Miriam. Una clinica de las suplencias: renovacion del problema de la transmision de la psicosis, in *Locura*: Clinica de las Suplencias. Madri: Ed. Eolia-Dor, 1994.
COBAS, Carlos. El exilio y las lengua: epifanias joyceanas y interpretacion, in *El Tiempo de Interpretar*, Colecion Orientacion Lacaneana. Buenos Aires: Ed. EOL, 1996.
CONTE, Claude. *Le reel et le sexuel (de Freud à Lacan)*. Paris: Ed. Points Hors Ligne, 1992.
COSTA, Claudio. *Filosofia analítica*. Rio de Janeiro: Tempo Brasileiro, Coleção Diagrama 21, 1992.
COTTET, Serge. O paradoxo do gozo, In *Transcrição 5*, Publicação da Clínica Freudiana. Salvador: Ed. Fator, 1989.
_____. A interpretação incide sobre a causa do desejo, in *Correio*, da Escola Brasileira de Psicanálise, São Paulo, n. 13, dez. 1995.
_____. Dois modos da interpretação, in *Opção Lacaniana*, Revista Brasileira Internacional de Psicanálise, n. 10, abr./jun., 1994.
CULLER, Jonathan. *The pursuit of signs*: semiotics, literature, deconstucion. Nova York: Cornell University Press, 1981.
CUNHA, Brigitte. *Psicanálise e estruturalismo*. Lisboa: Ed. Assirio e Alvin, 1981.
DARMON, Marc. *Ensaios sobre topologia lacaniana*. Porto Alegre: Ed. Artes Médicas, 1994.
DELACAMPGNE, Cristian. *Histoire de philosophie au XX siécle*. Paris: Ed. Du Seuil, 1995.
DELGADO, O. & GOLDENBERG, M. *La transferencia en la clinica psicoanalitica*, Buenos Aires: Ed. Lugar, 1993.
DERRIDA, Jacques. *De la gramatologia*. Madri: Ed. Siglo Veinteuno de España, 1967.
_____. Freud e a cena da escritura, in *A Escritura e a Diferença*. São Paulo: Ed. Papirus, 1971.
_____. *Resistences de la psycanalyse*. Paris: Ed. Galilee, 1996.
DIAS, Mauro Mendes. *Moda divina decadência*. São Paulo: Hacker editores,1997.
DIDIER-WEIL, A. et al. *El objeto del arte*: incidencias freudianas, Buenos Aires: Ed. Nueva Vision, 1988.
_____. *Nota azul*: Freud, Lacan e a arte. Rio de Janeiro: Ed. Contracapa, 1997.
DOR, Joel. *Nouvelle bibliographie des travaux de Jacques Lacan*. Paris: Ed. E.P.E.L., 1994.
DUCROT, O. & TODOROV, T. *Diccionaire des sciences du language*. Paris: Ed. Du Seuil, 1974.

ELLMANN, Richard. O desenvolvimento da imaginação, in *Retratura de Joyce, Letra Freudiana*, Publicação da Escola Letra Freudiana, Rio de Janeiro, ano XII, n. 13, s/d.
_____. *Cuatro dublineses*, Barcelona: Ed. Tusquets, 1990.
_____. *James Joyce*. São Paulo: Ed. Globo, 1989.
ETINGER, Diana. Yo No te mando decir, in *El Tiempo de Interpretar*, Colecion Orientacion Lacaneana. Buenos Aires: Ed. EOL, 1996.
ECO, Humberto. *Las poeticas de Joyce*. Barcelona: Ed. Lumen, 1993.
EY, Henry. *El inconsciente (coloquio de Boinneval)*. Mexico: Siglo XXI Editores, 1975.
EPSTEIN, Isaac. *O signo*. São Paulo: Ed. Ática, 1991.
ELLICKER, Ingrid. El equivoco de la escritura, in *Lo que se Escribe de la Interpretacion*. Buenos Aires: Ed. Del Cifrado, 1996.
FERNANDEZ, Rosa. Del rapto de Lol V Stein, in *Imagenes y semblantes*, Colecion Orientacion Lacaniana. Buenos Aires: Ed. EOL, 1995.
FILLIPO, Ruben. Lo que la lengua no láme o mas alla del lenguage, in *El Tiempo de Interpretar*, Colecion Orientacion Lacaneana. Buenos Aires: Ed. EOL, 1996.
FONTAINE, Albert. Los silencios de la letra, in *LITTORAL 5*. Cordoba: Ed. La Torre Abolida, 1988.
FORBES, L. Um pouco de Joyce para começar, in *Correio*, Escola Brasileira de Psicanálise. São Paulo, n. 13, dez. 1995.
FORRESTER, Jonh. *As seduções da psicanálise:* Freud, Lacan, Derrida. Campinas: Ed. Papirus, 1990.
FOULKES, Eduardo. *El saber de lo Real*. Buenos Aires: Ed. Nueva Vision, 1993.
FREIRE, A. Et col. *A ciência e a verdade*. Rio de Janeiro: Ed. Revinter, 196.
FREUD, S. *La interpretacion de los suenos*. Madri: Ed. Biblioteca Nueva, 1973, v. I.
_____. *Psicopatologia de la vida cotidiana*. Madri: Ed. Biblioteca Nueva, 1973, v. I.
_____. *El chiste y su relacion con el inconsciente*. Madri: Ed. Biblioteca Nueva, 1973, v. I.
_____. *El delirio y los suenos en la gradiva de Jensen*. Madri: Ed. Biblioteca Nueva, 1973, v. I.
_____. *El poeta y los suenos diurnos*. Madri: Ed. Biblioteca Nueva, 1973, v. II.
_____. *Un recuerdo infantil de Leonardo da Vinci*. Madri: Ed. Biblioteca Nueva, 1973, v. II.
_____. *Totem y tabu*. Madri: Ed. Biblioteca Nueva, 1973, v. II.
_____. *El tema de la eleccion de un cofrecillo*. Madri: Ed. Biblioteca Nueva, 1973, v. II.
_____. *El Moises de Miguelangelo*. Madri: Ed. Biblioteca Nueva, 1973, v. II.
_____. *Adiccion metapsico lógica a la teoria de los suenos*. Madri: Ed. Biblioteca Nueva, 1973, v. II.
_____. *Un recuerdo infantil de Goethe en poesia Y verdad*. Madri: Ed. Biblioteca Nueva, 1973, v. III.

_____. *Observaciones sobre la teoria y la pratica de la interpretacion onirica*. Madri: Ed. Biblioteca Nueva, 1973, v. III.

_____. *Los limites de la interpretabilidad de los suenos*. Madri: Ed. Biblioteca Nueva, 1973, v. III.

_____. *Dostoievsky y el parricidio*. Madri: Ed. Biblioteca Nueva, 1973, v. III.

_____. *Moises y la religion monoteista: Tres Ensayos*. Madri: Ed. Biblioteca Nueva, 1973, v. III.

_____. *Analisis terminable e interminable*. Madri: Ed. Biblioteca Nueva, 1973, v. III.

_____. *Construciones en psicoanalisis*. Madri: Ed. Biblioteca Nueva, 1973, v. III.

FURMAN, Miguel. Interpretacion y letra en el hombre de los lobos, in *El Tiempo de Interpretar*, Colecion Orientacion Lacaneana. Buenos Aires: Ed. EOL, 1996.

_____. Sinthome de palavras impuestas, in *El Caldero de la Escuela*. Publicacion de la EOL, n. 42, jun. 1996.

GARCIA, German. *Saber de la Gradiva en Freud*. Buenos Aires: Ed. Noe, 1974.

GARIGLIO, Beatriz. El Amor en el signo del sujeito, in *LAZOS*: Publicacion de Psicoanalisis, ano I, n. 1. Cordoba: Ed. Fundacion Ross, 1995.

GARMENDIA, Javier. Dos corespondencias de la historia, in *Locura*: La Clinica de las Suplencias. Madri: Ed. Eolia-Dor, 1994.

GILET-LE-BON, Stephanie. A interpretação apofântica e oracular, in *CURINGA*, Periódico da Escola Brasileira de Psicanálise, Minas Gerais, n.7, abril 1996.

GIUSSANA, Diana. *Lacan-Freud*: Una teoria del sujeto mas alla de la metafisica. Buenos Aires: Ed. Catalogos, 1991.

GODIN, Jean Guy. Joyce pelo lado do fantasma, in *Retratura de James Joyce, Letra Freudiana*, Publicação da Escola Letra Freudiana. Rio de Janeiro, ano XII, n. 13, s.d.

GOMES-FRANCO, Alexandro. Diagnostico estrutural, diagnostico sintomatologico, in *FREUDIANA*, Publicacion de la Escuela de Psicoanalisis de Catalunya. Catalunya, n. 16, 1996.

GRANDINETTI, José. Clinica de las psicosis en funcion de su estrutura, in *Lacan - Efectos de la Clinica de las Psicosis*. Buenos Aires: Ed. Lugar, 1993.

_____. El sujeto y el objeto de arte, in *Joyce o la Travessia del lenguage*: Psicoanalisis y Literatura. Buenos Aires, Fondo de Cultura Economico de Argentina, 1993.

GROSRICHARD, Alain, MELA, Charles. *La psychose dans les texte*. Paris: Ed. Navarin, 1989.

GUEGUEN, Pierre. *La letra mata, pero aprendemos de la letra misma*, Seminario Hispano Hablante de Paris, 1994, Escuela del Campo Freudiano de Caracas. Caracas, 1995.

GUSMAN, Lui. *La lenguage de los proscriptos*, in *Joyce o la Travessia del Lenguage*: Psicoanalisis y Literatura. Buenos Aires: Fondo de Cultura Economica de Argentina, 1993.

HANLY, Charles. *The problem of truth in aplied psychoanalysis*. USA: Guilford Press, 1982.

HARARI, Roberto. *Como se llama James Joyce?*. Buenos Aires: Ed. Amorrotu, 1996.
HEINRICH, Haydee. *Borde R>S de las neurosis*. Rosario: Ed. Homo Sapiens, 1993.
HELSINGER, Luiz A. *O tempo do gozo e a gozação*. Rio de Janeiro: Ed. Revan, 1996.
HES, Margarita. *El nombre del padre:* de la metafora al nudo borromeano. Buenos Aires: Ed. Acme-Agalma, 1995.
IFRAH, G. *Os números, história de uma grande invenção*. Rio de Janeiro: Ed. Globo, 1989.
IGLESIAS, Haidee. La interpretacion: el limite en funcion, in *El Caldero de la Escuela*, Publicacion de la EOL, n. 42, jun. 1996.
JABOUILLE, Victor et al. *Mito e literatura*. Sintra: Ed. Inquerito, 1993.
JIMENEZ, S. & PEQUENO, A. Joyce e o sintoma, in *BOLETIM* da Escola Brasileira de Psicanálise do Campo Freudiano, Seção Rio, n. 5, ano I, jun. 1995.
JOHNSON, Barbara. *La carta robada*: Freud, Lacan, Derrida. Buenos Aires: Ed. Tres Haches, 1996.
JOYCE, James. Epifanias, in *Retratura de James Joyce, Letra Freudiana*, Publicação da Escola Letra Freudiana, Rio de Janeiro, ano XII, n. 13, s/d.
_____. *Dublinenses*. Hamilton Trevisan (trad.). Rio de Janeiro: Ed. Civilização Brasileira, 1984.
_____. *Retrato do artista quando jovem*. Bernardina Silveira Pinheiro (trad.). São Paulo: Ed. Siciliano, 1992.
_____. *Ulisses*. Antonio Houaiss (trad.). Rio de Janeiro: Ed. Civilização Brasileira, s.d.
_____. *Finnegans Wake*, compendio y version de Victor Posano. Barcelona: Ed. Lumen, 1993.
_____. *Cartas a Nora*. São Paulo: Ed. Masso Ohno, 1988.
_____. *Escritos criticos*. Madri: Alianza Ed., 1975.
JULIEN, Philippe. El nombre proprio y la letra, in *LITTORAL 5*. Cordoba: Ed. La Torre Abolida, 1988.
_____. Atualidade de uma clínica lacaneana, in *A Clínica Lacaneana*, Revista Internacional de Psicanálise, ano I, n. 1, jun. 1997.
_____. *O retorno a Freud de Jaques Lacan:* a aplicação ao espelho. Porto Alegre: Ed. Artes Médicas, 1993.
KAROTHY, Rolando. *Los tonos de la verdad: ensayo psicanalitico*. Buenos Aires: Ed. De La Campaña, 1996.
KAUFMANN, Pierre. *L'apport freudien*: les elements por une encyclopedie de la psycanalyse. Paris: Ed. Bordes, 1993.
KATSUDA, A. & LIJTENSTEIN, C. Lo inconsciente, la interpretacion y lo escrito, in *La Interpretacion de Freud a Lacan*, Colecion Orientacion Lacaneana. Cordoba: Ed. EOL, 1996.
KENNER, Hugh. O retrato em perspectiva, in *Retratura de James Joyce, Letra Freudiana*, Publicação da Escola Letra Freudiana. Rio de Janeiro, ano XII, n. 13, s.d.
KOBRIN, S. *La literatura en Freud*. Buenos Aires: Ed. Letra Buena, 1992.

KOFMAN, Sarah. *A infância da arte*. Rio de Janeiro: Ed. Relume-Dumará, 1996.
KOOP, Guilhermo. *Freud*: la densidad figurativa. Rosario: Ed. Homo Sapiens, 1996.
KRISTEVA, Julia. *História da linguagem*. Lisboa: Ed. 70, 1969.
LACAN, Jacques. Ecrits inspirees: schizographie, in *De la Psychose Paranoique dans ses Rapports avec la Personalite*. Paris: Ed. Du Seuil, 1975.
_____. *Les complexes familiaux dans la formation de l'individu*. Paris: Ed. Navarin, 1984.
_____. *Ecrits*. Paris: Ed. Du Seuil, 1966.
_____. *Intervenciones y textos 1*. Buenos Aires: Ed. Manatial, 1985.
_____. *Intervenciones y textos 2*. Buenos Aires: Ed. Manatial, 1985.
_____. *Le seminaire de Jacques Lacan livre III:* Les Psychoses. Paris: Ed. Du Seuil, 1981.
_____. *Le seminaire de Jacques Lacan livre VII*: L'Ethique de la Psycanalyse. Paris: Ed. De Seuil, 1986.
_____. *Les noms du pere*. Bulletin de L'Associacion Freudianne, n. 12, 1985.
_____. *Le seminaire de Jacques Lacan livre XI*: Les Quatre Concepts Fundamentaux de la Psycanalyse. Paris: Ed. Du Seuil, 1973.
_____. *Hommage, foit a Marguerite Duras du ravissement de Lol V. Stein*. Cahiers Renaud-Barraut, 1965.
_____. *Le seminaire de Jacques Lacan livre XVII*: L'envers de la Psycanalyse. Paris: Ed. Du Seuil, 1991.
_____. D'un discours qui ne serait pas du semblant, *Seminaire XVIII*, inédito, desgravação mimeografada.
_____. Radiophonie, in *Scilicet 2/3*. Paris: Ed. Du Seuil, 1970.
_____. Ou pire..., *Seminaire XIX*, inédito, desgravação mimeografada.
_____. *Le seminaire de Jacques Lacan livre XX:* Encore. Paris: Ed. Du Seuil, 1975.
_____. Lituraterre, in *ORNICAR*, n. 41, 1987.
_____. Introdução à edição alemã de um primeiro volume dos Escritos, in *FALO*, Revista Brasileira do Campo Freudiano. Salvador: Ed. Fator, jan./jun. 1988.
_____. R.S.I., *Seminaire XXII*, inédito, desgravação mimeografada.
_____. *Television*. Paris: Ed. Du Seuil, 1974.
_____. Le sintome, *Seminaire XXIII*, in *ORNICAR?*, n. 6, 7, 8, 1976 e *ORNICAR?*, n. 9, 10, 1977.
_____. Joyce le symptome, in *L'Ane*, n. 6, out. 1982.
_____. Joyce le Symptome II, in *Joyce et Paris*, Presses Universitaires de France, 1979.
_____. *Conference à Geneve sur le symptome*, Centre Raymond de Saussure, Geneve, out. 1975., in Bloc Notes de la Psycanalyse, n. 5, 1985.
_____. *Uma psicose lacaneana: entrevista a um paciente por Jacques Lacan*, (Sr. Primeau), inédito, desgravação mimeografada.
_____. El discurso de Baltimore, in *Lacan Oral*. Buenos Aires: Ed. Xavier Boveda, 1983.
_____. Yale University-Kansas Seminário, in *Scilicet*, n. 6/7, 1975.

_____. Yale University, Entretiens avec des Etudiants, in *Scilicet*, n. 6/7, 1975.
_____. Massachusets Institute of Technology, in *Scilicet*, n. 6/7, 1975.
_____. Yale University-Law School Auditorium, in *Scilicet*, n. 6/7, 1975.
_____. *Shakespeare, Duras, Wedwkind, Joyce*. Lisboa: Ed. Assírio e Alvim, 1989.
LAPLANCHE, Jean. *Interpretar con Freud y otros ensayos*. Buenos Aires: Ed. Nueva Vision, 1984.
LAURENT, Eric. *Interpretação e verdade*, in *CURINGA*, Periódico da Escola Brasileira de Psicanálise, Minas Gerais, n. 6, nov. 1995.
_____. Uso y goce del sintoma, in *Diversidad del Sintoma*, Colecion Orientacion Lacaneana. Buenos Aires: Ed. EOL, 1996.
_____. *Lacan y los discursos*. Buenos Aires, Ed. Manantial, 1992.
_____. *Estabilizaciones en las Psicosis*. Buenos Aires, Ed. Manantial, 1989.
_____. *Versões da clínica psicanalítica*, Rio de Janeiro: Ed. Jorge Zahar, 1995.
LAZNIK-PENOT, M. Cristine. A construção do conceito de gozo em Lacan, in *PERCURSO*, Revista de Psicanálise, ano IV, n. 8, 9, 1992.
LEITE, Márcio P.S. & CESAROTTO, Oscar. *Jacques Lacan: uma biografia intelectual*. São Paulo: Ed. Iluminuras, 1993.
LEITE, Márcio P.S. *O Deus odioso, o Diabo amoroso — Psicanálise e representação do mal*. São Paulo: Ed. Escuta, 1991.
_____. *A negação da falta*. Rio de Janeiro: Ed. Relume-Dumará, 1992.
_____. Do inconsciente depois de Freud: sua estrutura como linguagem, suas consequências na direção da cura, in *14 Conferências de Jacques Lacan*. Fani Hisgail (org.). São Paulo: Ed. Escuta, 1989.
_____. O homem supérfluo e o pai necessário, in Forbes, J. (org.). *Psicanálise: Problemas ao Feminino*. São Paulo: Ed. Papirus, 1996, pp. 81-89.
_____. Elogio ao chiste — O Inconsciente Avança, in *Carta de São Paulo*, Boletim Mensal da Escola Brasileira de Psicanálise, 1996, p. 3.
_____. Posfácio, in Dias, M. *Psicanálise e Moda*. São Paulo: Ed. Hacker, 1997, pp. 143-150.
_____. O inconsciente avança, a psicanálise também?, in *Psicanálise e Universidade*, Revista do Núcleo de Pesquisa em Psicanálise do Programa de Estudos Pós-Graduados em Psicologia Clínica da PUC-SP, 1997, pp. 47-56.
_____. Existe um sujeito pós-moderno?, in *Psicanálise e Universidade*, Revista do Núcleo de Pesquisa em Psicanálise do Programa de Estudos Pós-Graduados em Psicologia Clínica da PUC-SP, 1999.
_____. Declínio da psicanálise?, in *Dora Revista de Psicanálise e cultura*, n. 2, 1999 (no prelo).
_____. Uma história lógica do tempo, in Leite, M.P.S. *O Deus odioso, o Diabo amoroso*. São Paulo: Ed. Escuta,1991.
_____. O sonho do cérebro, in *Revista Insigh*, ano IX, n. 96, 1999.
_____. Do inconsciente depois de Freud: sua estrutura como linguagem, suas consequências na direção da cura, in Hisgail, F. (org.). *Conferências sobre Jacques Lacan*. São Paulo: Ed. Escuta, 1989, pp. 113-8.

_____. Transferência e contratransferência, in *Revista Pathos* — Psicanálise Contemporânea, Centro de Estudos em Psicopatologia, Psicoterapia e Psicanálise, v. I, n. 1, 1990, pp. 159-66.

_____. O registro do imaginário e o estádio do espelho, in *Psicanálise, Clínica Freudiana*, n. 2, 1985, pp. 7-14. Reimpresso no *Boletim de Novidades Pulsional*, ano IV, n. 26, 1991.

_____. Juízo de atribuição, cisão psíquica e moral, in Leite, M.P.S., *O Deus odioso e o Diabo amoroso: Psicanálise e Representação do Mal*. São Paulo: Ed. Escuta, 1991, pp. 123-139.

_____. Lacan e o outro do desejo, in Leite, M.P.S., *O Deus odioso e o Diabo amoroso — Psicanálise e Representação do Mal*. São Paulo: Ed. Escuta, 1991, pp. 141-162.

_____. Clínica diferencial das psicoses, in Maurano, D. (org.). *Circulação Psicanalítica*. Rio de Janeiro: Ed. Imago, 1991, pp. 139-152.

_____. O apocalipse do desejo: o fim faz sintoma, in *Opção Lacaniana*, Revista Brasileira Internacional de Psicanálise, São Paulo, jan./mar. 1994, pp. 38-42.

_____. O eu em Freud, in *Imagem Rainha*, Escola Brasileira de Psicanálise. Rio de Janeiro: Ed. Sete Letras, 1995, pp. 25-35.

_____. O inconsciente está estruturado como uma linguagem, in Cesarotto, O. (org.). *Ideias de Lacan*. São Paulo: Ed. Iluminuras, 1996, pp. 31-42.

_____. Antijoyceanos e Pós-lacanianos, in *Opção Lacaniana*, Revista Brasileira Internacional de Psicanálise, n.12, abr. 1995, pp. 84-88.

_____. Subversões do imaginário, in *Agente*, Revista da Escola Brasileira de Psicanálise, Bahia, ano I, n. 3, maio 1995.

_____. Questões preliminares à psicanálise de psicóticos, in *Arquivos de Saúde Mental do Estado de São Paulo*, v. XLVII-LII, jan./dez. 1988/1993, pp. 72-87.

_____. Notas sobre a psicanálise do século XXI e a psiquiatria do século XIX, in *Correio*, Revista do Campo Freudiano Brasileiro, n. 3, set. 1993, pp. 51-4.

_____. O cheiro do diabo: psicanálise e alucinação, in *Opção Lacaniana*, Revista Brasileira Internacional de Psicanálise, São Paulo, jan./mar. 1994, pp. 5-7.

_____. Abordagem psicanalítica da produção artística nos estados psicóticos, in *Boletim de Novidades*, Publicação Mensal da Livraria Pulsional — Centro de Psicanálise, ano VII, n. 63, jul. 1994, pp. 7-13.

_____. Depressão ou dor de existir, in *Carta de São Paulo*, Boletim Mensal da Escola Brasileira de Psicanálise, ago. 1995, pp. 4-7.

_____. Psicanálise e loucura, in Chalhub, S. (org.). *Psicanálise e Contemporâneo*. São Paulo: Ed. Hacker, 1996, pp. 113-28.

_____. A psicanálise como diagnóstico da psiquiatria, in *Revista de Psicanálise Pulsional*, ano XII, n. 120, abr. 1999, pp. 36-40.

_____. Uma psicossomática para o século XXI: Uma Introdução, in *Carta de São Paulo*, Boletim Mensal da Escola Brasileira de Psicanálise, 1997, pp. 4-6.

_____. Novas classificações do sintoma vista pelo psicanalista, in *Opção Lacaneana*, Revista Brasileira Internacional de Psicanálise, São Paulo: 1998, pp. 28-32.
_____. Psicanálise e lógica, Entrevista com Newton C.A. da Costa em coautoria com Oscar Cesarotto, *Revista Revirão*, Revista Prática Analítica, n. 3, dez. 1985, pp. 74-93. Reimpressa em *Locura*: Clinica y Suplencia. Madri: Ed. EOLIA DOR, 1994.
_____. As propostas da proposição, in Forbes, J. (org.). *A Escola de Lacan*. São Paulo: Ed. Papirus, 1992, pp. 63-72.
_____. Joyce e suas dezculpas, in Cesarotto, O. (org.). *Culpa e Psicanálise*. São Paulo: Ed. Iluminuras, 1997, pp. 107-122.
_____. The dead: Joyce e Houston, in Hirsh, C. (org.). *Cinema no Divã*, no prelo.
_____. O discurso delirante, in C., Ana L (org.). *Enlouquecidas letras*, no prelo.
LEJARRAGA, Ana. *O trauma e seus destinos*. Rio de Janeiro: Ed. Revinter, 1996.
LIMA, Celso R. *Sobre o traço, campo matêmico*, Periódico da Escola Lacaniana de Psicanálise, 1990.
LIPOVETSKY, Gilles. *O império do efêmero*. São Paulo: Ed. Companhia das Letras,1989.
LOPEZ, L. A proposito de Joyce y la letra, in *Joyce y la Travessia del Lenguage: Psicanalisis y Literatura*. Buenos Aires: Fondo de Cultura Economica de Argentina, 1993.
LOPEZ, Silvia. El sintoma y su escenario de sentido, in *Diversidad del Sintoma*, Colecion Orientacion Lacaneana. Buenos Aires: Ed. EOL, 1996.
LOSSADA, Carlos. Signo, sujeito, fenomeno, in *Lazos*, Publicacion de Psicoanalisis, ano I, n. 1, Rosario: Ed. Fundacion Ross, 1995.
_____. Interpretacion, sentido, letra, in *El Tiempo de Interpretar*, Colecion Orientacion Lacaneana. Buenos Aires: Ed. EOL, 1996.
MACKEY, Marta. Significante del nombre del padre, in *El Padre en la Clinica Lacaneana*. Buenos Aires: Ed. Homo Sapiens, 1994.
MALCOLM, Janet. *Psicanálise, profissão impossível*. Rio de Janeiro: Zahar Editores, 1983.
MARI, H. et al. *Estruturalismo: memória e repercussões*. Rio de Janeiro: Ed. Diadorim, s.d.
MARTICORENA, Alberto. Escribir un nombre, in *La Cuestion del Nombre*, Letra Grupo Psicoanalitico. Buenos Aires: Tvdos, s.d.
MAUAS, M. Tres indicaciones de Lacan en relacion con el padre, in Psioanalisis, Publicacion del Grupo de Estudios Psicoanaliticos Israel-Europa, n. 3, 1996.
MAZZUCA, Roberto. Los fenomenos lhamados elementales, in *Psicoanalisis de las Alucinaciones*, comp. S.H. Tendlarz. Buenos Aires: Ed. Paidós, 1995.
MENENDEZ, Nora. *Escenarios del cuerpo*. Rosario: Ed. Homo Sapiens, 1996.
MERONI, Marie. Interrogacion del cuarto nudo en la clinica de las neurosis, in *Cuardenos Sigmund Freud*, Buenos Aires, n. 14, 1990.
MIECH-CHATENAY, Michele. Del significante a la letra y retorno, in *El Caldero de la Escuela*, Publicacion de la EOL, n. 42, jun. 1996.

MILLER, Jacques-Alain. A interpretação pelo avesso, in *Opção Lacaniana*, Revista Brasileira Internacional de Psicanálise, n. 15, São Paulo, 1996.
_____. *Preface a Joyce avec Lacan*. Paris: Ed. Navarin, 1987.
_____. Una conversa con Donald Davidson, in *Descartes*, El Analisis en la Cultura. Buenos Aires: Ed. Anafora, n. 13, 1994.
_____. O escrito na palavra, in *Opção Lacaniana*, Revista Brasileira Internacional de Psicanálise, São Paulo, n. 16, ago. 1996.
_____. Un reel pour la psychanalyse, in *Lettre Mensuelle*, n. 161, juil. 1997.
_____. *Entonces: Ssssh...* Barcelona: Ed. Uno por uno, 1996.
_____. *Ce Qui Fait un Signe*. Curso de 1987/1988, inédito, desgravação mimeografada.
_____. El plus de decir, in *Freudiana*, Publicacion de la Escuela Europea de Psicoanalisis de Catalunya, n. 14, Catalunya, 1995.
_____. Acerca de las interpretaciones, in *Escancion*, n. 1. Buenos Aires: Manantial, 1985.
_____. *Lacan Elucidado*. São Paulo: Ed. Jorge Zahar, 1997.
_____. Seminario de Barcelona sobre Die Wege der Symptombidung, in Freudiana, Publicacion de la Escuela Europea de Psicanalisis de Catalunya, n. 19. Catalunya: Ed. Paidós, 1997.
_____. *Comentario del Seminario Inexistente*. Buenos Aires: Ed. Manantial, 1992.
_____. *Matemas I*. Buenos Aires: Ed. Manantinal, 1987.
_____. *Matemas II*. Buenos Aires: Ed. Manantial, 1988.
_____. *Recorrido de Lacan*. Buenos Aires: Ed. Manantial, 1984.
_____. El inconsciente interprete, in *Freudiana*, Publicacion de la Escuela Europea de Psicanalisis de Catalunya, n. 14, Catalunya, 1996.
_____. Acerca del Gide de Lacan, in *Mal Entendido*, Revista del Campo Freudiano. Buenos Aires: Ed. Mal Entendido, s.d.
_____. *La monologue de l'apparole*. Paris: La Cause Freudienne, n. 34.
_____. Comentario sobre Maurice Merleau-Ponty, in *Analises de las alucinaciones*. Buenos Aires: Paidos, 1995.
MILLOT, Catherine. Epifanias, in *Retratura de James Joyce, Letra Freudiana*, Publicação da Escola Letra Freudiana, Rio de Janeiro, ano XII, n. 13, s.d.
MILNER, Jean-Claude. *L'ouvre claire*. Paris: Ed. Du Seuil, 1995.
_____. *L'amour de la langue*. Paris: Ed. Du Seuil, s.d.
MOLINA, Olga. Descifrar lo impossible, in *Lo que se Escribe de la Interpretacion*. Buenos Aires: Ed. Do Cifrado, 1996.
MOREL, Genevieve. Sintoma y Nombre del Padre, in *Diversidad del Sintoma*, Colecion Orientacion Lacaneana. Buenos Aires: Ed. EOL, 1996.
_____. La palavra como interpretacion, in *El Caldero de la Escuela*, Publicacion de la EOL, n. 42, jun. 1996.
MOTTA, Carlos. Lineas del destino: acerca de la palavra oracular, in *La Palavra-Temporalidad-Interpretacion*, Colecion Orientacion Lacaneana. Buenos Aires: Ed. EOL, 1995.

MUGICA, Jose. Suplencia y Forclusion, in *Locura*: Clinica de las Suplencias, Madri: Ed. Eolia-Dor, 1994.

MUSACHI, Graciela. La interpretacion radical y las paradojas de la internacionalidad, in *La Interpretacion en los Casos del Psicoanalisis*, Colecion Orientacion Lacaneana. Buenos Aires: Ed. EOL, 1995.

MUTRAN, M. & TAPIA, M. *Joyce no Brasil*. São Paulo: Ed. Olavobrás, 1997.

NANCY, Jean-Luc & LACONE-LABARTHE, Philippe. *La titre de la letre*. Paris: Ed. Galilee, 1973.

NARDI, M. El no del nombre, in *La Cuestion del Nombre*, Letra Grupo Psicoanalitico. Buenos Aires: Ed. Typos, s.d.

NASPARSTEK, Fabian. Poner en lo comico, in *El Caldero de la Escuela*, Publicacion de la EOL, n. 49, enero/feb. 1997.

NEMIROVSKY, Frida. La interpretacion: suenos de la bella carnicera y el hombre de los lobos, in *La Interpretacion en los Casos del Psicoanalisis*, Colecion Orientacion Lacaneana. Buenos Aires: Ed. EOL, 1995.

NESTROVSKY, Arthur (org.). *Riverrun:* ensaios sobre James Joyce. Rio de Janeiro: Ed. Imago, 1992.

NOTH, Winfried. *Panorama da semiótica*. São Paulo: Ed. Annablume, 1995.

_____. *A semiótica no século XX*. São Paulo: Ed. Annablume, 1996.

NUNES, E. & NUNES, C. *Freud e Shakespeare*. Rio de Janeiro: Ed. Imago, 1989.

PAULOVSKY, Diana. Que es la interpretacion, in *La Interpretacion de Freud a Lacan*, Colecion Orientacion Lacaneana. Cordoba: Ed. EOL, 1996.

PEIXOTO Junior, C.A. A linguagem na filosofia e na psicanálise: as teses de Austin e Lacan, in *Anuário Brasileiro de Psicanálise*, n. 3. Rio de Janeiro: Ed. Relume-Dumará, 1995.

PIGNATARI, Décio. *Semiótica e literatura*. São Paulo: Ed. Cultrix, 1987.

PINHEIRO, Bernardina. Sentimento de culpa em Stephen Dedalus: Freud-Lacan, in *Retratura de James Joyce, Letra Freudiana*, Publicação da Escola Letra Freudiana, Rio de Janeiro, ano XII, n. 13, s/d.

PLAZA, Monique. *L'ecriture et la folie*. Paris: Presses Universitaires de France, 1986.

POMMIER, Gerard. *Naissance et renaissance de l'ecriture*. Paris: Presses Universitaires de France, 1993.

PONTE, Ricardo. Padre: la falta en Freud, in *El Padre en la Clinica Lacaneana*. Buenos Aires: Ed. Homo Sapiens, 1994.

PORTILLO, R. O sintoma na cultura, in *Agente*, Boletim da Escola Brasileira de Psicanálise, Salvador, ano IV, n. 7, mar. 1997.

QUINET, Antonio. *A causa analítica,* apostila mimeografada.

RAGLAND-SULLIVAN, Ellie. The paternal methaphor: a lacanian theory of language, in *Revue Internattionale de Philosophie*, v. 46, n. 180, 1992.

RABANT, Claude. *Inventar lo real*. Buenos Aires: Ed. Nueva Vision, 1993.

RABINOVICH, Diana. *La angustia y el deseo del otro*. Buenos Aires: Ed. Manantial, 1993.

REGNAUT, François. *Dieu est inconscient*. Paris: Ed. Navarin, 1985.

_____. *El arte segun Lacan*. Barcelona: Ed. Eolia, 1995.

RITVO, J.B. La inquietancia de la lengua, in *Joyce o la Travessia del Lenguage*: Psicoanalisis y Literatura. Buenos Aires: Fondo de Cultura Economico de Argentina, 1993.

_____. *La causa del sujeto*: acto y alienacion. Rosario: Ed. Homo Sapiens, 1994.

ROISTACHER-FEFER, Leonor. Apuntar a la letra, in *Lo que se Escribe de la Interpretacion*, Buenos Aires: Ed. Del Cifrado, 1996.

ROMERO, Ricardo. *Transferencia y discurso*. Buenos Aires: Ed. Nueva-Vision, 1992.

ROUDINESCO, Elisabeth. *Jacques Lacan:* esquisse d'une vie, Histoire d'un Systeme de Pensée. Paris: Ed. Librairie Artheme Fayard, 1993.

ROUSTANG, Francóis. *Lacan: de l'equivoque a l'impase*. Paris: Ed. De Minuit, 1988.

ROSTAGNOTTO, Alejandro. Lacan con Freud: una perspectiva de la interpretacion, in *La Interpretacion de Freud a Lacan*. Cordoba: Ed. EOL, 1996.

RUIZ, C. El sintoma como cuarto, in *Joyce y la Travessia del Lenguage: Psicoanalisis y Literatura*. Buenos Aires: Fondo de Cultura Economica de Argentina, 1993.

RUIZ, Elida. El sintoma en las teorias semioticas, in *Diversidad del Sintoma*, Colecion Orientacion Lacaneana. Buenos Aires: Ed. EOL, 1995.

RUIZ, Graciela. La interpretacion segun el concepto de inconsciente, in *El tiempo de Interpretar*, Colecion Orientacion Lacaneana. Buenos Aires: Ed. EOL, 1996.

SALAFIA, A. Lacan y Japon, in *Tokomona*, n. 2. Buenos Aires: s/ed., s/d.

SANTAELLA, Lucia. *A teoria geral dos signos: semiose e autogeração*. São Paulo: Ed. Ática, 1995.

_____. *O que é a semiótica?*. São Paulo: Ed. Brasiliense, 1986. Coleção Primeiros Passos.

SAWCKE, Oscar. La interpretacion de "La Direccion de la Cura" hasta el "Reverso del Psicoanalisis", in *La Palavra-Temporalidad-Interpretacion*, Colecion Orientacion Lacaneana. Buenos Aires: Ed. EOL, 1995.

SCHWINDT, German et al. Teorias del simbolo, in *Anomorfosis-Perspectivas en Psicoanalisis*, ano IV, n. 4, dez. 1996.

SIBONY, Daniel. *L'autre incastrable*. Paris: Ed. Du Seuil, 1984.

SILVA, Ignacio (org.). *Corpo e sentido: a escuta sensível*. São Paulo: Ed. Da Universidade Estadual Paulista, 1996.

SINATRA, Ernesto. *La racionalidad del psicoanalisis*. La Paz: Ed. Plural, 1996.

_____. Que salida para el psicoanalisis?, in *La Palavra-Temporalidad-Interpretacion*, Colecion Orientacion Lacaneana, Buenos Aires: Ed. EOL, 1995.

_____. La interpretacion del fantasma, in *El Caldero de la Escuela*, Publicacion de la EOL, n. 47, nov. 1996.

SLIMOBICH, Jose. El analista que lee, in *Caldero de la Escuela*, Publicacion de la EOL, n. 49, enero/feb. 1997.

SOLLER, Collete. La experiencia enigmatica del psicotico: de Schereber a Joyce, in *Lazos*: Hacia una Clinica de las Suplencias, Publicacion de Psicanalisis, ano I, n. 1. Rosario: Ed. Fundacion Ross, 1995.

_____. El hijo necesario, in *Locura*: la clinica de las suplencias. Madrid: Ed. Eolia-Dor, 1994.

_____. El sintoma en la civilizacion, in *Diversidad del Sintoma*, Colecion Orientacion Lacaneana. Buenos Aires: Ed. EOL, 1996.
_____. Silencios, in *La Interpretacion de Freud a Lacan*, Colecion Orientacion Lacaneana. Cordoba: Ed. EOL, 1996.
_____. A clínica do real, in *Revista da Clínica Freudiana*. Salvador: Ed. Fator, jul. 1989.
_____. *Variáveis do fim da análise*. São Paulo: Ed. Papirus, 1995.
_____. *Interpretação*, in *Correio*, Escola Brasileira de Psicanálise, São Paulo, n. 13, dez. 1995.
_____. *Los diagnosticos*, in *Freudiana*, Publicacion de la Escuela Europea de Psicanálise de Catalunya, n. 16. Catalunya: Ed. Paidós, 1996.
SOUZA, Neusa S. *A psicose: um estudo lacaniano*. Rio de Janeiro: Ed. Campus, 1991.
SOUZA, Aurélio. A topologia e a estrutura do sujeito, in *Pre-Texto*, Revista de Psicanálise do Núcleo de Estudos Psicanalíticos, n. 3, Fortaleza, nov. 1995.
_____. Psicanálise: uma prática de leitura, in *Topos*, Boletim do Espaço Moebius, Salvador, ano II, set. 1991.
_____. Identificação e topologia, in *Topos*, Publicação Interna do Espaço Moebius, Salvador, ano IV, n. 3, jun. 1993.
SKRIABINE, Pierre. La clinica del nudo borromeano, in *Locura: clinica de las suplencias*. Madri: Ed. Eolia-Dor, 1994.
STEVES, Alexandre. Delirio y suplencia, in *Lazos*, Publicacion de Psocoanalisis, ano I, n. 1. Rosario: Ed. Fundacion Ross, 1995.
STOIANOFF-NENOFF, Stoin. *Qu'en dira-t-on? Une lecture du livre XII da Seminaire de Jacques Lacan*. Paris: Ed. L'Haermatta, 1996.
SZUMINAJ, E., LAZIC, N. Joyce o la travessia del lenguage, in *Joyce o la Travessia del Lenguage: Psicoanalisis y Literatura*. Buenos Aires: Fondo de Cultura Economico de Argentina, 1993.
SZUSTER, Mauricio. Escribir un nombre, in *La Cuestion el Nombre*, Letra Grupo Psicanalítico. Buenos Aires: Ed. Typos, s.d.
SWARC, Silvia. Pierce y la semiosis infinitiva, in *El Caldero de la Escuela*, Publicacion de la EOL, n. 47, nov. 1996.
TANDITS, Annic. Joyce e a escritura da falta, in *Retratos de James Joyce*, Publicação da Escola Letra Freudiana, Rio de Janeiro, ano XII, n. 13, s.d.
TADANCA, Luiz. Interpretacion: de la cita al referente, in *El Tiempo de Interpretar*, Colecion Orientacion Lacaneana, Ed. EOL, 1996.
TENDLARZ, Silvia. La verdad como sintoma, in *Diversidad del Sintoma*, Colecion Orientacion Lacaneana, Buenos Aires, Ed. EOL, 1996.
_____. La interpretacion entre significacion y sentido, in *La Interpretacion de Freud a Lacan*. Cordoba: Ed. EOL, 1996.
TIZIO, Hebe. Sintoma y suplencia, in *Locura: clinica de las suplencias*. Madri: Ed. Eolia-Dor, 1994.
_____. La interpretacion en psicoanalisis, in *Imagenes y Semblantes*, Colecion Orientacion Lacaneana. Cordoba: Ed. EOL, 1995.
TERUGGI, Mario. *El Finnegans Wake por dentro*. Buenos Aires: Ed. Tres Haches, 1995.

TORRES, Monica. La interpretacion de Lacan de los anos 70: lo real de las vueltas dichas del discurso, in *El Tiempo de Interpretar*, Colecion Orientacion Lacaneana. Buenos Aires: Ed. EOL, 1996.

TUNON, Jose. *Anudamientos de las Psicoses*. Buenos Aires: Ed. Lugar, 1993.

UNESP. *Norma para publicações*. São Paulo: Ed. Unesp, 1994.

VARELA, Luiz. Lenguage y palavra en hermeneutica, in *La Palavra-Temporalidad-Interpretacion*, Colecion Orientacion Lacaneana. Buenos Aires: Ed. EOL, 1995.

VEGH, Isidoro. El goce de la letra, in *Cuadernos Sigmund Freud*, Escuela Freudiana de Buenos Aires, n. 14, 1990.

_____. *Intrepretaciones en lo real*, *El Padre en la Cinica Analitica*. Buenos Aires: Ed. Homo Sapiens, 1994.

VIADAL, Eduardo. Retratura de Joyce: escrita e sintoma, in *Letra Freudiana*, Publicação Escola Letra Freudiana, Rio de Janeiro, ano XII, n. 13, s.d.

VILTARD, Maytee. El trazo de la letra en las figuras del sueno, in *Littoral*. Cordoba: Ed. La Torre Abolida, 1988.

_____. Leer de otro modo qualquiera, in *Littoral*. Cordoba: ED. La Torre Abolida, 1988.

_____. Hablar a los muros, in *Littoral*, 18/19. Cordoba: Ed. E.D.E.L.P., 1995.

VIZIOLI, Paulo. *James Joyce e sua obra literária*. São Paulo: Ed. E.P.U., 1991.

WACHBERGER, Herbert. Del fenomeno elemental a la experiencia enigmatica, in *Frediana*, Publicacion de la Escuela Europa de Psicoanalisis de Catalunya, n. 13. Catalunya: Ed. Paidós, 1995.

WILLMAT, Philippe. *Além da psicanálise: a literatura e as artes*. São Paulo: Ed. Nova Alexandria, 1995.

ZBRUN, M. A interpretação em Freud, in *Agente*, Boletim da Escola Brasileira de Psicanálise, Salvador, n. IV, out., 1995.

ZIZEK, Slavoj. *Eles não sabem o que fazem: o sublime objeto da ideologia*. Rio de Janeiro: Ed. Jorge Zahar, 1992.

ZOPKEE, Pablo. Sintoma, in *Lacan, efectos en la clinica de las psicosis*. Buenos Aires: Ed. Lugar, 1993.

OUTROS TÍTULOS DESTA COLEÇÃO

UM AFFAIR FREUDIANO
Os escritos de Freud sobre a cocaína
Oscar Cesarotto

CONTRA NATURA
Ensaios de psicanálise e antropologia surreal
Oscar Cesarotto

CULPA
Aspectos psicanalíticos, culturais & religiosos
Antonio Franco Ribeiro da Silva (org.)

O DESEJO DE FREUD
Antonio Franco Ribeiro da Silva

O GOZO FEMININO
Maria Escolástica

NO OLHO DO OUTRO
Oscar Cesarotto

Este livro foi composto em Times pela *Iluminuras* e terminou de ser impresso em Julho de 2018 nas oficinas da *Meta Brasil Gráfica*, em São Paulo, SP, em papel off-white 80g.